Heinrich Kramer
Der Hexenhammer

SEVERUS Verlag

ISBN: 978-3-95801-238-7

Druck: SEVERUS Verlag, 2015

Der SEVERUS Verlag ist ein Imprint der Diplomica Verlag GmbH.
Bibliografische Information der Deutschen Nationalbibliothek:
Die Deutsche Nationalbibliothek verzeichnet diese Publikation in der Deutschen Nationalbibliografie; detaillierte bibliografische Daten sind im Internet über http://dnb.d-nb.de abrufbar.

Heinrich Kramer

Der Hexenhammer

Dritter Teil

SEVERUS

FSC
www.fsc.org
MIX
Papier aus verantwortungsvollen Quellen
Paper from responsible sources
FSC® C105338

Jakob Sprenger – Heinrich Institoris

Der Hexenhammer. Dritter Teil

(Malleus maleficarum)

Der Kriminal-Kodex: Über die Arten der Ausrottung oder wenigstens Bestrafung durch die gebührende Gerechtigkeit vor dem geistlichen oder weltlichen Gericht

Aus dem Lateinischen übertragen und eingeleitet von

J. W. R. Schmidt

1906

Inhalt

Des Hexenhammes dritter Teil

Es folgt der dritte Teil des ganzen Werkes, über die Arten der Ausrottung oder wenigstens Bestrafung durch die gebührende Gerechtigkeit vor dem geistlichen oder weltlichen Gericht, und wird fünfunddreißig Fragen enthalten; die allgemeine und einleitende jedoch wird vorausgeschickt.

Ob die Hexen und ihre Gönner, Beherberger und Verteidiger derart dem geistlichen Gericht der Diözesanen und dem weltlichen unterstellt seien, daß von ihrer Inquisition die Inquisitoren der ketzerischen Verkehrtheit entlastet werden könnten? Es wird argumentiert im bejahenden Sinne. Denn im C. accusatus § sane, Buch 6 heißt es: »Wahrlich, da das Amt des Glaubens, welches im höchsten Grade privilegiert ist, durch andere Beschäftigungen nicht gehindert werden darf, so dürfen sich die vom apostolischen Stuhle abgeordneten Inquisitoren der ketzerischen Pest, bezüglich Weissagungen und Prophezeiungen, außer wenn sie offenbar nach Ketzerei riechen, nicht einmischen noch die solches ausüben strafen, sondern müssen sie zur Bestrafung ihren Richtern überlassen.«

Es scheint auch nicht entgegenzustehen, daß die Ketzerei der Hexen nicht ausdrücklich erwähnt wird; einmal, weil sie mit denselben Strafen auf dem Forum des Gewissens bestraft werden: de consec. dist II pro dilectione: »Wenn die Sünde der Wahrsager und Hexen verborgen ist, wird eine Buße von vierzig Tagen auferlegt; und wenn sie offenkundig ist, wird das Abendmahl verweigert«; und welche dieselbe Strafe trifft, für die wird auch dasselbe Gericht bestimmt; dann auch, weil auf beiden Seiten dieselbe Schuld zu sein scheint, indem die Hexen, so wie die Wahrsager ihres Urteils teilhaftig werden, ebenso die Schädigungen der Kreaturen von den Dämonen erwarten und fordern, indem sie auf beiden Seiten unerlaubterweise von Kreaturen verlangen, was sie allein von Gott erbitten sollten. Daher besteht auf beiden Seiten die Sünde des Götzendienstes, in welchem Sinne Hesekiel XXI notiert wird, daß der König von Babylon an der Wegscheide stand, vorn an zwei Wegen und die Pfeile mischend die Götzen befragte.

Außerdem, wenn gesagt wird, daß der Canon die Propheten und Wahrsager des Verbrechens der Ketzerei bedingungsweise anklage – in welchem Falle sie dem Gerichte der Inquisitoren unterstellt werden müssen – indem er sagt, »außer wenn sie offenbar nach Ketzerei riechen«, so daß mindestens die ketzerischen Propheten und Wahrsager ihnen unterstellt seien, so spricht dagegen, daß dann die künstlichen Wahrsager ihnen zu übergeben seien, derer nirgends in den Schriften Erwähnung geschieht.

Außerdem, wenn die Hexen dem Gerichte der Inquisitoren unterstellt sind, so wird dies wegen des Verbrechens der Ketzerei sein. Daß aber die Taten der Hexen ohne Ketzerei geschehen können, wird (so) bewiesen: Wie nämlich den Leib Christi in den Dreck treten, was eine ganz schauderhafte Sünde wäre, ohne Irrtum im Verstande und folglich auch ohne Ketzerei geschehen kann, weil es feststeht, daß jemand glaubt, da ist der Leib, ihn aber doch, um dem Dämon auf Grund irgend eines Paktes gefällig zu sein, in den Dreck würfe, um das gewünschte Ziel, z.B. die Entdeckung eines Schatzes oder ähnliches, zu erreichen: so können auch die Taten der Hexen ohne Irrtum des Glaubens, wenn auch nicht ohne große Sünde, geschehen. Daher entgehen sie in jedem Falle durchaus dem Gerichte der Inquisitoren und werden ihren Richtern überlassen.

Außerdem, wie Salomo den Göttern seiner Frauen aus Gefälligkeit Verehrung darbrachte, sich deshalb jedoch nicht der Apostasie des Unglaubens schuldig machte, weil er im Herzen treu blieb und immer den wahren Glauben behielt, so sind auch die Hexen wegen der Verehrung, die sie dem Teufel wegen eines mit ihm eingegangenen Paktes zollen, deshalb nicht als Ketzerinnen zu bezeichnen, wenn sie im Herzen den Glauben behalten.

Außerdem, wenn gesagt wird, daß alle Hexen den Glauben abzuleugnen haben, weshalb sie auch als Ketzerinnen zu beurteilen seien, so ist dagegen zu bemerken, daß in dem Falle, wo sie auch mit Herz und Seele ableugneten, sie doch nicht als Ketzer, sondern als Apostaten bezeichnet werden; und da ein Unterschied zwischen einem Ketzer und einem Apostaten besteht, und die Ketzer dem Gerichte der Inquisitoren unterworfen sind, so haben die Hexen durchaus ihrem Gerichte zu entgehen.

Außerdem heißt es c. XXVI, qu. 5: »Die Bischöfe und ihre Diener sollen auf alle Weisen zu bewirken streben, daß sie die verderbliche und vom Teufel erfundene wahrsagerische und magische Kunst aus ihren Sprengeln bis ins Innerste auszuroden bestrebt sind; und wenn sie einen Mann oder eine Frau finden, der ein Anhänger dieses Verbrechens ist, sollen sie ihn, schimpflich entehrt, aus ihrem Sprengel hinauswerfen« etc.; und da der Kanon (348 am Ende) sagt, man solle sie ihren Richtern überlassen, und weil er in der Mehrzahl spricht, sowohl vom geistlichen als auch vom weltlichen Richter, so werden (die Hexen) durch den zitierten Kanon zum mindesten dem Gerichte der Diözesanen unterstellt. Wenn daher die Diözesanen sich selbst entlasten wollten, sowie die Inquisitoren nach den vorerwähnten, schon berührten Argumenten es vernünftigerweise zu tun scheinen, und wollten die Bestrafung der Hexen den zeitigen Richtern zuwenden, so könnten sie dies billigerweise mit folgenden Argumenten tun. Es steht (nämlich) im C. ut inquisitionis, § prohibemus: »Wir verbieten auch ganz ausdrücklich den vorgenannten zeitigen Herren und Vorständen samt ihren Offizialen, über dieses Verbrechen, da es rein geistlich ist, selber irgendwie zu erkennen oder zu urteilen«; und zwar spricht der Kanon vom Verbrechen der Ketzerei. Es folgt also, daß, wo das Verbrechen nicht rein geistlich ist, so wie es das Verbrechen bei derartigen Hexen ist, sie wegen der zeitigen Schäden, die von ihnen angetan werden, vom bürgerlichen und nicht vom geistlichen Richter bestraft werden müssen.

Außerdem heißt es c. de Judaeis, am Ende des letzten Buches: »Außerdem sehe er seine Güter eingezogen, und dann ist er der Strafe des Blutes zu überliefern, wer den Glauben Christi mit verkehrter Lehre bekämpft.« Wenn man sagt, das Gesetz spreche von bekehrten Juden, die nachher zum Ritus der Juden zurückkehren, so gilt der Einwand nicht; im Gegenteil, das Argument wird dadurch noch mehr verstärkt, darum daß, weil solche wegen des Abfalls vom Glauben der bürgerliche Richter zu strafen hat, er folglich auch die den Glauben ableugnenden Hexen (aburteilen muß), da die Ableugnung des Glaubens im Ganzen oder teilweise das Fundament der Hexen ist.

Außerdem, wenn auch in der Lösung gesagt wird, daß Apostasie und Ketzerei als dasselbe zu nehmen sei, so hat sich auch dann nicht der geistliche Richter um sie einzumischen, sondern der bürgerliche. Denn durch Aufrollen der Frage nach Ketzerei darf niemand das Volk erregen, sondern der Präsident muß für sich dafür sorgen. In der autent. de manda. princip. coll. III § necque occasione heißt es: »Auch nicht durch Aufrollen der Frage nach den Religionen und Ketzereien sollst du jemand gestatten, die Provinz zu erregen, noch auf andere Weise die Provinz, an deren Spitze du stehst, durch irgend eine Vorschrift zu versehen; sondern du wirst selbst mit angemessenem Nutzen für die Fiskalen sorgen und was sonst ist, ausforschen und nicht erlauben, daß etwas diesseits unserer Vorschriften durch Aufrollen der (Frage nach den) Religionen geschieht.« Daraus ergibt sich klar, daß sich wegen eines Menschen, der den Glauben bekämpft, niemand außer dem Präsidenten einmischen darf.

Außerdem, wenn die Untersuchung, das Urteil und die Bestrafung solcher Hexen nicht durchaus auf den bürgerlichen Richter abzielte, wie könnten sich die Gesetze in diese drei einmengen? Denn der C. de maleficis, l. nemo, l. culpa, l. nullus unterstellt alle diejenigen, welche das Volk Hexer nennt, der Todesstrafe, und l. militi bestimmt er, diejenigen den Bestien vorzuwerfen, die durch Zauberkunst dem Leben Unschuldiger nachstellen; desgleichen, daß sie den Fragen und Foltern beim Befragen ausgesetzt werden sollen und zu ihrer Anklage jeder beliebige zugelassen werden dürfe; auch daß keiner der Gläubigen bei Strafe der Verbannung und Verlust aller Güter mit ihnen gemeinsame Sache mache, nebst vielen anderen angefügten Strafen, die einem beim Lesen jener Gesetze entgegentreten.

Dagegen aber und für die Wahrheit: Die Rechtsgelehrten können die Bestrafung solcher Hexen auf den geistlichen Richter übertragen, so daß sie zugleich und in Verbindung zu untersuchen und zu urteilen haben; und das wird so bewiesen. Bei einem kanonischen Verbrechen hat der Präsident mit dem Metropolitan zu entscheiden und nicht der Metropolitan für sich, sondern mit Hinzunahme des Präsidenten. Das ergibt sich klar aus autent. de manda. prinzip. § si vero: »Wenn aber das, was in Untersuchung steht, kanonisch ist, sollst du zusammen mit dem Metropolitan der Provinz dies zu ordnen und zu bestimmen Sorge tragen; sei es, daß gewisse Leute zweifeln – Glosse: nämlich am Glauben – in welchem Falle er allein untersuchen wird; sei es gewisse andere – Glosse: dann wird der Bischof mit dem Präsidenten (nämlich) untersuchen – und (sollst dafür sorgen,) der Sache um Gott einen liebenswürdigen und schicklichen Terminherrn zu geben, der auch den orthodoxen Glauben geziemend schützt und den Fiskalen Indemnität verschafft und unsere Untertanen unverletzt erhält« – Glosse: d. h., sie nicht am Glauben verderbe.

Außerdem mag der weltliche Fürst mit der Strafe des Blutes strafen, so wird doch damit das Gericht der Kirche nicht ausgeschlossen, dem es zukommt, zu untersuchen und zu entscheiden, im Gegenteil, notwendig vorausgesetzt, wie es sich ergibt aus dem c. de summa trin. et fide catholica, l. 1 am Ende und extra de haer. c. ad abolendam und c. vergentis und c. excommunicamus 1 und 2. Im Gegenteil ist es ebendieselbe Strafe sowohl nach den Gesetzen als nach den Canones, wie es sich ergibt aus c. de haereticis, l. manichaeos und l. arriani. Daher kommt ihnen auch insonderheit gleichzeitig und nicht getrennt die Bestrafung solcher zu.

Ausserdem, so wie die Gesetze bestimmen, daß die Kleriker von ihren eigenen Richtern gezüchtigt werden und nicht von zeitigen oder weltlichen, darum weil in ihnen ein kirchliches Verbrechen abgeurteilt wird, so gehört auch das Verbrechen der Hexen, da es teils bürgerlich, teils kirchlich ist, wegen der zeitlichen Schädigungen und um des Glaubens willen, den sie verletzen, deshalb zur Untersuchung, Verurteilung und Bestrafung vor Richter beider Parteien. Der Grund wird noch verstärkt in Autent. ut clerici apud proprios iudices, § si vero, coll. VI, wo es heißt: »Wenn aber das Delikt ein kirchliches ist, welches der kirchlichen Züchtigung und Sühne bedarf, soll der Gott gefällige Bischof darüber entscheiden, ohne daß (selbst) die berühmtesten Richter der Provinz daran teilnehmen. Denn wir wollen nicht, daß die bürgerlichen Richter überhaupt um solche Geschäfte wissen, da es nötig ist, derlei kirchlich zu prüfen und die Seelen der Delinquenten durch kirchliche Sühne zu bessern, gemäß den heiligen und göttlichen Regeln, denen auch unsere Gesetze zu befolgen nicht verschmähen.« Soweit dort. Daher ist auch im umgekehrten Falle ein gemischtes Verbrechen von beiden (Richtern) zu strafen. –

Antwort. Da es unsere Hauptabsicht in diesem Werke ist, uns Inquisitoren der Länder von Oberdeutschland der Inquisition der Hexen, soweit es mit Gott geschehen kann, zu entledigen, indem wir sie ihren Richtern zur Bestrafung überlassen, und zwar wegen der Beschwerlichkeit des Geschäftes, wobei jedoch für die Unversehrtheit des Glaubens und das Heil der Seelen um nichts weniger gesorgt würde, weshalb wir auch das gegenwärtige Werk in Angriff genommen haben, wobei wir den Richtern selbst die Arten der Untersuchung, Entscheidung und Urteilssprechung überlassen, – deshalb frommt es, um zu zeigen, daß die Bischöfe gegen die Hexen in vielen Stücken vorgehen können, auch mit Ausschluß der Inquisitoren, wiewohl die Bischöfe selbst, ohne zeitliches und bürgerliches Gericht, wo die Strafe auf eine Sühne des Blutes hinausläuft, nicht so vorzugehen imstande sind, deshalb also frommt es, gewisse Meinungen anderer Inquisitoren in verschiedenen Reichen Spaniens vorzuführen und sie – immer unbeschadet der Ehrfurcht vor ihnen, da wir in einunddemselben Orden, dem der Prediger, dienen – zu erschüttern, damit man in den Einzelheiten eine desto klarere Einsicht habe.

Es ist also ihre Meinung, daß alle Hexer, Weissager, Nigromantiker, kurz, unter welche Art von Wahrsagungen sie gehören, und zwar soweit sie einmal den heiligen Glauben angenommen und bekannt haben, dem Gericht der Inquisitoren derart unterstellt sein sollen, daß in den drei Stücken, die dem Kapitel Multorum querela im Anfang de haer. in Clemen. vermerkt werden, weder der Inquisitor ohne den Bischof, noch der Bischof ohne den Inquisitor vorzugehen habe, mag auch in den fünf anderen einer ohne den andern vorzugehen imstande sein. Wem es gefällt, möge das Kapitel lesen; da wird er es finden. Das eine von den drei Stücken aber ist das endgiltige Urteil, zu dem der eine ohne den andern nicht vorgehen kann, und zwar wenn die Vorgenannten für Ketzer zu halten sind. Sie fügen überdies hinzu die Gotteslästerer und die auf irgend eine beliebige Weise die Dämonen anrufen und die Exkommunizierten, die ein Jahr lang verstockten Herzens in der Exkommunikation gewesen sind, in einer Glaubenssache oder, in gewissen Fällen, auch in einer Nicht-Glaubenssache; sie schließen noch mehreres andere ein, wodurch das Ansehen der Ordinarien zu sehr geschwächt wird und uns Inquisitoren noch umfänglichere Lasten aufgelegt werden, während der Richter, der öffentlich gefürchtet sein soll, weniger sorglos wird, der überall von uns einen klaren Grund für das übertragene Amt verlangt. Und weil deren Meinung nicht erschüttert wird, wenn nicht ihr Fundament null und nichtig gemacht wird, so ist zu bemerken, daß ihr Hauptfundament durch die Glossatoren der Canones und besonders zu c. accusatus und § sane und zu den Worten haeresim sapiant manifeste gewonnen wird. Sie gründen sich überdies auf die Aussprüche der Theologen, des Thomas, Albertus, Bonaventura, Sent. II, dist. 7. Aus diesen besonders frommt es, einiges vorzutragen.

Wenn nämlich der Kanon sagt, wie es im ersten Argumente hergeleitet worden ist, daß die Inquisitoren der ketzerischen Verkehrtheit sich bezüglich Prophezeiungen und Weissagungen nicht einmischen dürfen, außer wenn diese offenkundig nach Ketzerei riechen, so sagt man, daß Propheten und Wahrsager zweifach sind, nämlich kunstgerechte und ketzerische; und zwar heißen die ersten reine Wahrsager, weil sie nämlich rein auf Grund ihrer Kunst arbeiten, über welche auch c. ex tenore spricht, extra de sortilegiis, wo er sagt, daß der Presbyter Udalricus mit einem gewissen Verrufenen – d. h. Wahrsager, sagt die Glosse – nach einem geheimen Orte aufbrach; nicht in der Absicht, den Dämon anzurufen – als wenn er sagte, daß dies ketzerisch gewesen wäre – sondern um durch Betrachtung des Astrolabium einen Diebstahl zu entdecken – als wenn er sagte, daß dies reine Wahrsagung oder Prophezeiung sei.

Die zweite Art Wahrsager heißt ketzerisch, die in ihrer Kunst den Dämonen irgend welche Ehre in Form von Latrie oder Dulie erweisen; die durch Wahrsagen die Zukunft vorherzusagen suchen oder etwas Ähnliches ausführen, was offenkundig nach Ketzerei riecht; und solche unterstehen dem Gerichte der Inquisitoren wie auch die übrigen Ketzer.

Und daß dies der Sinn des Kanons sei, wird durch die Kanonisten bewiesen, welche das Wort »(nach Ketzerei) riechen« glossieren. Nämlich Johannes Andreä sagt zu dem zitierten c.accusatus und dem Wort saperent (riechen), sie riechen (nach Ketzerei), z. B. wenn sie an den Altären der Götzen gottlose Gebete sprechen, Opfer darbringen, die Dämonen befragen und ihre Antworten entgegennehmen; oder sie gesellen sich um der Ausführung der Wahrsagung willen Ketzer zu oder tun das Vorerwähnte mit dem Blute oder mit dem Leibe Christi oder taufen einen Knaben wieder, um bei den Wahrsagungen Antworten haben zu können, oder dem Ähnliches.

In demselben Sinne zitieren sie den Archidiaconus zu demselben Kanon und zu § sane und zu demselben Worte saperent; desgleichen zitieren sie Johannes Mo., Raimundus, Guilelmus de monte Laudu.; desgleichen beweisen sie es durch die Bestimmung der Kirche, ex concilio Acquirensi, XXVI, qu. 5, Episcopi, wo derartige abergläubische Weiber ungläubig (infideles) genannt werden, indem es heißt: »O, wenn doch diese in ihrem Unglauben allein untergegangen wären!« Unglaube an einem Christen aber heißt Ketzerei, weshalb (solche Ketzer) auch dem Gerichte der Ketzerinquisitoren unterstellt sind.

Sie beweisen es überdies durch die Theologen; zuerst durch den heiligen Thomas, Sent. II, dist. 7, wo er fragt, ob es Sünde sei, sich der Hilfe der Dämonen zu bedienen, wo er unter anderem zu jener Stelle des Jesaias VIII: »Soll nicht ein Volk von seinem Gotte ein Gesicht verlangen?« sagt: »In allen (Taten), in welchen eine Vollendung des Werkes von der Kraft des Dämons erwartet wird, ist Abfall vom Glauben wegen des mit dem Dämon eingegangenen Paktes, entweder mit Worten, wenn eine Anrufung dabei ist, oder mit einer Tat, auch wenn Opfer fehlen.« – In demselben Sinne zitieren sie Albertus in eben dieser seiner Schrift und dist.; desgleichen Petrus de Tarantasia, desgleichen Petrus de Bonaventura, der jüngst kanonisiert worden ist, der aber nicht Petrus genannt wird, da das sein wahrer Name gewesen war; desgleichen Alexander de Ales und Guido vom Orden der Karmeliter, welche alle sagen, daß die, welche Dämonen anrufen, Apostaten und folglich Ketzer sind, weshalb sie dem Gerichte der Ketzer-Inquisitoren unterstellt sind.

Aber daß die vorgenanten Inquisitoren dadurch und durch alles was auch immer von ihnen Zitierte nicht hinreichend beweisen können, daß auch die vorgenannten Wahrsager etc. dem Gerichte der Ordinarien oder Bischöfe, mit Ausschluß der Inquisitoren, nicht unterliegen können und daß die Inquisitoren sich (der Untersuchung) solcher Wahrsager, Nigromantiker oder auch Hexer entledigen können, nicht, daß jene Inquisitoren übel daran tun, wenn sie über solche inquirieren, wenn die Bischöfe inquirieren, in welchem Falle jene Inquisitoren vielmehr zu empfehlen sind, wird so bewiesen.

Die Inquisitoren haben sich nicht einzumengen, außer bei einem Verbrechen der Ketzerei, und zwar ist es zu dem nötig, daß jenes Verbrechen offenkundig ist. Das ergibt sich aus dem oft zitierten c. accusatus und § sane.

Steht dies fest, dann wird weiter argumentiert: Wenn jemand etwas begeht, was er ohne die Sünde der Ketzerei begehen kann, so ist er, wie schwer und ungeheuerlich das auch immer ist, doch noch nicht als Ketzer zu beurteilen, mag er auch zu bestrafen sein. Daraus folgt, daß, wenn jemand nicht als ein Ketzer zu beurteilen, sondern als Übeltäter zu bestrafen ist, der Inquisitor sich nicht einmischen darf; aber er darf einen solchen nach dem Wortlaut des Canon seinen Richtern zur Bestrafung überlassen.

Steht dies wiederum fest, so folgt, daß sich bezüglich aller von den Glossatoren, Kanonisten und Theologen beigebrachten Punkte, wie die Dämonen anrufen, ihnen opfern etc., wie oben berührt worden ist, die Inquisitoren nicht einmengen dürfen, sondern sie ihren Richtern überlassen müssen, wie oben, ausgenommen wenn derlei aus der Sünde der Ketzerei hervorgegangen ist.

Steht dies wiederum fest, so wird mit den unten bezeichneten Argumenten und Gründen bewiesen, da die vorgenanten Dinge sehr oft ohne die Sünde der Ketzerei geschehen können, in welchem Falle die derartiges Tuenden nicht für Ketzer zu halten oder zu verdammen sind. Dazu nämlich, daß jemand recht eigentlich ein Ketzer sei, sind fünf Punkte erforderlich. Das erste ist, daß ein Irrtum im Denken besteht; das zweite, daß dieser Irrtum das betrifft, was des Glaubens ist, oder gegen die Wahrheit der Bestimmung der Kirche in dem, was den Glauben, die guten Sitten oder das zur Erlangung des ewigen Lebens Notwendige angeht. Das dritte ist, daß ein solcher Irrtum in einem sei, der den katholischen Glauben bekannt hat; sonst nämlich wäre es ein Jude oder Heide, kein Ketzer. Das vierte ist, daß ein solcher Irrtum in einem, der den Glauben empfangen hat, in der Weise ist, daß er irgend eine Wahrheit betreffs Christi bekennt, die sich auf seine Göttlichkeit oder Menschlichkeit bezieht; sonst, wenn er gänzlich davon abginge, wäre er ein Apostat. Das fünfte ist, daß er einen solchen Irrtum mit hartnäckigem und verstocktem Willen erwählt und befolgt. Daß aber der zitierte c. accusatus und das Wort saperent in diesem Sinne von Ketzerei und Ketzer verstanden wird, wird so bewiesen – wobei jedoch die Glossen der Kanonisten nicht zurückgewiesen, sondern beibehalten werden –: Denn das erste, was erforderlich ist, nämlich der Irrtum im Verstande, ist allen bekannt durch die allgemeine Regel: zweierlei wird erfordert, um jemanden einen Ketzer zu nennen, das eine ist das Materiale, nämlich der Irrtum in der Vernunft; das zweite ist das Formale, nämlich die Hartnäckigkeit im Willen. Es ergibt sich auch aus Augustinus: »Ein Ketzer ist derjenige, welcher neue und falsche Meinungen entweder aufbringt oder befolgt.« Auch die Vernunft gehört dazu, weil Ketzerei eine Art Unglaube ist; und der Unglaube ist im Intellekte subjektiv, so wie auch der ihm entgegengesetzte Glaube und die Gegensätze mit Bezug auf ebendasselbe zu geschehen haben.

Steht dies fest, so macht eine Tat oder ein wie auch immer beschaffenes Werk ohne Irrtum noch keinen Ketzer, z. B. wenn jemand hurt oder Ehebruch treibt; mag er auch gegen die Wahrheit handeln, welche besagt: »Du sollst nicht ehebrechen«, deshalb ist er kein Ketzer, ausgenommen er glaubt oder meint, huren sei erlaubt. Der Grund aber ist, daß, wenn auch immer zwei Dinge notwendig erfordert werden, um eins zu ergeben, dies unmöglich existieren kann, wenn eins von beiden fehlt. Denn das Gegenteil zugegeben, daß (das Ganze) ohne dieses (eine von beiden) existieren könne, würde es nicht notwendig zur Herstellung (des Ganzen) erfordert werden, sowie, weil zur Herstellung eines Hauses notwendigerweise Grundmauer, Wand und Dach erfordert werden, kein Haus zustande kommt, wenn das eine oder andere davon fehlt. Ebenso also, weil zum Ergebnis der Ketzerei notwendigerweise der Irrtum im Verstande erfordert wird, macht keine Tat schlechthin, ohne Irrtum im Verstande, einen Ketzer. Und darum sagen wir Inquisitoren Deutschlands mit dem seligen Antoninus, der diesen Stoff im zweiten Teile seiner Summa behandelt, daß Bilder taufen, Dämonen anbeten, ihnen Weihrauch opfern, den Leib Christi in den Dreck treten und alles derartige, was gar schauderhafte

Sünden sind, keinen Menschen zum Ketzer machen, wenn nicht ein Irrtum im Verstande vorliegt. Wenn also jemand dies täte, daß er z. B. ein Bild taufte, ohne von dem Sakrament der Taufe noch von seiner Wirkung schlecht zu denken und ohne zu denken, daß jene Taufe etwas (Besonderes) sei oder aus ihrer eigenen Kraft eine Wirkung habe (so würde er kein Ketzer sein) – er tut dies aber, um irgend ein Ziel vom Dämon aus leichter zu erreichen, dem zuzustimmen jener damit bittet, so daß er auf Grund eines implicite abgeschlossenen oder ausdrücklichen Paktes das betreibt, daß der Dämon ihm oder jemand (anders) tue, um was er bittet; demgemäß die Dämonen mit Charakteren und Figuren gemäß der magischen Künste von den Menschen auf Grund eines ausdrücklichen oder stillschweigenden Paktes angerufen werden, um ihr Begehren zu erfüllen, wenn sie nur vom Dämon nichts erbitten, was über seine Fähigkeit hinausgeht, weder bezüglich der Macht, noch bezüglich der Kenntnis, so nämlich, daß er von der Macht oder der Kenntnis des Dämons schlecht dächte, wie es diejenigen täten, welche glaubten, daß der Dämon den freien Willen des Menschen nötigen könnte, oder diejenigen, welche glaubten, daß der Dämon auf jeden Fall auf grund eines solchen Paktes und bis zu einer beliebig großen Wirkung, auch wenn Gott es nicht zuläßt, das tun könnte, um was sie bitten; oder welche glaubten, er könnte den einen oder anderen Teil des künftig Zustoßenden wissen oder irgend eine Wirkung erzielen, die allein Gott zusteht: solche nämlich hätten unzweifelhaft einen Irrtum im Verstande und würden von der Macht des Dämons schlecht denken; und folglich wären sie, die anderen Bedingungen vorausgesetzt, die zur Ketzerei erforderlich sind, Ketzer und dem Gerichte der Ordinarien und Inquisitoren zugleich unterworfen. Aber wenn sie es aus den vorerwähnten Gründen täten, ohne von der Taufe und den anderen vorerwähnten Dingen schlecht zu denken, – wie es gewöhnlich geschieht, weil die Hexer und Nigromantiker, indem sie wissen, daß gerade der Teufel der Feind des Glaubens und Gegner des Heiles ist, durch die Tatsache selbst gezwungen werden, in ihren Herzen zu fühlen, daß im Glauben eine große Kraft sei, und daß das keiner Falschheit unterworfen sein kann, dem der Vater der Lüge, wie man merkt, nicht kommandiert – so würden sie also doch keine Ketzer sein, wenn sie auch bei Vollbringung solcher Dinge noch so schwer sündigten; und zwar ist der Grund, weil sie vom Sakramente nicht schlecht denken, mögen sie es auch schlecht und gotteslästerlich anwenden. Daher sind es eher Wahrsager als Ketzer und gehören zur Zahl derer, von denen der zitierte c. accusatus behauptet, daß sie nicht dem Gerichte der Inquisitoren unterstellt seien, da sie nicht offenkundig nach Ketzerei röchen, sondern versteckt und so gut wie gar nicht.

Und in derselben Weise (ist zu handeln) von denjenigen, welche den Dämon anbeten und ihm opfern. Denn wenn sie das in dem Glauben tun, in den Dämonen sei etwas Göttliches, oder in dem Glauben, daß ihm der Kultus der Latrie darzubringen sei, oder daß sie auf jeden Fall infolge der Darbringung eines solchen Kultus erlangten, was sie vom Teufel fordern, ohne daß Gottes Verbot oder auch Zulassung entgegen stände, so wären solche Leute Ketzer. Aber wenn sie das tun, ohne vom Dämon so zu denken, sondern (in dem Wunsche), auf Grund irgend eines Paktes mit dem Dämon durch jene (Handlungen) leichter von ihm zu erreichen, was sie beabsichtigen, so sind solche (Leute) der Natur der Sache nach keine Ketzer, mögen sie auch schwer sündigen.

Um das aber noch mehr klar zu machen, sind einige Einwände zu beseitigen. Es scheint nämlich entgegen zu stehen, daß nach den Rechtslehren ein Händler mit geistlichen Würden kein Ketzer ist: I, qu.

1. quisquis per pecuniam. Und doch hat er keinen Irrtum im Verstande. Denn ein Händler mit geistlichen Würden ist kein Ketzer im eigentlichen, sondern übertragenen Sinne, wegen einer gewissen Ähnlichkeit: weil er nach Thomas dadurch, daß er Heiliges verkauft und kauft, so handelt, als wenn er glaubte, das Geschenk der Gnade könne für Geld besessen werden. Aber ohne dies zu beachten – wie es gewöhnlich geschieht – ist er kein Ketzer, weil er das nicht glaubt; aber sehr wohl wäre er einer, wenn er das glaubte, nämlich, daß das Geschenk der Gnade für Geld besessen werden könne.

2. Desgleichen scheint entgegenzustehen, daß es von den Ketzern heißt – c. quicunque und in dem zitierten c. accusatus –: wer einen Ketzer anbetet, ist (selber) ein Ketzer; aber wer den Dämon anbetet, sündigt schlimmer, als der, welcher einen Ketzer anbetet: folglich etc.

3. Desgleichen scheint derjenige, welcher als Ketzer zu beurteilen ist, ein Ketzer zu sein: weil das Urteil dem wahren Sachverhalte folgen muß; aber ein solcher ist als Ketzer zu beurteilen. Denn die Kirche kann nur nach dem urteilen, was zu Tage liegt; der Erkenner und Richter des Verborgenen ist ja Gott, dist. 33 erubescant. Aber das, was im Verstande ist, kann sich nur ergeben aus äußerlichen gesehenen oder bewiesenen Taten: folglich, wer derlei tut, ein solcher ist als Ketzer zu beurteilen.

4. Außerdem scheint es unmöglich, daß jemand, der derlei tut, nämlich den Leib Christi mit Füßen zu treten u. dergl., (es tun kann), ohne vom Leibe Christi schlecht zu denken. Das wird bewiesen: Es ist unmöglich, daß Bosheit im Willen ist, ohne daß Irrtum im Verstande ist. Denn auch nach dem Philosophen ist jeder Böse unwissend oder irrend. Da also die Leute, die derlei tun, Bosheit im Willen haben, haben sie folglich auch Irrtum im Verstande.

Auf diese (Einwände) wird geantwortet, und zwar zuerst auf den ersten und dritten, weil sie zusammenfallen. Es gibt ein doppeltes Urteil: nämlich das Gottes, der das Innere der Menschen sieht, die über das Innere nur urteilen können nach äußeren (Erscheinungen), wie das dritte Argument gesteht, so daß derjenige, welcher nach dem Urteil Gottes als Ketzer beurteilt wird, in Wahrheit ein Ketzer ist, der Natur der Sache nach. Denn Gott beurteilt keinen als Ketzer, der nicht einen Irrtum bezüglich des Glaubens im Verstande hat. Aber derjenige, welcher nach dem Urteil der Menschen als Ketzer beurteilt wird, braucht der Natur der Sache nach kein Ketzer zu sein; sondern er hat eine solche Tat getan, aus der sich ergibt, daß er selbst schlecht vom Glauben denkt; und folglich wird er nach juristischer Annahme für einen Ketzer erachtet. – Und wenn gefragt wird, ob die Kirche sogleich derartige Leute, die die Dämonen in dieser Weise anbeten oder Bilder taufen, als Ketzer zu verurteilen und als Ketzer zu bestrafen hat, so beachte man die Antworten. Erstens, das zu entscheiden geht mehr die Kanonisten als die Theologen an. Die Kanonisten werden sagen, nach juristischer Annahme wird (ein solcher) für einen Ketzer erachtet und ist als Ketzer zu bestrafen. Der Theologe wird nach dem ersten Urteil, unter Berichtigung seitens des apostolischen Stuhles sagen, nein, so weit es den natürlichen Sachverhalt angeht; was es auch immer nach juristischer Annahme sein mag. Der Grund kann dieser sein: Weil irgend eine Wirkung bisweilen von einer doppelten Ursache abhängen kann, so kann man niemals aus dieser Wirkung klipp und klar die eine oder die andere Ursache dem natürlichen Sachverhalt nach beurteilen. Wenn also jene Wirkung, wie es das Anbeten des Dämons oder seine Hilfe zum Behexen anrufen ist, wobei der Betreffende ein Bild tauft, ein lebendes Kind opfert oder tötet oder derartiges mehr, aus einer doppelten Ursache hervorgehen kann, nämlich aus dem Glauben, man müsse den Dämon anbeten und ihm opfern, wodurch die Bilder sakramentale Wirkungen bekämen, oder (in dem Gedanken): »Auf Grund eines mit dem Dämon geschlossenen Paktes tue ich es, um (desto) leichter zu erhalten, was ich vom Dämon will, von dem, was nicht über seine Fähigkeit hinausgeht«, wie oben berührt ist, so darf man nicht sogleich aus einer solchen Wirkung mit Sicherheit auf eine andere Ursache schließen, nämlich daß der Betreffende das tue, weil er schlecht vom Glauben denkt. Wenn sich also Gewißheit bezüglich einer derartigen Wirkung ergibt, so muß man weiter der Ursache nachforschen; und wenn er es infolge eines Irrtums und aus Verkehrtheit des Glaubens getan hat, ist er als Ketzer zu beurteilen und wird dem Gericht der Inquisitoren samt den Ordinarien unterstellt sein; geschah es aber aus einem anderen Grunde, so ist er als Wahrsager und ganz gewöhnlicher Sünder zu beurteilen.

Eine andere Antwort für unsern Zweck: Was es auch immer sei, aus allen Behauptungen und Zitaten ergibt sich mit Sicherheit, daß alle Wahrsager und Hexer, welche als Ketzer beurteilt werden auf Grund einer juristischen Annahme und nicht auf Grund des natürlichen Sachverhaltes, dem Gerichte der Ordinarien und nicht der Inquisitoren unterstellt sind. Auch können sich die vorerwähnten Inquisitoren anderer Länder durch die Zitate aus den Canones und den Glossatoren nicht schützen, weil solche von denen, die den Dämonen opfern und sie anbeten, als von Ketzern urteilen auf Grund einer juristischen Annahme und nicht auf Grund des natürlichen Sachverhaltes. Der Text aber sagt, daß sie offenkundig nach Ketzerei riechen müssen, d.h. innerlich und auf Grund des natürlichen Sachverhaltes; und es wird uns Inquisitoren genügen, uns bezüglich derjenigen Ketzer einzumischen, die auf Grund des natürlichen Sachverhaltes infiziert sind, während wir die übrigen ihren Richtern überlassen.

Wenn gesagt worden ist, man müsse nach der Ursache forschen, ob der Betreffende dies infolge eines Irrtums im Glauben getan habe oder nicht, so wird dies durchaus leicht sein. Denn wie das Äußere des Glaubens an dem Glaubensakte erkannt wird, welcher ist glauben und bekennen, was des Glaubens ist, und wie das Äußere der Keuschheit am keusch leben erkannt wird, so kann die Kirche jemand als Ketzer angeben, indem sie untersucht, ob er bezüglich irgend eines Glaubensartikels eine Handlung des Erwägens oder des schlecht Denkens aufweist. So ist auch eine Hexe, die den Glauben im Ganzen oder zum Teil abgeleugnet oder den Leib Christi auf das niedrigste behandelt oder (dem Teufel) die Huldigung geleistet hat, (zu untersuchen), ob sie derlei nur getan hat, um dem Dämon gefällig zu sein. Ja, wenn sie den Glauben im Ganzen und auch mit dem Herzen abgeleugnet hat, dann wird sie als Apostatin beurteilt werden, und es wird die vierte Bedingung fehlen, die dazu mitzuwirken hat, damit jemand im eigentlichen Sinne Ketzer genannt werde.

Wenn dieser Erklärung die Bulle und der uns von Innozenz VIII. gewordene Auftrag entgegengehalten wird, wo die Hexen dem Gericht der Inquisitoren unterstellt werden, so wird geantwortet: Dadurch wird nicht ausgeschlossen, daß auch die Diözesanen ebenfalls bis zum endgiltigen Urteilsspruch nach jenen alten Rechten, wie gesagt ist, gegen sie vorgehen können, da diese Bulle uns mehr als eine Anregung übergeben worden ist, die wir auch, soweit wir können, mit Gottes Hilfe befolgen.

Daher nützt auch das erste Argument jenen Inquisitoren nicht, sondern läßt vielmehr auf das Gegenteil schließen, wenn solche Händler mit geistlichen Ämtern nur nach juristischer Annahme für Ketzer erachtet werden, über welche die Ordinarien für sich, ohne die Inquisitoren zu berufen, urteilen können; im Gegenteil haben sich die Inquisitoren auch nicht bezüglich der verschiedenen Händler mit geistlichen Ämtern einzumischen, und aus demselben Grunde auch nicht bezüglich anderer, die nur nach juristischer Annahme als Ketzer beurteilt werden. Denn gegen schismatische Bischöfe und gegen andere höhere Vorgesetzte können sie nicht vorgehen, wie sich im c. inquisitionis de haeret. VI ergibt, wo es heißt: »Die vom apostolischen Stuhle oder anderen abgeordneten Inquisitoren der ketzerischen Verkehrtheit können bezüglich eines derartigen Verbrechens gegen jene nicht inquirieren noch unter diesem Vorwande gegen sie vorgehen, außer wenn es in dem Briefe der Beauftragung vom apostolischen Stuhle ausdrücklich steht, daß sie es können. Wenn jedoch die Inquisitoren selbst wissen und finden, daß sich Bischöfe und andere höhere Vorgesetzte des Verbrechens der Ketzerei schuldig gemacht haben oder sie um derlei halber in schlechtem Rufe stehen oder verdächtig sind, sollten sie gehalten sein, dies dem apostolischen Stuhle zu melden.«

Auf das zweite (Argument) ergibt sich die Antwort in ähnlicher Weise aus dem Vorherbemerkten. Denn einer, der einen Ketzer anbetet, ist dann ein Ketzer, wenn er ihn selbst in dem Glauben anbetet, er sei um seiner Lehre und Meinung willen anzubeten und zu verehren. Wenn er ihn aber um eines zeitlichen (Vorteils) willen ohne irgend einen Irrtum bezüglich des Glaubens im Verstande verehrt, so ist er nicht eigentlich ein Ketzer, sondern (nur) nach der juristischen Vorstellung oder Annahme resp. auf Grund der Ähnlichkeit: weil er handelt, als ob er schlecht vom Glauben dächte, so wie der, den er anbetet; weshalb er auch dem Gerichte der Inquisitoren nicht unterstellt sein wird.

Zum dritten ergibt sich aus dem Voraufgeschickten, daß, wenn auch (jemand) von der Kirche wegen äußerer gesehener und bewiesener Taten wie ein Ketzer beurteilt wird, doch nicht folgt, daß er immer nach dem natürlichen Sachverhalte ein Ketzer ist; sondern er gilt dafür nach juristischer Annahme, weshalb er auch in jenem Falle dem Gerichte der Inquisitoren entgeht, weil er nicht offenkundig nach Ketzerei riecht.

Zum vierten (Argumente) ist zu sagen, daß es etwas Falsches annimmt, weil es nicht möglich ist, daß jemand den Leib Christi mit Füßen tritt, ohne daß er vom Leibe Christi schlecht denkt oder Verkehrtheit des Glaubens darüber hegt: weil er das in dem Bewußtsein tun kann, daß er sündigt und im festen Glauben, daß da der Leib Christi sei. Er tut es jedoch, um dem Dämon gefällig zu sein und leichter von ihm zu erhalten, was er will. Und mag jeder Böse irren, so tut er es doch nicht durch einen Irrtum des Verstandes, was Ketzerei ist, resp. irrend, insofern er schlecht von dem denkt, was des Glaubens ist, sondern (insofern er schlecht denkt) von dem, was die Eigenschaft von irgend etwas betrifft, dessen Gegenteil sich in Fehlern kundgibt.

So viel über den ersten Hauptpunkt, der zur Ketzerei, wenn im eigentlichen Sinne genommen, erforderlich ist, gemäß dem ein Ketzer dem Gerichte der Inquisitoren unterstellt sein muß.

Es steht nicht entgegen, wenn gesagt wird: der Inquisitor kann doch auch gegen die wegen Ketzerei übel Beleumdeten oder leicht, stark oder heftig Verdächtigen und solche, die nicht offenkundig nach Ketzerei riechen, vorgehen? Es wird geantwortet: Er kann inquirieren und gegen solche vorgehen, insofern sie der eigentlich so genannten Ketzerei verdächtig oder deshalb übel beleumdet sind, von der wir jetzt auch sprechen, wie oft berührt worden ist; die einen Irrtum im Verstande und die anderen vier folgenden angefügten (Stücke) hat, deren zweites ist, daß ein solcher Irrtum sich auf das bezieht, was des Glaubens ist, oder gegen die Wahrheit der Bestimmung der Kirche in dem ist, was sich auf den Glauben, die guten Sitten und das zur Erlangung des ewigen Lebens Nötige bezieht. Wenn nämlich der Irrtum das beträfe, was sich nicht auf den Glauben bezieht, z. B. wenn jemand annähme, die Sonne sei nicht größer als die Erde u. dergl., so ist das kein gefährlicher Irrtum. Ein Irrtum aber gegen die Heilige Schrift, gegen die Glaubensartikel, gegen die Bestimmung der Kirche, wie oben, ist Ketzerei, art. XXIV, qu. 1, haec est fides.

Desgleichen, weil die Entscheidung in zweifelhaften Glaubensangelegenheiten hauptsächlich die Kirche und vorzüglich den höchsten Pontifex, den Stellvertreter Christi, angeht, den Nachfolger Petri, wie es ausdrücklich XXIV, qu. 1, quotiens heißt, und gegen die Entscheidung der Kirche kein Gelehrter oder Heiliger seine Ansicht verteidigt, wie Thomas 11,2 sagt, weder Hieronymus, noch Augustinus, noch ein anderer, so ist folglich derjenige, welcher hartnäckig Behauptungen gegen die Entscheidung der Kirche in den Dingen aufstellt, die den Glauben und das zum Heile Nötige betreffen, ebenso ein Ketzer, wie derjenige, welcher hartnäckig Behauptungen gegen den Glauben aufstellt. Denn daß die Kirche selbst im Glauben nie geirrt hat, wird bewiesen, wie es heißt XXIV, qu. 1, a recta und mit anderen Canones. Bedeutsam aber heißt es, daß der ein Ketzer ist, der nicht einfach gegen die Entscheidung der Kirche Behauptungen aufstellt, sondern nur in dem, was den Glauben und das Heil angeht. Denn wer in anderen Dingen das Gegenteil annimmt, ist kein Ketzer, z. B. (wenn jemand behauptet), daß das Recht von dem Gebrauche in Dingen, die durch den Gebrauch aufgebraucht werden, nicht getrennt werden kann, wie Johannes XXII, in extrav. ad conditorem, erklärt und entschieden hat, wo er sagt, Leute, die dieser Ansicht widersprächen, seien störrig und rebellisch gegen die Kirche, aber keine Ketzer.

Das dritte, was erforderlich ist, ist, daß der Irrtum in dem sich findet, der die katholische Wahrheit bekannt hat. Wenn nämlich jemand den christlichen Glauben nie bekannt hätte, wäre er nicht eigentlich ein Ketzer, sondern einfach ein Ungläubiger, wie der Jude und Heide, die draußen sind. Daher sagt Augustinus de civitate Dei: »Als der Teufel sah, daß das menschliche Geschlecht vom Dienste der Götzen und Dämonen befreit würde, setzte er die Ketzer in Bewegung, welche unter dem christlichen Namen der christlichen Lehre widerständen.« Es ist also nötig, um ein Ketzer zu sein, daß der Irrtum in dem ist, welcher in der Taufe den christlichen Glauben angenommen hat.

Das vierte, was verlangt wird, ist, daß ein solcher Irrtum in dem ist, der den Glauben in der Weise angenommen hat, daß er irgend eine auf die Göttlichkeit oder Menschlichkeit bezügliche Wahrheit betreffs Christus bekennt. Wenn er nämlich keine Wahrheit überhaupt bekennte, würde er eigentlicher für einen Apostaten denn für einen Ketzer erachtet werden; so Julianus Apostata. Der eine wird vom andern unterschieden, mag auch bisweilen der eine für den andern genommen werden. In dieser Lage finden sich gewisse Leute, die bisweilen, von Armut und verschiedenen Lästigkeiten getroffen, Leib und Seele dem Teufel übergeben und den Glauben ableugnen, wenn ihnen der Teufel nur in ihren Nöten und zur Besitzung von Reichtümern und Ehren beisteht. Wir Inquisitoren kennen gewisse Leute, und zwar manche, die später Buße taten, die durchaus ohne Irrtum bezüglich des Glaubens im Verstände, nur um zeitlicher Vorteile willen derartiges begangen haben, weshalb sie weder eigentlich für Ketzer noch, für Herzensapostaten wie Julianus erachtet werden können; mögen sie auch mehr für Apostaten gehalten werden. Herzensapostaten aber werden, wenn sie nicht ablassen wollen, wie unbußfertige Ketzer dem weltlichen Gerichtshöfe übergeben; wollen sie es aber, so werden sie wie bußfertige Ketzer aufgenommen nach c. ad abolendam § praesenti, de haeret. 1. VI. Damit stimmt überein Raymundus, tit. de apostatis, c. revertentes, wo er sagt, die von dem Unglauben der Apostasie Zurückkehrenden seien wie von der Ketzerei Zurückkehrende aufzunehmen, da sie Ketzer gewesen seien. Hier wird das eine für das andere genommen, wie es oben behandelt worden ist. Er fügt hinzu: »Jene aber, welche aus Furcht vor dem Tode den Glauben ableugnen, (das nehme man in dem Sinne: die wegen eines zeitlichen Vorteils dem Teufel den Glauben ableugnen und Irrtümern nicht glauben), sind zwar rechtlich keine Ketzer, (man bemerke hier, daß es eigentlich keine Ketzer sind; er fügt hinzu:) da sie im Geiste keinen Irrtum haben. Jedoch nach dem Urteile der Kirche, die nach dem Äußeren das Innere zu beurteilen hat, sind sie für Ketzer zu halten (man bemerke hier: nach juristischer Vorstellung); und wenn sie zurückkehren, sind sie als reuige Ketzer aufzunehmen. Denn die Furcht vor dem Tode ist keine Furcht, die einen standhaften Mann befällt, um den christlichen Glauben abzuleugnen.« So verstehe man es auch von den zeitlichen Vorteilen. Daher schließt er: »Es ist heiliger zu sterben als (den Glauben) abzuleugnen oder sich von Götzenopfern zu nähren, wie Augustinus sagt«, und zwar wird er zitiert XXXII, qu. IV.

Das gleiche Urteil würde die Hexen treffen, die den Glauben ableugnen; daß, wenn sie ablassen wollten, sie als bußfertig aufgenommen würden, ohne daß sie dem weltlichen Gerichtshofe überlassen würden. Auf alle Weisen jedoch werden sie in den Schoß der Kirche wieder aufgenommen, wenn sie darum bitten, und dem weltlichen Gerichtshöfe werden sie überlassen, wenn sie nicht zurückkehren wollen; und zwar wegen der (von ihnen) angetanen zeitlichen Schädigungen, wie es sich in den Arten, das Urteil zu fällen, ergeben wird. Und alles führt der vorgenannte Ordinarius aus, so daß auch der Inquisitor seine

Befugnis ihm überlassen kann, wenigstens in diesem Falle der Apostasie; anders ist es in den anderen Fällen der Wahrsager.

Das fünfte, was dazu erfordert wird, daß jemand im eigentlichen Sinne ein Ketzer ist, ist, daß er einen solchen Irrtum mit gefestigtem und hartnäckigem Willen erwählt (eligat) und halsstarrig den Meinungen folgt. Daher ist nach Hieronymus Ketzerei vom Auswählen (electio) genannt, und daher ist nach Augustinus nicht der, welcher falsche Meinungen schafft oder befolgt, sondern der, welcher sie hartnäckig verteidigt, für einen Ketzer zu erachten. Wenn daher jemand nicht mit hartnäckiger Bosheit etwas gegen den Glauben annähme, sondern aus Unwissenheit, bereit zur Besserung, wenn er merkt, daß es falsch ist oder wenn ihm gezeigt wird, daß es gegen den Glauben oder die heilige Schrift ist oder gegen die Entscheidung der Kirche, XXIV, qu. 3, so sagte der Apostel, und so sagte Augustinus selbst: »Ich werde irren können; ein Ketzer werde ich nicht sein«, weil er nämlich bereit war zur Besserung, wenn ihm ein Irrtum gezeigt worden wäre. Es steht auch fest, daß täglich unter den Gelehrten betreffs des Göttlichen mannigfache, und zwar bisweilen sich widersprechende Meinungen vorliegen, so daß notwendig die eine falsch sein muß; und doch wird keine von ihnen für falsch erachtet, bis sie durch die Kirche entschieden worden ist: art. XXIV, qu, 3, qui in ecclesia.

Aus allediesem wird geschlossen, daß der Beweis, die Hexer oder auch andere, die auf irgend eine Weise die Dämonen anrufen, unterständen dem Gerichte der Inquisitoren, mit den Aussprüchen der Kanonisten über das zitierte Wort »offenkundig (nach Ketzerei) riechen«, welches im c. accusatus begriffen ist, nicht hinreichend geführt wird, indem solche von ihnen (nur) auf Grund einer gewissen juristischen Vorstellung als Ketzer beurteilt werden. Noch auch (wird jener Beweis geführt) durch die Aussprüche der Theologen, indem auch sie solche Leute Apostaten mit Worten oder Werken nennen, aber nicht mit Geist und Herz: betreffs welchen Irrtums das Wort »(offen nach Ketzerei) riechen« vorbeugt. Und mögen sie auch als Ketzer beurteilt werden, so folgt doch deshalb nicht, daß der Bischof ohne den Inquisitor nicht bis zur endgiltigen Urteilsfällung gegen sie vorgehen oder sie zur Strafe der Haft bringen oder der Folter aussetzen könne. Im Gegenteil, in dem Falle, wo diese Unterscheidung dazu nicht auszureichen scheint, daß wir Inquisitoren der Inquisition der Hexen enthoben seien, wollen wir das doch nicht auf dem Wege des Rechtes verlangen, wenn wir unsere Rolle hierbei wenigstens bezüglich des zu votierenden Urteils den Diözesanen übertragen können. Das steht nämlich im c. multorum, im Princip. de haeret. bei Clemens, wo es heißt: »... Damit das Geschäft derartiger Inquisition um so glücklicheren Erfolg habe, so daß in der Folge die Aufspürung eben jener Seuche eifriger, fleißiger und vorsichtiger betrieben werde, bestimmen wir, daß es sowohl von den Bischöfen der Diözese als auch durch die vom apostolischen Stuhle abgeordneten Inquisitoren unter Fernhaltung jedes fleischlichen Hasses oder Schreckens oder Strebens nach irgend welchem zeitlichen Vorteil ausgeübt werde; so daß jeder beliebige unter den Vorgenannten ohne den andern (den Delinquenten) vorladen und arrestieren oder verhaften und in sicheren Gewahrsam tun kann, indem er ihn in Beinschellen und eiserne Handfesseln legt, wenn es ihm gut scheint, bezüglich dessen Ausführung wir die Verantwortung seinem eigenen Gewissen überlassen; wie nicht minder über diejenigen zu inquirieren, bezüglich derer um solches Amtes willen es ihm bei Gott und der Gerechtigkeit nötig zu sein scheint; jene doch einem harten Gefängnis zu übergeben, das mehr zur Strafe als zur Bewachung (zu dienen) scheint, oder sie der Folter auszusetzen oder gegen sie bis zum Urteilsspruch vorzugehen, wird der Bischof ohne den Inquisitor oder der Inquisitor ohne den Diözesan oder, falls jenes oder des Bischofs Stuhl leer steht, ohne den dafür Delegierten, wenn sie imstande sind, einander habhaft zu werden innerhalb eines Zeitraumes von acht Tagen, nachdem sie einander gesucht haben, nicht imstande sein; und wenn es anders vorgenommen worden sein sollte, sei es null und nichtig von Rechtswegen.« Später heißt es mit Bezug auf unsere Sache: »Aber wenn der Bischof oder, falls dessen Stuhl leer steht, der für ihn vom Kapitel Delegierte mit dem Inquisitor oder der Inquisitor mit einem von diesen wegen der vorerwähnten (Gründe) nicht persönlich zusammenkommen können oder wollen, kann der Bischof, oder, falls sein Stuhl leer steht, sein oder des Kapitels Delegierter dem Inquisitor und der Inquisitor dem Bischof oder dessen Delegiertem oder, falls der Stuhl leer steht, demjenigen, der vom Kapitel dazu abgeordnet ist, darüber seine Rollen überlassen oder durch einen Brief seinen Rat und seine Zustimmung bekunden.«

Hieraus ergibt sich, daß, wenn auch in fünf Fällen der eine ohne den andern, bei dreien jedoch keineswegs vorgehen kann, doch der eine dem andern seine Rolle überlassen kann, besonders bezüglich der Votierung des Urteils; und deshalb haben auch wir als gegenwärtige beschlossen, es so zu halten, während die anderen Inquisitoren in ihren Grenzen bleiben.

Wenn wir also auf die Argumente antworten, so ergibt sich aus dem Voraufgeschickten bezüglich der sechs ersten Argumente, die für die Inquisitoren kämpfen, die Entscheidung, daß deren Inquisition die Hexer und Wahrsager nicht zu unterstehen scheinen. Bezüglich der anderen Argumente für die Diözesanen aber, in dem Falle, daß sie sich selbst von der Inquisition der Hexen befreien und sie dem bürgerlichen Richter überlassen möchten, ist es klar, daß sie das nicht mit derselben Leichtigkeit tun können wie die Inquisitoren, weil es bei einem Verbrechen der Ketzerei nach c. ad abolendam, c. vergentis und c. excommunicamus utrumque extra de haereticis Sache des geistlichen Richters ist, zu untersuchen und zu urteilen und Sache des weltlichen Richters, auszuführen und zu strafen, wenn das Urteil auf eine Strafe des Blutes hinausläuft; anders, wenn auf Bußstrafen.

Es scheint auch, daß in der Ketzerei der Hexen, wenn auch nicht in anderen Ketzereien, auch die Diözesanen selbst ihre Rolle beim Erkennen und Urteilen auf dem bürgerlichen Forum abzutreten imstande sind; einmal, wie in den Argumenten berührt wird, weil dies Verbrechen der Hexen nicht rein geistlich, sondern im Gegenteil wegen der zeitlichen Schädigungen, die (von den Hexen) angetan werden, mehr bürgerlich ist, dann auch, weil man sieht, daß besondere Gesetze zur Bestrafung der Hexen bezüglich des ganzen Herganges der Bestrafung herausgegeben worden sind.

Es scheint endlich, daß dieser Hergang sehr viel zur Ausrottung der Hexen und zur größten Erleichterung der Ordinarien dienen würde, wenn ein in der Öffentlichkeit zu fürchtender Richter da ist; abgesehen von der strengen Rechenschaft, die gefordert werden wird, da nach dem Zeugnis der Schrift das härteste Gericht denen droht, die an der Spitze stehen.

Nach dieser Unterscheidung werden wir vorgehen, nämlich daß der weltliche Richter untersuchen und urteilen kann bis zur endgiltigen Urteilsfällung, bezüglich der Buße, die er von den Ordinarien empfangen wird; anders hinsichtlich eines Bluturteils, was er für sich selbst votieren kann.

*

Damit also die Richter sowohl auf dem geistlichen als bürgerlichen Forum die Arten der Untersuchung, Urteilung und Urteilsfällung immer in Bereitschaft haben könnten, so wird folgerichtig in drei Stücken hauptsächlich vorzugehen sein: erstens, welches ist die Art, einen Glaubensprozeß anzufangen, zweitens, welches ist die Art, ihn fortzusetzen, drittens, welches ist die Art, in diesen Hexensachen den Prozeß zu beendigen und das Urteil zu fällen? Bei dem ersten (Punkte) gibt es fünf Schwierigkeiten: die erste, welche von den drei Arten zu prozessieren, die im Recht berührt werden, die zutreffendere sei; die zweite, von der Anzahl der Zeugen; die dritte, ob sie zum Schwören gezwungen werden können; die vierte, von der Beschaffenheit der Zeugen; die fünfte, ob Todfeinde zur Zeugenschaft zugelassen werden.

Der zweite Teil enthält elf Fragen. Die erste, wie die Zeugen zu prüfen sind, und daß immer fünf Personen anwesend sein müssen; desgleichen, wie die Hexen im allgemeinen und im besonderen zu fragen sind; und zwar wird das in der Reihenfolge des Buches die sechste sein, indem die Zählung geändert wird, damit der Leser den gewünschten Stoff desto leichter findet; die zweite erklärt verschiedene Zweifel bezüglich negativer Antworten; wann (die Person) einzukerkern und wann für eine offenkundig in der Ketzerei der Hexen Ertappte zu halten sei. Die dritte, von der Art die Hexen zu verhaften. Die vierte von den beiden (Punkten), die der Richter nach der Verhaftung tun muß; und ob die Namen der Aussagenden ihr zu offenbaren und ihr Verteidigungen zu gestatten seien. Die fünfte, wie die Verteidigungen mit der Abordnung eines Advokaten zu gestatten seien. Die sechste, was der Advokat tut, wenn ihm die Namen der Zeugen nicht bekannt gegeben werden und wenn er vor dem Richter eine Todfeindschaft anführt. Die siebente, wie der Richter eine Todfeindschaft zu ergründen hat. Die achte, von dem, was der Richter zu beachten hat, bevor er die Angeklagte der Folter aussetzt. Die neunte, von der Art, zur peinlichen Frage und Folter zu verurteilen. Die zehnte, von der Fortsetzung der Folter, und wie sie zu foltern sind, und von den Vorkehrungen und Anzeichen gegen die Hexenkunst der Verschwiegenheit. Die elfte, über die Schlußfragen und vom Richter zu beobachtenden Vorkehrungen.

Der dritte Teil enthält erstens drei Fragen, die der Richter beachten muß, und aus denen das ganze endgiltige Urteil hervorgehen muß: die erste, ob auf die Probe mit dem glühenden Eisen erkannt werden könne? Die zweite, von der Art, wie jedes Urteil votiert werden muß. Die dritte, auf Grund welcher Verdachtsgründe man urteilen kann und wie man nach einem jeden einzelnen Verdachtsgrunde das Urteil fällen muß. Endlich den letzten Teil hindurch von den zwanzig Arten, das Urteil zu fällen, von denen dreizehn aller Ketzerei gemeinsam sind, die übrigen speziell für die Ketzerei der Hexen (bestimmt); und weil sie an ihrem Orte sich ergeben werden, werden sie der Kürze halber nicht näher bezeichnet.

Erste Frage

Über die Art, den Prozeß zu beginnen

Es wird also zuerst gefragt, welches die zum Beginnen eines Glaubensprozesses gegen die Hexen zutreffende Weise sei, und geantwortet: Unter den drei Arten, die extra de accus., denunt. et inquisitione berührt werden, ist die erste, wenn jemand jemanden des Verbrechens der Ketzerei oder der Begünstigung vor dem Richter anklagt, indem er sich erbietet, es beweisen zu wollen, und sich zur Strafe der Wiedervergeltung einschreibt, falls er es nicht beweist. Die zweite Art, wenn jemand jemanden denunziert, jedoch so, daß er sich nicht erbietet, es beweisen zu wollen, noch Teil an der Strafe haben will; sondern er sagt, er denunziere aus Glaubenseifer oder mit Rücksicht auf das Urteil der Exkommunikation, die der Ordinarius oder sein Vikar verhängt, oder mit Rücksicht auf die zeitliche Strafe, die der weltliche Richter gegen die verhängt, die nicht denunzieren. Die dritte Art ist die durch Inquisition, d. h. wenn kein Ankläger oder Denunziant da ist, sondern das Gerücht in irgend einer Stadt oder einem Orte geschäftig ist, (zu erzählen), daß da Hexen seien; und dann hat der Richter nicht auf Betreiben einer Partei, sondern sogar von Amtswegen vorzugehen.

Dazu ist zu bemerken, daß der Richter die erste Art zu prozessieren nicht gern zuläßt; einmal, weil sie in einer Glaubenssache nicht gebräuchlich ist, noch auch in einer Sache der Hexen, die ihre Behexungen im Geheimen ausführen; dann auch, weil sie für den Ankläger wegen der Strafe der Wiedervergeltung sehr gefährlich ist, mit der er gebüßt würde, wenn er im Beweisen versagte; dann auch, weil sie viele Streitigkeiten im Gefolge hat.

(Der Richter) beginne den Prozeß durch eine allgemeine Vorladung in der Weise wie folgt, indem er sie an den Türen der Parochialkirche oder des Rathauses anheftet: »Da wir, der Vikar des und des Ordinarius (oder der Richter des und des Herrn) mit allen unseren Neigungen erstreben und aus vollem Herzen ersehnen, daß das uns anvertraute christliche Volk in der Einheit und Klarheit des katholischen Glaubens eifrig gepflegt und von aller Pest der ketzerischen Verkehrtheit ferngehalten werde, daher wir, der vorgenannte Richter, dem dies aus auferlegtem Amte zusteht, zum Ruhme und zur Ehre des verehrungswürdigen Namens Jesu Christi und zur Erhöhung des heiligen, orthodoxen Glaubens, auch zur Erdrückung der ketzerischen Verkehrtheit besonders in den Hexen, allen und jeden, welcher Stellung, Standes [hier merke: Wenn es ein geistlicher Richter ist, der inquiriert, füge er hinzu: Ordens, Religion oder Würde] sie seien, soweit sie innerhalb der Grenzen dieser Stadt oder dieses Ortes, oder um sie herum bis zu zwei Meilen wohnen, zu ihrer Kenntnis dieser Befehle gelangt, [der geistliche Richter füge hinzu: kraft der Hoheit, die wir in diesem Lande genießen] in der Tugend heiligen Gehorsams und unter der Strafe der Exkommunikation vorschreiben, befehlen, befehlend verlangen und ermahnen, innerhalb der zwölf zunächst zu rechnenden Tage [der weltliche Richter wird hier in seiner Weise und mit Androhung der bei ihm gewöhnlichen Strafen befehlen] deren erste vier als erster, die anderen vier, die den ersten unmittelbar folgen, als zweiter und die letzten vier als dritter Termin gerechnet werden, und geben in je drei kanonischen Ermahnungen Anweisung, man möge uns enthüllen, wenn jemand weiß, gesehen oder gehört hat, daß irgend eine Person als Ketzerin oder Hexe übel beleumdet oder verdächtig sei und daß sie im besonderen so etwas betreibe, was zur Schädigung der Menschen, der Haustiere oder der Feldfrüchte und zum Schaden des Staatswesens auszuschlagen vermag. Wenn jemand unseren vorgenannten Ermahnungen und Befehlen nicht gehorcht, mit der Wirkung, daß er das Vorausgeschickte innerhalb des veranschlagten Termins nicht enthüllt, wisse er, daß er [der geistliche Richter füge hinzu: mit dem Dolche der Exkommunikation durchbohrt sei. Der weltliche Richter füge weltliche Strafen hinzu]. Dieses Urteil der Exkommunikation verhängen wir gegen alle und jeden, die so, wie gesagt, verstockt sind, unter Voraufgang unserer vorerwähnten kanonischen Ermahnung, die ihren Gehorsam fordert, jetzt wie dann und dann wie jetzt in diesem Schriftstück, indem wir die Absolution von diesen Urteilssprüchen bloß uns vorbehalten. [Der weltliche Richter schließt in seiner Weise.] Gegeben« etc.

Bemerke außerdem bezüglich der zweiten Art: Da, wie gesagt, die zweite Art zu prozessieren und den Glaubensprozeß anzufangen in der Weise der Denunzierung geschieht, wobei der Denunziant sich nicht erbietet, es beweisen zu wollen, noch Teil (an der Strafe) haben will, sondern (nur) sagt, er denunziere mit Rücksicht auf das verhängte Urteil der Exkommunikation oder aus Glaubenseifer und zum Besten des Staatswesens – so muß der weltliche Richter in seiner allgemeinen Vorladung oder vorerwähnten Ermahnung besonders bemerken, daß niemand meinen solle, er mache sich strafbar, auch wenn er bei der Beweisführung versagt habe; denn er bietet sich nicht als Ankläger, sondern als Denunziant an. Und dann, weil mehrere vor dem Richter zum Denunzieren erscheinen werden, muß sie der Richter notieren, um in der folgenden Weise vorzugehen: Zunächst habe er einen Notar und zwei ehrenwerte Personen, seien es nun Kleriker oder Laien; oder wenn man keinen Notar bekommen kann, seien es an Stelle des Notars zwei geeignete Männer. Das wird nämlich berührt im c. ut officium, § verum, 1. VI, wo es heißt: »Aber weil in Sachen eines schweren Verbrechens mit vieler Vorsicht vorgegangen werden muß, damit gegen die Schuldigen ohne jeden Irrtum die Strenge einer harten und würdigen Ahndung vorgebracht werde, wollen und befehlen wir, daß ihr bei der Prüfung der Zeugen, welche bezüglich dieses vorgenannten Verbrechens seitens der dabei Zuständigen angenommen werden müssen, zwei religiöse und diskrete Personen zuzieht, [Hierzu Archidiaconus in der Glosse: »Man kann darunter ehrenwerte Personen verstehen, seien es nun Kleriker oder Laien« –] in deren Gegenwart durch eine öffentliche Person, wenn ihr sie bequem haben könnt, oder durch zwei geeignete Männer die Aussagen dieser Zeugen getreulich niedergeschrieben werden«. Merke also, daß der Richter unter Hinzuziehung dieser Personen dem Denunzianten befiehlt, schriftlich oder wenigstens mündlich auszusagen; und dann beginne der Notar resp. der Richter den Prozeß in der Weise wie folgt: »Im Namen des Herrn, Amen. Im Jahre von der Geburt des Herrn an etc., an dem und dem Tage des und des Monats, in meiner, des Notars, und der unterschriebenen Zeugen Gegenwart, erschien der und der aus dem und dem Orte der und der Diözese, wie oben, persönlich an dem und dem Orte vor dem ehrenwerten Richter und brachte ihm ein Blatt Papier folgenden Wortlautes. [Werde ganz eingeschaltet!] Wenn es aber nicht mit einem Blatt Papier, sondern mündlich geschieht, dann werde so gesetzt: Erschien etc. und denunzierte ihm, daß der und der aus dem und dem Orte der und der Diözese behauptet und gesagt habe, er wisse das oder habe die und die Schädigungen ihm oder anderen Personen angetan.« Wenn dies geschehen ist, läßt er den Denunzianten unverzüglich in der gewöhnlichen Weise schwören, oder auf die vier Evangelien Gottes, oder auf das Kreuz, mit drei erhobenen und zwei niedergehaltenen Fingern, zum Zeugnis der heiligen Dreieinigkeit und Verdammnis von Leib und Seele, die Wahrheit bezüglich dessen zu sagen, was er als Denunziant ausgesagt hat. Nach Leistung des Eides soll er ihn fragen, woher er weiß, daß das wahr sei, was er denunziert hat, und ob er es gesehen oder gehört hat. Wenn er sagt, er habe etwas gesehen, z. B. daß (der Verdächtige) dort zu der und der Stunde des Gewitters betroffen ist oder daß er das Vieh berührt hat oder in den Stall getreten ist, dann soll der Richter fragen, wo er jenen gesehen hat, wann, wie oft und auf welche Weise, und wer dabei gewesen ist. Wenn er sagt, er habe es nicht gesehen, sondern gehört, so soll er ihn fragen, von wem er es gehört hat, wo, wann, wie oft und in wessen Gegenwart; wobei er über jedwede Aussage einzeln und getrennt Artikel formuliert, und der Notar oder der Schreiber soll alles in den Akten oder im Prozeß unmittelbar nach der vorerwähnten Denunzierung niederlegen und so fortfahren: »Als diese Denunzierung nun wie vorausgeschickt geschehen war, ließ der Inquisitor unverzüglich den Denunzianten selbst auf die vier Evangelien etc. wie oben schwören, daß er bezüglich dessen, was er durch Denunzierung ausgesagt hatte, die Wahrheit gesagt habe, und fragte ebendenselben, woher und auf welche Weise er das, was er denunziert, erfahren hätte oder Verdacht hegte, daß es wahr sei. Er antwortete, daß er es gesehen oder gehört hätte. Er fragte, wo er es gesehen oder wo er es gehört hätte, und er sagte, an dem und dem Tage des und des Monats des und des Jahres in dem und dem Orte. Er fragte, wie oft er es gesehen oder gehört hätte etc.; und es sollen, wie gesagt ist, Artikel formuliert und alles zu den Prozeß(akten) gelegt werden. Im besonderen wird er befragt, wer seine Mitwisser in der und der Sache sind und wie sie es wissen können. Nachdem das alles so vollendet ist, wird er zum letzten gefragt, ob er aus bösem Willen, Haß oder Groll denunziert oder aus Begünstigung und Liebe etwas ausläßt oder ob er auf Ersuchen oder als Untergebener denunziert; und schließlich wird ihm kraft des geleisteten Eides auferlegt, was immer er dort gesagt hat oder ihm durch den Richter gesagt worden ist, geheim zu halten. Alles wird in den Prozeß und in die Akten gelegt, und wenn alles erfüllt ist, soll kurz darunter gesetzt werden: »Das ist verhandelt worden an dem und dem Orte, an dem und dem Tage des und des Monates in dem und dem Jahre in Gegenwart meiner, des Notars oder Schreibers, unter Hinzuziehung eines anderen zur Stärkung des Amtes des Schriftführers, und der und der hierzu gerufenen und gebetenen Zeugen.«

Die dritte Art, den Prozeß zu beginnen, die auch die gewöhnliche und gebräuchliche Art ist. Weil sie dadurch geheim ist, weil kein Ankläger oder Denunziant sich anbietet, sondern das Gerücht in irgend einer Stadt oder einem Orte geschäftig ist, von irgend einer Hexe und auch dieser oder jener (Person Übles zu verbreiten), und wenn der Richter um des Gerüchtes willen ohne allgemeine Vorladung, worüber oben, oder Ermahnung kraft seines Amtes vorgehen will, darum daß die und die Kunde häufig zu seinen Ohren gekommen ist, dann kann er wiederum den Prozeß in Gegenwart der Personen wie oben beginnen: »Im Namen des Herrn, Amen. Im Jahre von der Geburt des Herrn, an dem und dem Tage, in dem und dem Monat oder den und den Monaten ist mehrmals zu den Ohren des und des Offizials oder Richters des und des Ortes gekommen, indem das öffentliche Gerücht berichtet und die laute Mitteilung bekundet, daß der und der aus dem und dem Orte das und das zur Behexung Gehörende gegen den Glauben und den gemeinen Nutzen des Staatswesens gesagt oder getan hat. [Und es werde alles niedergelegt, wie das Gerücht es angibt; und kurz darunter:] Verhandelt ist dieses an dem und dem Tage des und des Monates in dem und dem Jahre in Gegenwart der und der gerufenen und gebetenen Zeugen und unter meiner, des Notars so und so, Hoheit oder der Hurtigkeit des und des Schreibers«.

Aber bevor der zweite Teil begonnen wird, nämlich wie ein derartiger Prozeß fortzusetzen sei, ist noch einiges über die Prüfung der Zeugen vorauszuschicken, wie viele an Zahl es sein müssen und von welcher Beschaffenheit.

Zweite Frage

Von der Anzahl der Zeugen

Weil in der zweiten Art (den Prozeß zu beginnen) die Rede gewesen ist von den Aussagen der Zeugen, wie sie hingeschrieben werden sollen, ist es nötig, ihre Zahl und Beschaffenheit zu wissen. Es wird gefragt, ob der Richter (auf Grund der Aussagen) zweier gesetzlicher, nicht singulärer Zeugen erlaubterweise eine Frau wegen Hexenketzerei verurteilen könne, oder ob notwendig mehr als zwei erfordert werden; und zwar heißen singulare Zeugen solche, wenn sie in den Aussagen auseinandergehen, jedoch im Wesen oder in der Wirkung der Sache übereinstimmen; z. B. wenn der eine sagt, sie hat mir die Kuh behext, der andere, das Kind, so würden sie bezüglich der Behexung übereinstimmen. Hier aber wird gefragt, ob die Zeugen nicht teilweise, sondern durchaus übereinstimmen; und es wird geantwortet: Wiewohl streng nach dem Gesetz zwei Zeugen zu genügen scheinen, weil die Regel lautet, daß im Munde zweier oder dreier jedes Wort stehe, so scheinen doch nach Recht und Billigkeit in diesem Verbrechen zwei nicht zu genügen. Einmal wegen der Ungeheuerlichkeit des Verbrechens. In den Verbrechen nämlich müssen die Beweise klarer als der Tag sein: ff. de probationibus, si autem; und die Ketzerei, besonders eine solche, wird unter die größeren Verbrechen gerechnet; und wenn gesagt wird, daß in diesem Verbrechen leichtere Beweise genügen, weil durch ein leichtes Argument jemand entdeckt wird, c. de haeret. 1. II: »Durch ein leichtes Argument, (nämlich) durch Abweichen vom Urteil und Pfade der katholischen Religion, macht man sich zum Ketzer«, so wird geantwortet: Das ist richtig zum Verdacht schöpfen, aber nicht zum Verurteilen. Dann (genügen zwei Zeugen nicht) wegen der Verstümmelung der gesetzlichen Ordnung in diesem Verbrechen. Hierbei nämlich wird die gesetzliche Ordnung zugunsten des Glaubens verstümmelt, daß weder der Angeklagte die Zeugen schwören sieht, noch auch ihm bekannt gegeben werden, wobei ihnen schwere Gefahr drohen könnte; wie es c. statuta, de haeret. 1. VI steht, daß deshalb der Angeklagte sie nicht ahnen kann. Aber der Richter selbst ist gehalten, für sich und von amtswegen, bezüglich der Feindschaft der Zeugen (mit dem Angeklagten) zu inquirieren, weil sie (dann), wie sich unten ergeben wird, ausgeschlossen werden; auch sie immer wieder zu fragen, wenn sie in Sachen des Gewissens verwirrte Aussagen gemacht haben; das kann er tun nach extra de test. per tuas und ff. de quaestionibus repet. Denn je mehr der Weg der Verteidigung dem Angeklagten entzogen wird, desto mehr liegt dem Richter die Sorge um eifriges Inquirieren ob.

Wenn sich also zwei übereinstimmende und gesetzmäßige Zeugen gegen irgend jemand fänden, möchte ich infolge dessen ihn wegen eines so großen Verbrechens nicht verurteilen, sondern ihm, wenn er übel beleumundet wäre, die Reinigung zuschieben oder wegen heftigen Verdachtes, der aus den Aussagen zweier Zeugen entsteht, ihn abschwören lassen oder (weiter) verhören resp. das Urteil aufschieben. Denn es scheint nicht sicher, auf das Wort zweier Zeugen hin einen Menschen von gutem Rufe wegen eines so großen Verbrechens zu verurteilen. Anders wäre es, wenn er von schlechtem Rufe wäre. Darüber (handelt) ausführlicher Archidiaconus im c. ut officium, § verum im Anfang de haer. l. VI, über das Wort »Zeugen«, und im c. fidei, am Ende der Glosse jenes Kanon; ebendort auch Johannes Andreä; auch im c. excommunicamus itaque, extra de haeret., § adicimus, heißt es, der Bischof lasse drei oder mehr Männer von gutem Zeugnis schwören, die Wahrheit zu sagen, ob sie in der Parochie wissen, daß dort solche Ketzer sind.

Ebenso wenn gefragt wird, ob der Richter durch singulare Zeugen allein oder wenigstens im Zusammentreffen mit Infamie gerechterweise jemanden wegen solcher Ketzerei verurteilen könne, so wird geantwortet, nein; weder durch singulare Zeugen allein noch auch im Zusammentreffen mit Infamie: extra de testi cum literis; besonders da in Verbrechen die Beweise, wie sich oben ergeben hat, klarer als der Tag sein müssen, und in diesem Verbrechen niemand auf grund einer Annahme zu verdammen ist: extra de praesumpt. literas. Daher wird einem solchen die Reinigung bezüglich der Infamie und das Abschwören bezüglich des heftigen Verdachtes, der sich auf grund der

Zeugenaussagen erhebt, zugeschoben. Aber wo es singulare Zeugen sind, jedoch im Wesen der Tat übereinstimmen und in der Evidenz der Tat konkurrieren, da wird dann das Gewissen des Richters belastet.

Mittelbar hat man die Frage, wie oft die Zeugen verhört werden können.

Dritte Frage

Über den Zeugniszwang und das wiederholte Befragen der Zeugen

Wenn gefragt wird, ob der Richter die Zeugen zum Eide treiben könnte, ihm in einer Glaubenssache resp. einem Hexenprozeß die Wahrheit zu sagen, und ob er sie auch mehrmals verhören könne, so wird mit ja geantwortet; besonders der geistliche Richter, wie sich oben gezeigt hat, im c. ut officium, § verum; und daß die Zeugen zu zwingen sind, in geistlichen Sachen die Wahrheit auszusagen unter dem Mittel des Eides, extra de testib. cogend., c. pervenit; andernfalls das Zeugnis nicht gelten wird. Und extra de haer. c. excommunicamus itaque, § addicimus, heißt es, der Erzbischof oder Bischof gehe in der Parochie, in welcher dem Gerüchte zufolge Ketzer wohnen sollen, herum und bringe dort drei oder mehr Männer von gutem Zeugnis zum Schwören. Weiterhin steht: »Wenn aber vielleicht welche von diesen die Eidesverpflichtung in verdammungswürdiger Hartnäckigkeit verachtend nicht schwören wollen, sollen sie schon deshalb als Ketzer erachtet werden.« – Daß er sie aber mehrmals verhören kann, dazu Archidiaconus im c. ut officium, § verum, über das Wort »Zeugen«, wo er folgendermaßen sagt: »Der Untersuchungsrichter aber muß hier bedacht sein, daß, wenn die Zeugen verwirrte Aussagen gemacht haben und über die Gewissenssache zu wenig vollständig befragt worden sind, er wiederholt mit ihnen die Untersuchung führe.« Denn das kann er mit gutem Rechte tun, extra de test. cogendis, wie oben berührt worden ist, und ff. de quaest. repet.

Vierte Frage

Von der Beschaffenheit der Zeugen

Frage nach den Verhältnissen der Zeugen. Merke, daß Exkommunizierte, ebenso Teilhaber und Genossen des Verbrechens, ebenso Infame und Verbrecher, Sklaven gegen ihre Herren zur Verhandlung und zum Zeugnis in jedweder Glaubenssache zugelassen werden; ebenso wie Ketzer gegen Ketzer zum Zeugnis zugelassen wird, so auch Hexer gegen Hexer, jedoch nur mangels anderer Beweise und immer gegen und nicht für; auch Gattin, Söhne und Angehörige gegen und nicht für: art. per, c. filii, de haer. l. VI; und zwar deshalb, weil deren Zeugnis zum Beweise wirksamer ist. Bezüglich der ersten ergibt sich Klarheit im c. in fidei, de haer. ebendaselbst: »Zu Gunsten des Glaubens gestatten wir, daß im Amte der Inquisition der ketzerischen Verkehrtheit Exkommunizierte und Teilhaber oder Genossen des Verbrechens zum Zeugnis mangels anderer Beweise gegen die Ketzer, gegen die, die an sie glauben, sie beherbergen, begünstigen und verteidigen, zugelassen werden, wenn man aus wahrscheinlichen Vermutungen und aus der Zahl der Zeugen oder der Beschaffenheit der Personen, sowohl derer, die aussagen als auch derer, gegen welche verhandelt und ausgesagt wird, schließt, daß die also Zeugnis Ablegenden nichts Falsches sagen«.

Bezüglich der Meineidigen, (die als Zeugen zugelassen werden), wenn angenommen wird, daß sie aus Glaubenseifer aussagen, ergibt sich Klarheit im c. accusatus, § licet a. a. O., wo es heißt: »Mögen aber Meineidige, auch nachdem sie Buße getan haben, zurückgewiesen werden, so werden sie doch« etc. und weiterhin: »Wenn es aus offenkundigen Anzeichen klar geworden ist, daß solche nicht aus Leichtfertigkeit der Seele oder wegen des Zündstoffes des Hasses oder infolge Bestechung mit Geld, sondern aus Eifer um den orthodoxen Glauben ihre Aussage verbessern und jetzt, was sie früher verschwiegen hatten, zu Gunsten des Glaubens enthüllen wollen, so muß man, wenn nichts weiter entgegensteht, sowohl gegen sie als auch gegen die Übrigen bei ihren Bekundungen stehen bleiben«.

Und daß Infame und Verbrecher und Knechte gegen ihre Herren zugelassen werden, darüber sagt Archidiaconus im zitierten c. accusatus, § licet, a. a. O. bei dem Worte »exceptum« folgendes: »So groß ist der Schandfleck des Verbrechens der Ketzerei, daß zu dessen Verhandlung auch Knechte gegen ihre Herren und jedwede Verbrecher und auch Infame gegen jedweden zugelassen werden«, wie II qu. 7, § huic opponitur.

Fünfte Frage

Ob Todfeinde zum Zeugnis zugelassen werden

Wenn aber gefragt wird, ob der Richter Todfeinde eines Angeklagten in einem solchen Falle zum Zeugnis oder zum Verhandeln gegen ihn zulassen könne, so wird mit nein geantwortet. Daher Archidiaconus a. a. O.: »Man möge es jedoch nicht so verstehen, daß in diesem Verbrechen ein Todfeind zur Verhandlung zugelassen wird«; III, qu. 5, c. 2 und de simon. licet Hel. am Ende. Darüber bemerkt auch Hostiensis genug in Summa de accus, § quis possit. Wer wird aber Todfeind genannt? Beachte, daß, weil nur hinsichtlich der Feindschaft jemand zurückgewiesen wird und nicht jede beliebige zurückweist, sondern (nur) ein tötliche verstanden wird: weil der Tod entweder tatsächlich zwischen die Betreffenden gebracht worden ist oder beabsichtigt worden ist, ihn zwischen sie zu bringen, oder dasjenige, was zum Tode führt oder der Weg dazu ist; oder schwere und tötliche Wunden gefolgt sind, und ähnliches, welches auf die Verkehrtheit und Bosheit des Handelnden gegenüber dem Leidenden offenkundig schließen läßt, um dessentwillen man annimmt, daß, so wie er beabsichtigt hat, ihm auf jene Art, nämlich durch Verwunden, den leiblichen Tod anzutun, er es auch dadurch versuchen würde, daß er ihm dieses Verbrechen der Ketzerei zur Last legte; und wie er ihm das Leben nehmen wollte, könnte er ihm auch seinen guten Ruf nehmen wollen. Daher sind solche Todfeinde gesetzlich vom Zeugnis fernzuhalten.

Andere besonders schwere Feindschaften aber, so wie auch die Weiber leicht zu (solchen) Feindschaften erregt werden, schließen zwar nicht gänzlich vom Zeugnis aus, schwächen aber ihre Aussagen einigermaßen, so daß man ihren Bekundungen nicht vollen Glauben schenken darf; in Verbindung mit anderen Stützen und den Aussagen anderer Zeugen können sie einen vollen Beweis ausmachen, besonders wenn der Richter den Angeklagten fragt, ob er nicht glaube, einen Feind zu haben, der ihm aus Feindschaft ein solches tödliches Verbrechen aufzuhalsen wage. Wenn er mit ja antwortet, soll er ihn fragen; wer jene Person sei; und dann soll der Richter aufpassen, ob er die Person bezeichnet hat, bezüglich der der Verdacht besteht, daß sie aus Feindschaft ausgesagt habe. In einem solchen Falle nämlich, wo der Richter auch durch andere ehrbare Männer von dem Feindschaftsverhältnis unterrichtet wird und andere Hilfsmittel, auch die Aussagen anderer Zeugen, nicht entgegenstehen, wird er mit Sicherheit einen solchen Zeugen zurückweisen können. Wenn aber die angeklagte Person sagt: »Ich hoffe nicht, einen solchen Feind zu haben, wenn ich auch bisweilen Zänkereien mit Weibern gehabt habe«, oder wenn sie sagt, ich habe einen Feind, aber sich nicht gehörig ausdrückt, sondern irgend jemand anders nennt, der vielleicht nicht ausgesagt hat, dann darf der Richter die Aussagen eines solchen Zeugen nicht zurückweisen, auch wenn andere sagen sollten, daß er infolge seines Feindschaftsverhältnisses ausgesagt habe; sondern muß sie zu einem vollen Beweise zusammen mit anderen Stützen aufheben.

Es finden sich sehr viele weniger Vorsichtige und Umsichtige, die derartige Aussagen von Weibern zurückweisen und für nichts zu achten suchen, indem sie sagen, dabei dürfe man darum nicht stehenbleiben, weil sehr häufig (die Weiber), da sie zänkisch sind, aus Neid auszusagen pflegen. Weil jene die Kniffe und Vorsichtsmaßregeln der Richter nicht kennen, reden und urteilen sie wie die Blinden von den Farben. – Über jene Kniffe wird sich in der elften und zwölften Frage Klarheit ergeben.

Zweiter Teil. Wie der Prozeß fortzusetzen ist

Sechste Frage

Wie die Zeugen in Gegenwart von vier anderen Personen zu verhören sind und wie die Angeklagte zweifach zu befragen ist

Jetzt nun wird sechstens gefragt, wie ein derartiger Prozeß gegen die Hexen in einer Glaubenssache fortzusetzen sei. Zu erwägen ist erstens, daß man in einer Glaubenssache summarisch, einfach und ohne Umstände, ohne viel Aufhebens seitens der Advokaten und Richter und ohne Formalitäten vorgeht, wie es sich aus c. statuta, 1. VI, ergibt. Wie auch diese Worte zu verstehen sind, ergibt sich aus extra de verb. sign. c. saepe contingit bei Clemens, wo es heißt: »Oft trifft es sich, daß wir Sachen überlassen und in einigen derselben einfach und ohne viel Aufhebens und Formalitäten seitens des Gerichtes vorzugehen auftragen. Über die Bedeutung dieser Worte wird von vielen gestritten, und man hat Zweifel, wie man vorgehen solle. In dem Wunsche, ein derartiges Bedenken, soweit es uns möglich ist, zu entscheiden, bestimmen wir aber mit der Festsetzung, die für immer Giltigkeit besitzen soll: daß der Richter, dem wir in dieser Weise eine Sache überlassen, nicht notwendig eine Klageschrift fordert, keine förmliche Einleitung verlangt, zur Zeit der um der Notdurft der Menschen wegen bewilligten Ferien rechtskräftig vorgehen kann, die Dilation abschneidet, den Stoff des Streites, soweit er kann, verkürzt, indem er hinhaltende Exzeptionen, Appellationen und Dilationen zurückweist und die Streitereien und Zankereien der Parteien, Advokaten und Anwälte sowie die überflüssige Menge der Zeugen beschränkt. Der Richter stelle jedoch den Streit nicht in der Weise in den Hintergrund, daß notwendige Beweise nicht zugelassen würden. Daß aber die Vorladung und eidliche Bezeugung, die Aussage geschehe nicht aus Ränkesucht, sondern um die Wahrheit zu sagen, damit die Wahrheit nicht verborgen bleibe, nicht ausgeschlossen werden, wollen wir durch Übertragung dieses verstanden wissen.« So weit dort.

Weil nun ein Prozeß, wie man oben gesehen hat, in dreifacher Weise anzufangen ist, nämlich entweder auf Veranlassung eines Anklägers oder um des Eifers eines Denunzianten willen, oder wegen des Geschreis des sich darum kümmernden Geredes, und weil der Richter einen Prozeß, der auf Betreiben der Anklagepartei geführt wird, in dieser (Hexen-)Materie nicht annehmen soll, da die Werke der Hexen mit Hilfe der Dämonen verborgen gehalten werden und der Ankläger nicht wie in anderen Kriminalfällen mit der Evidenz der Tat vorgehen und sich verteidigen kann, so muß er im Gegenteil dem Ankläger raten, das Wort der Anklage zurückzunehmen und das der Denunzierung zu hinterlegen; und zwar wegen der schwersten Gefahr für den Ankläger. Daher (ist) nach der zweiten Weise, die auch gebräuchlich ist, und ähnlich nach der dritten (vorzugehen), in denen man auch nicht auf Betreiben einer Partei vorgeht.

Es ist zu bemerken, daß, weil im Vorhergehenden gesagt ist, der Richter müsse den Denunzianten besonders fragen, wer in dem und dem Falle Mitwisser von ihm sei und etwas wissen könnte, der Richter deshalb jene als Zeugen vorladen läßt, die der Denunziant angegeben hat und die mehr in der Sache zu wissen scheinen. Der Schreiber wird den Prozeß fortsetzen, indem er folgendermaßen schreibt: »Nach welchem beachtend, daß das ihm denunzierte, vorgenannte Ketzerische seiner Natur nach derartig und so schwer sei, daß man es nicht unter Zudrücken der Augen hingehen lassen könne noch dürfe, da es zur Schmach der göttlichen Majestät und zum Schaden sowohl des katholischen Glaubens als auch des Staatswesens ausschlage, hat der Richter selbst sich herabgelassen, sich zu unterrichten und die Zeugen in der Weise wie folgt zu verhören.

*

Fragen an die Zeugen

Der und der Zeuge, aus dem und dem Orte, vorgeladen, vereidigt und befragt, ob er den und den kenne (wobei der Name des Angeklagten ausgesprochen wird), sagte ja. Desgleichen befragt nach der Ursache der Bekanntschaft, sagte er, dadurch, daß er ihn gesehen und er mehrmals mit ihm gesprochen habe. Entweder so oder sonst wie, daß sie (z. B.) Gefährten gewesen seien, sollen die Gründe der Bekanntschaft zum Ausdruck gebracht werden. Desgleichen nach der Zeit der Bekanntschaft befragt, sagte er, es sind zehn Jahre her oder so und so viele. Desgleichen befragt nach jenes Leumund und zwar besonders bezüglich dessen, was des Glaubens ist, sagte er, daß er hinsichtlich der Moral ein Mensch von gutem (oder schlechtem) Rufe sei. Bezüglich dessen aber, was des Glaubens ist, sagte er, es gehe an dem und dem Orte das Gerücht, daß er etwas gegen den Glauben als Hexer betreibe. Desgleichen befragt, wie das Gerücht sei, sagte er ... Desgleichen befragt, ob er den oder den derlei habe machen sehen oder hören, sagte er ... Desgleichen befragt, wo er das oben Erwähnte habe sagen hören, sagte er, an dem und dem Orte. Desgleichen befragt, in wessen Gegenwart, sagte er, in jener. Desgleichen befragt, ob aus seiner Blutsverwandtschaft schon einmal einige wegen Behexungen eingeäschert worden wären oder für verdächtig gehalten würden, sagte er ... Desgleichen befragt, ob er mit verdächtigen Hexen vertrauten Umgang gehabt habe, sagte er ... Desgleichen befragt nach der Weise (wie) und dem Grunde, weshalb das gesagt worden wäre, sagte er, aus dem Grunde und auf die und die Weise. Desgleichen befragt, ob es ihm schiene, als ob der und der das im Ulk oder deklamatorisch oder mit überlegtem Geiste gesagt und getan habe, sagte er, er glaube, er habe das oben Erwähnte zum Scherz und im Ulk oder deklamatorisch und nicht im Sinne der Glaubwürdigkeit oder bejahend getan. Desgleichen befragt nach dem Grunde eines derartigen Glaubens, sagte er, er glaube es deshalb, weil jener, der es sagte, es ihm unter Lachen sagte. – Über diese Punkte ist sehr eifrig nachzuforschen, weil bisweilen manche aussagen, indem sie anderer Worte deklamieren, sei es im Ulk, sei es vermengend, um andere anzulocken und zu reizen; bisweilen freilich auch im Sinne der Behauptung und Versicherung. – Desgleichen befragt, ob er das aus Haß oder Ränkesucht aussagt oder aus Liebe und Begünstigung (etwas) ausläßt, sagte er ...

Dann folgt: Es wurde ihm auferlegt, das geheim zu halten. Verhandelt ist dies an dem und dem Orte, an dem und dem Tage, in Gegenwart der und der berufener und gebetener Zeugen und meiner, des Notars oder Schreibers.

Hierbei ist immer zu beachten, daß bei einem solchen Verhör zum mindesten fünf Personen anwesend sein müssen; nämlich der Untersuchungsrichter, der Zeuge oder Denunziant, welcher antwortet, oder der Angeklagte selbst, der später erscheint; der dritte ist der Notar oder, wenn der Notar fehlt, der Schreiber, der sich dann einen anderen ehrenwerten Mann zugesellt, welche beide die Rolle des Notars ausfüllen werden, wie oben berührt worden ist, und zwar aus apostolischer Hoheit, deren sie dann in jenem Akte teilhaftig sind, wie sich oben ergeben hat, c. ut officium, de haer. l. VI; und zwei ehrenwerte Männer als Zeugen dessen, was ausgesagt wird.

Desgleichen ist zu beachten, daß der vorgeladene Zeuge auch vereidigt sein muß, d. h. daß er den Eid wie oben, die Wahrheit sagen zu wollen, leistet; sonst würde fälschlich »vorgeladen und vereidigt« eingetragen werden. – In ähnlicher Weise sollen die anderen Zeugen verhört werden.

Wenn nach deren Verhör der Richter sieht, daß die Tat voll bewiesen ist, oder, wenn sie nicht voll bewiesen ist doch die größten Anzeichen und heftige Verdachtsgründe vorliegen – und merke: wir sprechen nicht von einem leichten Verdachte, der aus leichten Vermutungen entsteht, sondern daß (die Betreffende) sehr in üblem Rufe steht wegen Behexungen von Kindern, Haustieren etc. – dann soll der Richter, wenn er bezüglich der Flucht des oder der Angeklagten Befürchtungen hegt, ihn verhaften, wenn er eben bezüglich der Flucht keine Befürchtungen hegt, ihn vorladen lassen. Mag er nun verhaftet werden oder nicht – vorher lasse der Richter sein Haus unversehens durchforschen, alle Schreine öffnen und in den Ecken die Büchsen und alle Instrumente wegnehmen, so weit sich welche finden. – Nachdem dies abgemacht ist, formuliere der Richter unter Zusammenstellung dessen, darum jener angeklagt ist, und dessen, bezüglich dessen er durch die Zeugen überführt oder für verdächtig gehalten wird, Fragen über jene und führe die Untersuchung, indem er bei sich einen Notar hat etc. wie oben; nachdem (der Angeklagte) zuvor einen körperlichen Eid auf die vier Evangelien Gottes geleistet hat, sowohl für sich als auch für andere die Wahrheit zu sagen; und zwar (geschieht die Untersuchung) auf die Weise wie folgt. Es werden auch die einzelnen Punkte aufgeschrieben.

Allgemeine Fragen an die Hexe oder den Hexer. Erster Akt

Der und der Angeklagte, aus dem und dem Orte, vereidigt auf die vier körperlich berührten Evangelien Gottes, sowohl für sich als auch für andere die Wahrheit zu sagen, und befragt, woher er sei oder woher er seinen Ursprung genommen habe, antwortet, an dem und dem Orte der und der Diözese. Desgleichen befragt, wer seine Eltern seien, antwortete, sie seien am Leben in dem und dem Orte oder gestorben an dem und dem Orte. Desgleichen befragt, ob eines natürlichen Todes oder eingeäschert, sagte er, so und so. Hier merke, daß dies geschieht, weil, wie sich im zweiten Teile des Werkes ergeben hat, die Hexen meistens die eigenen Kinder den Dämonen darbringen, oder sie unterrichten, und gewöhnlich die ganze Nachkommenschaft infiziert ist; und wenn die Aussagenden es bejaht hätten und (die Angeklagte) selbst es leugnete, wäre sie schon verdächtig. – Desgleichen befragt, wo er erzogen sei und mit wem er am meisten verkehrt habe, antwortete er, an dem und dem Orte oder mit dem und dem. Und wenn der Richter sieht, daß er den Ort geändert hat, weil die Mutter vielleicht nicht verdächtig war noch sonst jemand aus der Verwandtschaft, und er sich doch an einem fremden Orte aufgehalten hat, und besonders an Orten, wo die Hexen zu gedeihen pflegen, wird er so gefragt werden: Desgleichen befragt, warum er den Ort seiner Geburt geändert und sich zum Aufenthalt an den und den Ort oder an die und die Orte begeben habe, sagte er, aus dem und dem Grunde. Desgleichen befragt, ob er an den genannten Orten oder wo anders vom Hexenstoff habe sprechen hören, z. B. daß Gewitter erregt oder das Vieh behext und die Kühe der Milchflüssigkeit beraubt worden seien etc. von dem und dem Stoffe, um dessentwillen sie[1] angeklagt ist; und wenn sie sagt, ja, werde sie darüber befragt: Desgleichen befragt, was er habe

1 Hier steht das Femininum, während vorher und unmittelbar nachher das Maskulinum interrogatus steht. Schrecklicher , teuflischer Stil.

sprechen hören, und es sollen die einzelnen Aussagen aufgeschrieben werden. Wenn er aber leugnet und sagt, er habe nichts gehört, dann so: Desgleichen befragt, ob er glaube, daß es Hexen gebe, und solches geschehen könne, was berichtet wird, wie Gewitter erregen, Vieh und Menschen infizieren, sagte er ... Merke, daß die Hexen meistens beim ersten Verhör leugnen, woher mehr Verdacht entsteht als wenn sie antworteten: »Ob es (Hexen) gibt oder ob es keine gibt, überlasse ich Höheren«. Wenn sie also leugnen, dann sollen sie (weiter) befragt werden. Desgleichen befragt, was dann, wenn sie verbrannt werden, ob die dann unschuldig verdammt werden, sagte er ...

*

Besondere Fragen an ebendieselben

Der Richter beachte, daß er die folgenden Fragen nicht hinausschiebt, sondern unverzüglich vorlegt. Desgleichen befragt, warum das gewöhnliche Volk sie fürchte, sagte sie ... Desgleichen befragt, ob sie wüßte, daß sie in üblem Rufe stehe und daß sie verhaßt sei, sagte sie ... Desgleichen befragt, warum sie jener Person die Worte entgegengeschleudert habe: »Du wirst nicht ungestraft davonkommen«, sagte sie ... Desgleichen befragt, was jene Person ihr Übles getan hätte, daß sie solche Worte zu ihrem Schaden ausgestoßen hätte, sagte sie ... Merke, daß diese Frage notwendig ist, um zur Grundursache der Feindschaft zu gelangen, weil schließlich die Angeklagte Feindschaft angeben wird; wenn es aber keine Todfeindschaft ist, sondern (nur) eine nach Weiberart erregte, so hindert das nicht. Das ist nämlich die Eigenart der Hexen, daß sie (Feindschaft) gegen sich erregen, sei es mit unnützen Worten oder Taten, z. B. daß sie bittet, man möchte ihr etwas gewähren, oder sie tut ihm irgend einen Schaden am Garten oder ähnliches zu dem Zwecke, daß sie eine Gelegenheit gewinnen und sich mit Worten oder Werken offenbaren, welche Offenbarungen sie auf Betreiben der Dämonen zu vollbringen haben, damit so die Sünden der Richter verschlimmert werden, wenn jene unbestraft bleiben. Merke auch, daß sie solches nicht in anderer Gegenwart tun, z. B. wenn der Aussagende Zeugen vorführen wollte und keine hätte.

Merke auch, daß sie auch von den Dämonen angespornt werden, wie wir von vielen, später eingeäscherten Hexen erfahren haben, so daß sie gegen ihren Willen zu reizen und zu behexen haben. – Desgleichen befragt, wieso die Wirkung auf Drohungen folgen konnte, daß der Knabe oder das Vieh so schnell behext wurde, sagte sie ... Desgleichen wiederum befragt, warum sie gesagt habe, daß die (Behexte) niemals mehr einen gesunden Tag haben solle, und es so geschehen sei, sagte sie ... Desgleichen, wenn sie alles leugnet, werde sie wegen anderer, anderen Zeugen angetanen Behexungen befragt, z. B. am Vieh oder an den Kindern. Desgleichen befragt, warum sie auf dem Felde oder im Stalle beim Vieh gesehen worden sei, indem sie es berührte, wie sie es zuweilen zu tun pflegen, sagte sie ... Desgleichen befragt, warum sie den Knaben berührt habe, der sich danach schlecht befunden habe, sagte sie ... Desgleichen befragt, was sie auf dem Felde zur Zeit des Gewitters gemacht habe, und so betreffs vieler anderer Dinge; desgleichen, woher es käme, daß, während sie nur eine oder zwei Kühe hätte, sie doch reicher an Milch wäre als ihre Nachbarinnen, die vier oder sechs hätten. Desgleichen, warum sie im Stande des Ehebruchs oder Beischläferin bleibe. Mag das auch nicht der Sache dienen, so erzeugt das doch mehr Verdacht als bei rechtschaffenen und ehrbaren Angeklagten. Merke auch, daß (die Angeklagte) öfters nach den gegen sie vorgebrachten Artikeln zu befragen ist, (um zu sehen,) ob sie bei demselben Vorsatz bleibt oder nicht.

Nachdem das Bekenntnis vollendet und aufgeschrieben ist, mag es nun nach der verneinenden oder bejahenden Seite hin (sehen) oder schwankend sein, so soll danach geschrieben werden: Verhandelt ist dies an dem und dem Orte etc. wie oben.

Siebente Frage

In welcher verschiedene Zweifel betreffs der vorausgeschickten Fragen und leugnenden Antworten erklärt werden. Ob die Angeklagte einzukerkern, und wann sie für eine offenkundig in der Ketzerei der Hexen Ertappte zu halten sei

Es wird zuerst gefragt, was zu tun sei, wenn, wie es meistens geschieht, die angeklagte Person alles leugnet. Antwort: Der Richter hat auf dreierlei zu achten, nämlich auf die Bescholtenheit, die Indizien der Tat und die Aussagen der Zeugen, ob nämlich alle zugleich zusammentreffen oder nicht. Wenn, wie es auch meistens zu geschehen pflegt, alles insofern zusammentrifft, als die Hexen sogleich wegen ihrer Taten in irgend einem Dorfe oder einer Stadt in üblen Ruf kommen, auch die Indizien der Tat vor Augen liegen, nämlich in Gestalt der behexten Kinder oder der Haustiere, die öfters infiziert oder der Milch beraubt werden; auch die Zahl der Zeugen eingetragen ist – mögen es auch singulare sein, indem z. B. der eine ausgesagt hat, sie habe ihm das Kind behext, der andere aber, das Vieh, der dritte über ihre Bescholtenheit ausgesagt hat, und so von den anderen, so stimmen sie doch in der Substanz der Tat überein, nämlich in den Behexungen, und daß sie als Hexe verdächtig sei; und mögen auch diese Zeugen zur Verurteilung ohne Vorhandensein von Bescholtenheit oder auch mit Vorhandensein von Bescholtenheit nicht genügen, wie oben in der dritten Frage berührt worden ist, so könnte (die Angeklagte) doch samt den Indizien der Tat, auf Grund dieser drei Stücke zugleich zwar nicht als stark oder heftig verdächtig erachtet werden, über welche Verdachtsformen weiter unten eine Erklärung gegeben werden wird, aber doch als offenkundig in der Ketzerei der Hexen ertappt erachtet werden, wenn nämlich geeignete, d. h. nicht aus Feindschaft (aussagende) und an Zahl genügende, z. B. sechs, acht, oder zehn, vereidigt zusammenträfen, und folglich müßte sie den Strafen im c. ad abolendam, § praesenti, de haeret. unterliegen, auch c. excommunicamus II; und zwar ob sie das Verbrechen gestanden hat oder nicht. Das wird so bewiesen.

Wenn nämlich gesagt worden ist, daß, wenn alle drei vorgenannten Stücke zusammentreffen, (die Angeklagte) dann für offenkundig in der Ketzerei der Hexen ertappt erachtet werden muß, so ist das nicht so zu verstehen, daß notwendigerweise alle drei zusammentreffen müßten; sondern (die Angeklagte) wird (als ertappt) nachgewiesen nach dem argumentum a fortiori in dieser Weise: Ein jedes von den zwei, Indizium der Tat und gesetzmäßige Vorführung von Zeugen, kann für sich jemanden dahin bringen, daß er für ertappt in ketzerischer Verkehrtheit gehalten wird; wie viel mehr, wo beide Beweisstücke in gleicher Weise zusammentreffen! Wenn nämlich die Juristen fragen, auf wie viele Arten jemand rechtmäßig für offenkundig in ketzerischer Verkehrtheit ertappt gehalten wird, so wird geantwortet, auf drei, wie Bernardus in der Glossa ordinaria bemerkt, im c. ad abolendam, § praesenti, und zwar bei dem Worte deprehensi, extra de haer; wie es auch oben, in der ersten Frage, zu Beginn des Werkes berührt worden ist: nämlich (erstens) Evidenz der Tat, z. B. daß (der Betreffende) öffentlich Ketzerei gelehrt hat; hier auch nehmen wir den Ausdruck »Indizium der Tat« wegen der öffentlichen Drohungen, die (die Hexe) ausgestoßen hat, indem sie sagte: »Du wirst niemals gesunde Tage (mehr) haben« oder ähnliches, und die Wirkung auf dem Fuße nachgefolgt ist. (Die zweite Art) ergibt sich aus dem gesetzmäßigen Beweise durch Zeugen, die dritte aus dem eigenen Geständnis. Wenn also jedes einzelne davon für sich wirkt und jemanden zum offenkundig Verdächtigen macht, wie viel mehr, wenn man zugleich die Bescholtenheit und die Indizien der Tat mit der Aussage der Zeugen verbindet, mag man auch dort von »evidenter Tat« und hier von »Indizium der Tat« sprechen; und zwar geschieht dies, weil der Teufe] nicht offenkundig, sondern im Verborgenen tätig ist; die Schädigungen aber und die Instrumente der Behexung, die man findet, geben das Indizium der Tat. Während also bei anderer Ketzerei die evidente Tat allein genügen würde, fügen wir hier drei Stücke zusammen.

Bezüglich des zweiten aber, daß ein solcher Ertappter, wenn er auch leugnet, doch gemäß jenen Kapiteln zu bestrafen sei, wird der Beweis so geführt: Der Ertappte nämlich, mag er durch Evidenz der Tat oder durch Zeugen (überführt sein), gesteht entweder das Verbrechen oder er gesteht es nicht. Wenn er gesteht und (nicht) bußfertig ist, ist er dem weltlichen Arme zu übergeben, um mit der Todesstrafe belegt zu werden, nach c. ad abolendam, wie oben, oder ist lebenslänglichem Kerker zu überliefern, nach c. excommunicamus II. Wenn er aber nicht gesteht, sondern beim Leugnen verharrt, ist er wie ein Unbußfertiger der Macht des weltlichen Gerichtshofes zu übergeben, um mit der gebührenden Buße gestraft zu werden, wie Hostiensis in seiner Summa, tit. de haereticis, qualiter deprehendantur, bemerkt.

Es wird also geschlossen, daß, wenn der Richter auf diese Weise bezüglich der Fragen und Aussagen der Zeugen vorginge, indem man, wie gesagt worden ist, in Glaubenssachen summarisch, einfach und ohne Umstände vorgehen kann, und die Angeklagte auf einige Zeit oder einige Jahre dem Gefängnis überantwortete, ob sie vielleicht nach einem Jahre, von der Schauerlichkeit des Kerkers niedergedrückt, ihr Verbrechen gestehen möchte, so würde er nicht ungerecht, sondern gerecht vorgehen.

Aber damit es nicht scheine, als ob er sein Urteil überstürzte, sondern im Gegenteil nach aller Billigkeit vorgeht, wird (nun) gefragt, was weiter zu tun sei.

Achte, mit der vorigen verknüpfte Frage

Ob die Angeklagte einzukerkern sei, und von der Art, sie zu verhaften. Dritter Akt des Richters

Auf die Frage aber, ob die Hexe bei leugnenden Antworten im Gefängnis zur Bewachung festzuhalten sei, wenn die vorerwähnten drei Stücke zusammentreffen, nämlich der Ruf, die Indizien der Tat und die Vorführungen der Zeugen, oder ob sie unter Bürgschaft von Bürgern zu entlassen sei, um, von neuem vorgeladen, zu antworten, kann auf Grund dreier Ansichten geantwortet werden. Zuerst nämlich ist die Meinung einiger, daß sie im Gefängnis festzuhalten und auf keinen Fall gegen Bürgschaft zu entlassen sei; und zwar stützen sich diese auf den in der vorhergehenden Frage berührten Grund, daß nämlich eine für offenkundig ertappt zu halten ist, wenn jene drei Stücke zusammentreffen. – Andere aber (meinen), daß sie vor der Einkerkerung der Bürgschaft von Bürgern überlassen werde, so daß, wenn sie die Flucht ergriffe, sie dann für überführt gehalten würde; mag sie auch nach erfolgter Einkerkerung bei leugnenden Antworten der Bürgschaft oder Kaution nicht zu überlassen sein, wenn nämlich jene drei oben angemerkten Stücke zusammenwirken; darum weil sie dann nicht abgeurteilt und zum Tode gebracht werden könnte. Hierbei stützt man sich auf die Gewohnheit. – Die dritte Klasse sind die, welche sagen, es lasse sich keine unfehlbare Regel geben, sondern es sei dem Richter zu überlassen, daß gemäß der Aussagen der Zeugen und der Bescholtenheit der Person und, wenn die Indizien der Tat dazukommen, deshalb strenger unterschieden werde, in der Weise, daß die Gewohnheit des Landes gewahrt werde. Sie schließen, daß, wenn sie vielleicht keinen vornehmen Bürgen haben könnte und fluchtverdächtig wäre, sie dann im Gefängnis festgehalten werde; und zwar scheint diese (Ansicht) die vernünftigere, so jedoch, daß dabei die gehörige Weise gewahrt bleibt, die in dreierlei besteht: erstens, daß ihr Haus, so weit es möglich ist, unten und oben, in allen Winkeln, Löchern und Schreinen durchsucht werde; und wenn es eine berüchtigte Hexe ist, dann wird man ohne Zweifel verschiedene (Hexen-) Werkzeuge finden, falls sie sie nicht vorher versteckt hat, so wie oben erwähnt ist; zweitens, daß, wenn sie eine Magd oder Gefährtinnen hat, auch sie einzeln eingesperrt wird oder werden, auch wenn sie nicht angezeigt sind: es wird angenommen, daß ihr gewisse Geheimnisse jener Angezeigten nicht verborgen sind; drittens, daß ihr bei der Verhaftung, wenn sie im eigenen Hause verhaftet wird, keine Zeit gelassen wird, in die Kammer zu treten, darum weil sie dann zur Erlangung der Verschwiegenheit gewisse Hexenmittel zu nehmen und bei sich zu tragen pflegen.

Mit Bezug darauf erhebt sich der Zweifel, ob die Art, Hexen zu verhaften, erlaubt sei, die von manchen beobachtet wird, wobei sie plötzlich von den Dienern von der Erde hochgehoben und in einem Korbe oder an den Schultern weggetragen wird, damit sie die Erde nicht weiter berühre. Es kann nach der Ansicht der Kanonisten und gewisser Theologen geantwortet werden, daß es in dreifacher Hinsicht erlaubt ist: erstens, weil, wie in der einleitenden Frage dieses dritten Teiles sich ergeben hat, dies die Ansicht sehr vieler, ja sogar solcher Gelehrter wie Hostiensis und Goffredus ist, deren Aussagen niemand zu verwerfen wagt; daß es erlaubt ist, Eitles mit Eitlem zu zerstoßen. Die Erfahrung endlich, ja auch Geständnisse der Hexen beweisen es, weil die auf solche Weise Verhafteten die Hexenkunst der Verschwiegenheit verloren haben. Ja, sehr viele Einzuäschernde baten, es möchte ihnen erlaubt werden, wenigstens mit einem Beine die Erde zu berühren; als ihnen dies abgeschlagen worden war und man schließlich nachforschte, warum sie doch gewünscht hätten, die Erde zu berühren, ward geantwortet, wenn sie sie berührt hätten, hätten sie sich befreit und viele andere wären (dabei) durch Blitze getötet worden.

Der zweite Grund: Das ist ja offenkundig, wie es sich im zweiten Teile des Werkes ergeben hat, daß in der öffentlichen Gerichtsbarkeit alle Kräfte der Hexenkunst gebrochen werden, was die Vergangenheit betrifft; was aber die Zukunft anlangt, so gesteht (die Hexe) alle Verbrechen, wenn ihr vom Teufel nicht von neuem in der Hexenkunst der Verschwiegenheit Beistand geleistet wird. Wir können also mit dem Apostel sagen: »Alles, was wir an Worten und Werken tun, geschehe im Namen unseres Herrn Jesu Christi«; und wenn sie unschuldig ist, wird ihr jene Verhaftung nicht schaden.

Drittens mit Bezug darauf, daß, wenn es nach den Gelehrten erlaubt ist, durch eitle Werke Behexungen zu beheben, darin alle übereinstimmen, daß, wiewohl sie in jenem auseinander gehen, jene eitlen Dinge nicht unerlaubt sein dürfen. Daher wird der Ausspruch des Hostiensis, in dem er sagt, daß es erlaubt sei, Eitles mit Eitlem zu zerstoßen, von anderen (mit den Worten) glossiert: »Beachte, daß er sagt, ›mit Eitlem‹, aber nicht ›mit Unerlaubtem‹.« A fortiori ist es (also) erlaubt, Hexenkünste zu beheben, auf welche Behinderung diese Bezugnahme statthat; nicht auf die Ausführung von etwas Unerlaubtem.

Der Richter möge überdies beachten, daß es eine doppelte Einkerkerung gibt: eine zur Strafe, wohin die Verbrecher gehören; die andere nur zur Bewachung, die im Rathause vorgenommen wird. Diese beiden Bewachungen werden im c. multorum quaerela wie oben verzeichnet. Daher ist (die Angezeigte) zum mindesten zur Bewachung einzukerkern. Wenn es aber leichte (Vergehen) sind, um derentwillen sie angeklagt ist, so daß sie nicht übel beleumdet wäre noch Indizien der Tat in (Gestalt von behexten) Kindern und Tieren vorlägen, dann werde sie nach Hause zurückgeschickt. Aber weil sie vielleicht vertrauten Umgang mit Hexen gehabt hat und ihre Geheimnisse kennt, stelle sie Bürgen; hat sie keine, so gehe sie, mit Eiden und Straf(androhung)en verpflichtet, nicht aus dem Hause, wenn sie nicht gerufen worden ist; Mägde aber und Hausdienerinnen, von denen oben geredet ist, sollen zur Bewachung und nicht zur Strafe in Haft gehalten werden.

Neunte Frage

Was nach der Verhaftung zu tun sei, und ob die Namen der Aussagenden (der Verhafteten) kundzugeben seien. Vierter Akt

Zweierlei aber geschieht nach der Verhaftung; was aber das erste darunter ist, bleibt dem Richter überlassen, nämlich die Gewährung von Verteidigungen; und das Verhör in der Folterkammer, aber ohne Foltern. Das erste wird nicht gewährt, wenn (die Angeklagte) nicht darum bittet. Das zweite geschieht nicht, bevor nicht die Mägde oder Gefährtinnen, wenn sie welche gehabt hat, im Hause verhört worden sind. Doch gehen wir in der angenommenen Reihenfolge vor.

Wenn die Angeklagte sagt, sie sei unschuldig und fälschlich angezeigt worden, und sie möchte gern die und die Ankläger ansehen und sie hören, dann ist dies das Zeichen, daß sie Verteidigungen verlangt. Aber ob der Richter gehalten ist, ihr die Angabe kund zu tun und ihr vor Augen zu stellen? Hier möge der Richter beachten, daß er nicht gehalten ist, etwas davon zu tun: weder die Namen kundzugeben noch sie ihr vor Augen zu stellen, wenn sich nicht die Angeber für sich und freiwillig dazu anbieten, daß sie ihr nämlich vor Augen gestellt werden, um ihr das, was sie ausgesagt haben, ins Gesicht zu schleudern. Daß aber der Richter nicht gehalten ist, (das zu tun), und zwar wegen der Gefahr für die Angeber, wird bewiesen. Mögen nämlich die verschiedenen höchsten Pontifexe verschiedener Ansicht gewesen sein, so hat doch keiner die Ansicht gehabt, daß der Richter in einem solchen Falle, der ihm angezeigt worden war, die Namen der Angeber, noch auch die der Ankläger kundzutun habe, mögen wir auch hier nicht vermittelst der Weise der Anklage vorgehen. Einige haben vielmehr gemeint, daß es in keinem Falle erlaubt sei; manche, daß es in manchen Fällen erlaubt sei. Endlich aber hat Bonifacius VIII. Bestimmungen gegeben, wie sich aus c. statuta, § inhibemus, l. VI, ergibt, wo es folgendermaßen heißt: »Wir verbieten jedoch (die Namennennung) gegenüber den Anklägern oder Zeugen, die in einer Ketzereisache auftreten oder aussagen, wegen der Macht der Personen, gegen welche die Untersuchung geführt wird. Bischof und Inquisitor sollen sehen – merke du, daß statt Inquisitor und Bischof jeder beliebige Richter gegen die Hexen vorgehen kann, mit Zustimmung des Bischofs und Inquisitors, weil es dasselbe ist und sie, wie es sich in der einleitenden Frage ergeben hat, ihre Rollen abtreten können; weshalb auch ein solcher Richter, wer es auch sei, auch ein weltlicher, mit apostolischer Hoheit vorgeht und nicht bloß mit kaiserlicher – daß ihnen schwere Gefahr droht, wenn es sich ereignet, daß ihre (Namens-)Veröffentlichung geschieht. Daher sollen sie ihre Namen nicht veröffentlichen« etc. Weiter unten folgt: »Wenn aber die oben erwähnte Gefahr aufhört, mögen sie die Namen der Ankläger oder Zeugen veröffentlichen, wie es in anderen Prozessen geschieht«.

Der umsichtige Richter sei auch bezüglich der Macht der Personen bedacht, daß sie dreifach ist, nämlich die Macht der Abstammung und Familie, die Macht des Geldes und die Macht der Bosheit, die mehr zu fürchten ist, als die anderen beiden, weil daraus den Zeugen schwere Gefahren drohen könnten, wenn denen, gegen die sie ausgesagt haben, ihre Namen bekannt gemacht würden. Der Grund ist: Es ist größere Gefahr vorhanden, die Namen der Zeugen einem armen Angezeigten bekannt zu machen, der Komplizen im Bösen hat, Rebellen und Totschläger, die nichts zu verlieren haben, denn ihre Person, als einem Vornehmen oder Reichen, der an zeitlichen Gütern Überfluß hat. Was und wie beschaffen aber eine schwere Gefahr sei, erklärt Johannes, der über das obenerwähnte Wort »Gefahr« also sagt: »Gefahr, weil man dabei den Tod oder Verstümmelung seiner selbst oder der Söhne oder seiner Eltern oder Verwüstung des Besitzes oder dem ähnlichen befürchtet«.

Der Richter möge überdies beachten, daß, wenn er mit apostolischer Hoheit nach dem Gutdünken des Ordinarius in diesen (Prozessen) vorgeht, mit Bezug darauf, d. h., die Nichtenthüllung der Namen der Zeugnis Ablegenden, sowohl er selbst als alle anderen Beisitzer, die den Aussagen der Zeugen beigewohnt haben oder in Zukunft bei der Fällung des Urteils beiwohnen könnten, zur Geheimhaltung verpflichtet sind, bei Strafe der Exkommunikation, die, wenn sie dem entgegenhandeln, der Bischof gegen sie schleudern kann und, damit sie (die Namen) nicht enthüllen, von Beginn des Prozesses an wenigstens implicite geschleudert hat. Daher heißt es in dem zitierten c. statuta, § et ut eorundem, folgendermaßen: »Und damit ebenderselben Ankläger und Zeugen Gefahren wirksamer begegnet und vorsichtiger im Amte der Inquisition vorgegangen werde, erlauben wir kraft gegenwärtiger Bestimmung, daß der Bischof und die Inquisitoren (du verstehe wie oben!) über diejenigen, welchen sie, wie vorausgeschickt, einen derartigen Prozeß auseinandersetzen und welche die ihnen von ebendem Bischof und den Inquisitoren als Geheimnis mitgeteilten Geheimnisse der Beratung oder des Prozesses gegen deren Erlaubnis anderen mitteilen, das Urteil der Exkommunikation, welches sie wegen der Verletzung des Geheimnisses durch die bloße Tat schon verdienen, verhängen und, wenn es ihnen gut scheint, veröffentlichen können«.

Weiterhin ist zu bemerken, daß wie Strafe daraufgesetzt ist, wenn die Namen der Zeugen ungehörigerweise veröffentlicht werden, so auch Strafe daraufgesetzt ist, wenn sie ungehörigerweise geheim gehalten werden; nämlich den Sachverständigen und Beisitzern, nach deren Ratschluß zum Urteil zu verschreiten ist; oder wenn sie nicht bekannt gegeben werden, wo sie ohne Gefahr für die Zeugen bekanntgegeben werden können, wie es in dem genannten c. statuta gegen Ende heißt: »Übrigens schreiben wir in allem vor, daß sowohl die Bischöfe als auch die Inquisitoren die reine und vorsichtige Obacht haben, daß sie nicht, die Namen der Ankläger oder Zeugen unterdrückend, sagen, es bestehe Gefahr, wo Sicherheit ist, und nicht behaupten, bei ihrer Gefährdung sei Sicherheit, wo eine solche Gefahr drohte; wobei sie ihre Gewissen belasten«. Dazu sagt der Archidiaconus: »0 du Richter, wer du auch seist, beachte in einem solchen Fall wohl diese Worte; denn er sagt nicht »leichte Gefahr«, sondern (meint) »schwere«. Wolle also nicht den Angeklagten ohne gewichtigen Grund der Ordnung des Rechtes berauben, da das nicht ohne Beleidigung Gottes geschehen kann.«

Der Leser muß beachten, daß, weil alles Vorhergehende und auch

Folgende, bis man zu den Arten das Urteil zu fällen kommt – abgesehen von der Strafe des Blutes, wobei der geistliche Richter zu urteilen hat, – mit Zustimmung der Diözesanen durch den weltlichen Richter vorgenommen werden kann, es deshalb den Leser nicht stören möge, wenn in dem (zitierten) c. der geistliche und nicht der weltliche Richter als der bezeichnet wird, der die Weisen über das Blut zu urteilen nach den Weisen der Ordinarien zu urteilen und zu ahnden entnimmt.

Zehnte Frage

Wie die Verteidigungen samt der Bestallung eines Advokaten zu gewähren sind. Fünfter Akt

Wenn (die Angeklagte) also Verteidigungen verlangt, wie können die da gewährt werden, wo die Namen der Zeugen gänzlich geheim gehalten werden? Es ist zu sagen, daß die Verteidigung in dreierlei besteht, erstens, daß dazu ein Advokat bestallt werde; zweitens, daß diesem Advokaten die Namen der Zeugen nicht bekannt gegeben werden, auch nicht zum Zwecke der Geheimhaltung unter Leistung eines Eides, sondern über die einzelnen Inhalte im Prozesse unterrichtet wird; drittens soll er um des Angezeigten willen so weit er kann im günstigeren Sinne auslegen, jedoch ohne Ärgernis des Glaubens und ohne Schaden für die Gerechtigkeit, wie sich zeigen wird; und in ähnlicher Form der Prokurator, dem eine Kopie des ganzen Prozesses, mit Unterdrückung jedoch der Namen der Zeugen und Angeber, (geliefert wird); und ebender Advokat kann auch im Namen des Prokurators vorgehen.

Was das erste betrifft, so beachte man, daß der Advokat nicht nach dem Gutdünken des Angezeigten bestellt wird. Nämlich weil er einen würde haben wollen nach seinem Wohlgefallen, hüte sich der Richter durchaus mit Bezug auf ihn, einen streitsüchtigen, böswilligen Mann zuzulassen, der sich leicht mit Geld bestechen lassen könnte, wie sich derartige oft finden. Er lasse ihm vielmehr einen rechtschaffenen Mann zu, der bezüglich seiner Legalität keinen Verdacht erweckt; und zwar muß der Richter viererlei an einem Advokaten beachten; wenn das vom Advokaten beobachtet wird, erlaube er ihm, die Rolle des Advokaten zu spielen; sonst hat er ihn zurückzuweisen. Ein Advokat nämlich muß zuerst die Beschaffenheit der Sache prüfen, und wenn er gesehen hat, daß es eine gerechte ist, dann übernehme er sie, wenn er will; wenn (er sie) aber als ungerecht (erkennt), weise er sie von sich; weshalb er sich sorgsam hüten muß, eine ungerechte und verzweifelte

Sache zu übernehmen. Aber wenn er von Anfang an unwissend die Sache übernommen hat und damit zugleich Geld, während des Prozesses aber merkt, daß sie verzweifelt ist, und seinem Klienten, d. h. dem Angezeigten, für den er die Sache übernommen hat, nicht den Rat gibt, abzulassen, ist er nach Goffredus gehalten, das empfangene Gehalt zu ersetzen, was durch c. de iudic. rem non novam bewiesen zu werden scheint, wenn auch Hostiensis bezüglich der Rückerstattung des Gehaltes das Gegenteil sagt, außer wenn er es mit Fleiß getan hat. Wenn also ein nichtswürdiger Advokat seinen Klienten wissentlich verleitet, ihn eine unglückliche Sache verteidigen zu lassen, ist er für Schaden und Unkosten verantwortlich, c. de admin. tut. non est ignotum. – Das zweite, was er beachten muß, um als Advokat auftreten zu können, sind drei (Eigenschaften): erstens Bescheidenheit, daß er nicht frech, nicht schimpfend noch mit einem Wortschwall vorträgt, c. eo quoniam; zweitens Wahrheit(sliebe), daß er nämlich nicht lügt, indem er weder falsche Gründe oder Beweise vorbringt noch falsche Zeugen oder Eide, wenn er erfahren ist, noch Aufschub nachsucht, besonders in dieser Sache, wo summarisch, einfach und ohne Umstände (vorgegangen wird), wie oben in der sechsten Frage berührt worden ist, und auch III, qu. 7, haec tria, berührt wird; und das dritte, was beachtet wird, bezieht sich auf das Gehalt, daß er sich nämlich der Gewohnheit des Landes gemäß bescheide. Über diesen wird III, qu. 7, § arcentur und § tria gehandelt.

Aber um zu unserer Sache zurückzukommen: der Richter lege die vorbeschriebenen Bedingungen dem Advokaten vor und füge am Schluß noch bei, daß er sich keiner Begünstigung der Ketzerei schuldig mache, weil er dann exkommuniziert würde, nach c. excommunicamus I, § credentes. Es gilt auch nicht, wenn er dem Richter sagen wollte, daß er nicht den Irrtum, sondern die Person verteidigt, weil er nicht auf irgend eine Weise verteidigen darf, (die bewirkt,) daß nicht summarisch, einfach und ohne Umstände vorgegangen wird, was er tun würde, wenn er durchaus Fristen verlangen oder Berufungen einmengen wollte, was alles zurückgewiesen wird, wie es dort in der sechsten Frage vorgetragen wird. Denn mag er auch den Irrtum nicht verteidigen, da er in diesem Falle verdammenswerter als die Hexen selbst und vielmehr ein Ketzerfürst, als der ketzerische Hexer wäre, wie es sich XXIV, qu. 3, qui illorum, ergibt, macht er sich noch dadurch, daß er ungehörigerweise einen der Ketzerei schon Verdächtigen verteidigt, gleichsam zu seinem Gönner, und zwar nicht leicht, sondern heftig, gemäß der Verteidigung, die er geliefert hat, und muß öffentlich vor dem Bischof abschwören, nach dem oft zitierten c. accusatus.

Das ist ausführlich vorgetragen worden, und der Richter schätze es nicht gering ein, weil von dem Advokaten oder Prokurator, wenn er falsch vorzugehen bestrebt ist, die meisten Gefahren auszugehen pflegen. Daher muß ihn der Richter durchaus zurückweisen und gemäß den Akten und Beweisen vorgehen, wenn der Advokat tadelnswert gewesen ist. Aber wenn der Richter einen tadellosen Advokaten für den Angezeigten hat, einen eifrigen Mann und Freund der Gerechtigkeit, wird er ihm die Namen der Zeugen angeben können, jedoch unter der eidlichen Versicherung, das als Geheimnis zu betrachten.

Elfte Frage

Was der Advokat tun soll, wenn ihm die Namen der Zeugen nicht bekanntgegeben werden. Sechster Akt

Wenn gefragt wird, was also der Advokat, auch im Namen des Prokurators, für den Angezeigten tun soll, wenn weder ihm noch seinem Klienten die Namen der Zeugen bekanntgegeben werden, welche Bekanntmachung der Angezeigte jedoch im höchsten Maße wünscht, so lautet die Antwort: Er empfange vom Richter eine Belehrung über die einzelnen im Prozesse enthaltenen (Punkte), und wenn er eine Kopie haben will, werde sie ihm mit Unterdrückung der Namen der Zeugen übergeben. So unterrichtet gehe er zu dem Angezeigten und lege ihm das Einzelne vor, und wenn es der Stoff erfordert, weil er ja dem Angeklagten recht lästig (sein kann), so ermahne er ihn zur Geduld, soweit er kann. Wenn der Angezeigte immer wieder darauf dringt, daß ihm die Zeugen bekanntgegeben werden, kann er antworten: »Aus den Tatsachen, die gegen dich ausgesagt worden sind, wirst du die Zeugen erraten können. Nämlich so und so ist ein Kind oder ein Stück Vieh behext worden; oder der und der Frau oder dem und dem Manne hast du deshalb, weil sie dir die und die Sache, um die du batest, nicht gewähren wollten, gesagt: ›Du wirst fühlen, daß es besser gewesen wäre, du hättest mir zu der Sache verholfen‹, nach welchen Worten der und der plötzlich krank geworden ist. Deine Taten schreien wie Zeugnisse; sie werden höher bewertet als Zeugnisse mit Worten«. Oder auch (er sage): »Du weißt, daß du übel beleumundet und seit langer Zeit wegen der Antuung vieler derartiger Behexungen und Schädigungen verdächtig bist.« Mit solchen Erwiderungen komme er schließlich dahin, daß sie selbst entweder Feindschaften anführt und behauptet, (die Anklagen) seien ihr aus Feindschaft entgegengeschleudert worden, oder sagt: »Ich gestehe, diese Worte gesagt zu haben, aber nicht in der Absicht zu schaden.« Daher hat dann der Advokat dem Richter und den Beisitzern bezüglich des ersten, nämlich der Feindschaft, vorzutragen, und der Richter hat zu untersuchen; und wenn jene (Feindschaft) als Todfeindschaft erfunden würde, nämlich, daß zwischen Gatten oder Blutsverwandten der Tod beabsichtigt worden oder erfolgt sei, oder die Verschuldung eines Verbrechens, um dessentwillen jemand durch die öffentliche Gerichtsbarkeit zu ahnden wäre, oder schwere Wunden infolge der Zwistigkeiten und Zänkereien zugefügt wären, dann möge ein vorsichtiger Richter mit seinen Beisitzern erörtern, ob auf Seite der Angezeigten die Feindschaft schwerer ins Gewicht falle oder auf Seite des Angebers, z. B. weil der Gatte oder die Freunde der Angezeigten andere auf Seite des Angebers ungerechterweise unterdrückt haben. Dann freilich, wenn keine Indizien der Tat in (Gestalt von) behexten Kindern, Vieh oder (erwachsenen) Menschen vorhanden sind, noch auch andere Zeugen vorhanden sind oder auch an öffentlicher Bescholtenheit sie nicht leidet, dann wird angenommen, daß (der betreffende Zeuge) vom Standpunkt der Rache aus gegen sie ausgesagt hat; die Angezeigte ist gänzlich loszusprechen und freizulassen unter der gebührenden Kautel, sich nicht rächen zu wollen etc., wie es Sitte bei Gericht ist.

Aber es wird gefragt: Katharine hat ein behextes Kind oder sie selber ist für sich behext oder sie hat am Vieh sehr viel Schaden erlitten; sie hat Verdacht auf jene, deren Gatte oder Blutsverwandte früher ungerechterweise ihren Gatten oder Blutsverwandten in öffentlicher Gerichtsverhandlung unterdrückt haben. Da hier auf Seiten des Angebers eine doppelte Feindschaft besteht, weil (Zeugin) Feindschaft hegt hinsichtlich der angetanen Behexung und hinsichtlich der ihrem Gatten oder Blutsverwandten ungerechterweise zugefügten Beschimpfung, ist da ihre Aussage zurückzuweisen oder nicht? Auf der einen Seite scheint es allerdings, ja, weil Feindschaft dabei ist; auf der anderen, nein, weil (die Zeugin) Indizien der Tat vorbringt. Es wird geantwortet: In dem Falle, da keine anderen Angeber vorhanden sind, noch auch öffentliche Bescholtenheit gegen die Angezeigte wirkt, dann tritt man nicht ihrer Aussage allein bei, sondern weist sie zurück; die Angezeigte jedoch wird dadurch verdächtig gemacht, wenn außerdem, was die Krankheit betrifft, diese angehext ist und nicht aus einem natürlichen Mangel (herrührt) – wie man das erkennt, wird sich weiter unten ergeben – daß sie sich kanonisch (von diesem Verdachte) zu reinigen hat.

Aber wenn wiederum gefragt wird, ob andere Angeber auch über Indizien der Tat zuerst auszusagen haben, die ihnen oder anderen zugestoßen sind, oder allein über die Bescholtenheit, so wird geantwortet, daß, wenn sie über irgend welche Indizien der Tat aussagen, es freilich gut ist; wenn aber nur über die Bescholtenheit, und diese tatsächlich vorliegt, dann wird der Richter, mag er den Angeber um der Feindschaft willen zurückgewiesen haben, doch das Indizium der Tat, welches er vorgebracht und gezeigt hat, von den anderen Zeugen nach dem, was sie über die Bescholtenheit ausgesagt haben, als Anzeichen für heftigen Verdacht nehmen, auf grund dessen die Angezeigte in Haft behalten vom Richter zu einer dreifachen Strafe wird verurteilt werden können, nämlich der der kanonischen Reinigung, wegen der Bescholtenheit, gemäß dem c. inter sollicitudines, extra de pur. can.; desgleichen zur Abschwörung wegen des Verdachtes, gemäß dem c. accusatus am Anfang; und entsprechend den verschiedenen Verdachtsgründen zu den verschiedenen Abschwörungen, wie sich in der zweiten Art, das Urteil zu fällen, ergeben wird. Wegen der Indizien der Tat wird sie, wenn sie das Verbrechen gesteht und bußfertig ist, nicht dem weltlichen Arme zur Strafe des Blutes überlassen, sondern durch den geistlichen Richter zu lebenslänglichem Kerker verurteilt. Durch den weltlichen Richter jedoch kann sie, unbeschadet, daß sie zu lebenslänglichem Kerker durch den geistlichen Richter verurteilt worden ist, trotzdem wegen der zeitlichen Schädigungen dem Feuer überliefert werden, gemäß c. ad. abolendam, § praesenti und gemäß c. excommunicamus II de haeret., was sich alles weiter unten bei der sechsten Art, das Urteil zu fällen, ergeben wird.

Als Nachwort ist zu sagen: Der Richter beachte erstens, daß er nicht schnell bereit sei, dem Advokaten zu glauben, wenn er für die Angezeigte eine Todfeindschaft namhaft macht, deshalb, weil sehr selten bei einem solchen Verbrechen jemand ohne Feindschaft aussagt, da die Hexen immer allen verhaßt sind. Zweitens beachte er, daß, da eine Hexe auf vier Arten überführt werden kann, nämlich durch Zeugen, durch die Evidenz der Tat, durch Indizien der Tat und durch das eigene Geständnis, und zwar entweder auf die bloße Bescholtenheit hin, daß es dann durch Zeugen geschehe, oder auf den Verdacht hin, es dann durch Evidenz der Tat oder Indizien der Tat geschehe, wonach der Verdacht als leicht, heftig oder schwer beurteilt werden kann; und dies alles ohne eigenes Geständnis: wenn das noch dazukommt, würde vorgegangen werden, wie gesagt ist.

Drittens wende er das Vorausgeschickte auf seine Sache bezüglich der in Haft gehaltenen Angezeigten an, um dem Advokaten zu begegnen; aber natürlich sei sie nur auf grund der Bescholtenheit angezeigt, oder es mögen dabei irgend welche Indizien mitwirken, wodurch sie schwer oder leicht verdächtig wird; und dann wird er dem Advokaten betreffs der namhaft gemachten Feindschaft antworten können; und zwar soweit es den Teil anlangt, wo der Advokat zu gunsten des Angezeigten Feindschaft seitens der Angeber namhaft gemacht hat. Wenn er aber das zweite namhaft macht, nämlich, daß jene Worte, die sie gegen den Angeber ausgestoßen hat, (z. B.): »Du wirst in kurzem fühlen, was dir passieren wird«; oder: »Du wirst keine gesunden Tage mehr haben«; oder: »Es wird in kurzem dahin kommen, daß du wünschtest, du hättest mir zu der und der Sache verholfen oder sie mir verkauft haben« und ähnliches (nicht in böser Absicht gesprochen sind), und der Advokat hinzufügt: »Mag auch irgend ein Übel für den Angeber an seinem Besitz oder seinem Leibe erfolgt sein, so folgt deshalb doch nicht, daß jene Angezeigte als Hexe die Ursache dieses Übels ist, darum weil Krankheiten einem auf verschiedene Weisen zustoßen können«; und wenn er ferner hinzufügt, daß es den Weibern gemeinsam ist, mit derlei Worten untereinander zu streiten etc., so hat der Richter bezüglich dieser Behauptungen auf folgende Weise zu entgegnen: Wenn freilich die Krankheit infolge eines natürlichen Mangels eingetreten ist, dann wird die Entschuldigung einen Platz haben können. Aber wenn auf Grund von Anzeichen und Erfahrungen das Gegenteil feststeht, insofern als nämlich (die Krankheit) durch kein natürliches Mittel hat geheilt werden können; desgleichen weil sie nach dem Urteil der Ärzte als angehexte Krankheit, im Volksmunde »Nachtschaden«, beurteilt wird; desgleichen vielleicht nach dem Urteil anderer Besprecherinnen, die versichern oder versichert haben, die Krankheit sei angehext; desgleichen weil sie plötzlich aufgetreten ist, ohne vorhergehenden Schwächezustand, während doch natürliche Krankheiten allmählich zu schwächen pflegen; desgleichen weil sie vielleicht dadurch kuriert worden ist, weil man bestimmte Werkzeuge unter dem Bett oder in den Kleidern oder an anderen Orten gefunden hat, nach deren Entfernung (die Kranke) plötzlich der Gesundheit wiedergegeben worden ist, wie es sich sehr häufig ereignet, wie es sich oben im zweiten Teile des Werkes ergeben hat, wo von den Heilmitteln gehandelt wird, so kann der Richter mit diesen oder ähnlichen (Einwänden) sehr leicht entgegnen, daß eine solche Krankheit eher infolge von Behexung als infolge eines natürlichen Mangels eingetreten ist. Auch aus entgegengeschleuderten Drohungen hat man Verdacht auf Behexung, so wie es in ähnlicher Weise, wenn jemand sagen sollte: »Ich will dir die Scheune verbrennen« und die Wirkung auf dem Fuße folgt, den Verdacht erregt, daß der, welcher die Drohungen ausgestoßen hat, die Scheune angezündet hat; mag sie auch vielleicht ein anderer und nicht er selbst verbrannt haben.

Zwölfte Frage

Es folgt mit Bezug eben darauf die zwölfte Frage, welche noch mehr erklärt, wie eine Todfeindschaft zu erforschen sei. Siebenter Akt

Beachte, daß von der Ablegung eines Zeugnisses nur Todfeinde zurückgewiesen werden, wie oben in der fünften Frage berührt worden ist. Eine solche Feindschaft aber aus dem, was im vorhergehenden Kapitel berührt worden ist, zu erklären, möchte dem Richter vielleicht allzu dunkel und schwierig erscheinen, wobei zu beachten, daß der Angezeigte oder dessen Anwalt sich nicht gern bei jener Entscheidung beruhigen möchten, bezüglich des berührten Stoffes, welche Feindschaft eine Todfeindschaft und welche nicht so genannt werde. Daher sind noch andere Mittel zum Ausdruck zu bringen, durch die der Richter zur Erkennung einer solchen Feindschaft gelangen könnte, um so auf keinen Fall einen Unschuldigen zu verdammen, während er jedoch einen Schuldigen mit gebührendem Gerichte bestrafen kann; und mögen auch diese Mittel verklausuliert oder auch hinterlistig sein, so kann der Richter sie doch zum Besten des Glaubens und des Staatswesens anwenden, da auch der Apostel sagt: »Da ich verschlagen war, habe ich sie mit List gefangen«. Im Besonderen werden auch diese Mittel bei solchen Angezeigten angewendet, die öffentlich nicht übel beleumdet oder auch durch irgend ein Indizium der Tat nicht gekennzeichnet sind; mag (sie) auch der Richter gegen alle beliebigen Angezeigten (anwenden können), wenn sie Feindschaften gegen die Angezeigten namhaft machen und durchaus die Namen der Zeugen wissen möchte.

Die erste Art ist die: Es wird nämlich dem Angezeigten oder seinem Advokaten eine Kopie des Prozesses, soweit er seine Partei angeht, gegeben, nämlich von oben nach unten, und die Namen der Angeber oder Anzeiger von der anderen Partei, jedoch nicht in der Reihenfolge, wie sie aussagen, sondern in der Weise, daß der Name des Zeugen, welcher in der Kopie der erste ist, auf dem Zettel der sechste oder siebente ist, und wer der zweite ist, der vorletzte oder letzte wird, und so der Angezeigte (nicht weiß), wer das und wer jenes aussagt und wer der erste oder zweite in seiner Kopie ist. Wenn es soweit ist, (sagt man dem Angeklagten): »Wirst du alle als Feinde angeben oder nicht?« Gibt er alle an, so wird der Angezeigte um so schneller auf einer Lüge ertappt werden, wenn durch den Richter die Ursache der Feindschaft untersucht werden wird; gibt er aber bestimmte an, dann Wird die Ursache der Feindschaft (um so) leichter erforscht werden.

Die zweite Art wäre in ähnlicher Weise (vorzunehmen), wenn dem Advokaten eine Kopie des Prozesses von der einen Partei und die Namen der Angeber von der anderen Partei gegeben würde, unter Hinzufügung noch anderer Äußerlichkeiten, die anderwärts von Hexen angeführt und nicht von den Angebern oder Zeugen ausgesagt worden sind. So wird der Angezeigte nicht mit Sicherheit sagen können, der oder jener sei sein Todfeind, weil er nicht weiß, was es ist, was von jenen gegen ihn ausgesagt worden ist.

Die dritte Art ist die, welche auch oben im fünften Kapitel berührt worden ist. Wenn nämlich der Angezeigte verhört wird, soll er am Ende des zweiten Verhörs, bevor er Verteidigungen verlangt und ihm ein Advokat bestellt wird, gefragt werden, ob er glaube, er habe Todfeinde, die mit Hintansetzung aller Gottesfurcht ihm fälschlich den Schandfleck der Hexenketzerei anhefteten. Nicht gefaßt und vorbereitet, und da er die Bezeugungen der Angeber nicht gesehen hat, antwortet er dann vielleicht, er glaube nicht, solche Feinde zu haben; oder wenn er sagt, ich glaube welche zu haben, dann nennt er sie; und sie werden aufgeschrieben, und auch der Grund der Feindschaft, damit der Richter nachher um so sicherer nachzusehen imstande ist, nachdem eine Kopie des Prozesses und die Namen gesondert übergeben worden sind, nach den Weisen wie oben.

Die vierte Art besteht darin, daß (der Angeklagte) wiederum am Ende des zweiten Verhöres oder Geständnisses, von dem in der sechsten Frage bei dem zweiten Verhör (die Rede ist), bevor ihm Verteidigungen gewährt werden, betreffs der Zeugen, welche schwer gegen ihn ausgesagt haben, auf diese Weise befragt wird: »Kennst du den und den?« wobei man einen von den Zeugen nennt, der schwere Aussagen gemacht hat; und dann wird sie sagen: »Ja!« oder »Nein.« Wenn sie »nein« sagt, dann wird sie ihn später, wenn man ihr Verteidigungen und einen Advokaten gewährt, nicht als ihren Todfeind hinstellen können, indem sie früher unter Eid das Gegenteil ausgesagt hat, nämlich ihn nicht zu kennen. Wenn sie aber ja sagt, dann soll sie gefragt werden, ob sie weiß oder gehört hat, daß er oder sie selbst etwas gegen den Glauben ausgeführt hat, wie es Hexen gewöhnt sind. Wenn sie ja sagt, ›er hat das und das getan‹, soll sie gefragt werden, ob er ihr Freund oder Feind ist; sie wird sogleich antworten, Freund, und zwar deshalb, damit man bei seinem Zeugnis stehen bleibe; und dann kann sie ihn in jenem Prozesse nicht als ihren Todfeind durch ihren Advokaten angeben, da sie unter Eid vorher gesagt hat, er sei ihr Freund. Wenn sie aber antwortet, sie wisse nichts von ihm, dann werde sie gefragt, ob er ihr Freund oder Feind ist; sogleich wird sie antworten, Freund, weil es nicht angeht, einen als Feind zu bezeichnen, von dem sie nichts Schlimmes weiß. Sie wird also sagen: »Ich bin sein Freund. Aber trotzdem, wenn ich etwas wüßte, würde ich nicht unterlassen, es zu enthüllen.« In der und der Sache also wird sie ihn später nicht als Feind hinstellen können; oder sie wird zum mindesten Gründe der Todfeindschaft von Anfang an beibringen; und dann wird dem Advokaten Glauben geschenkt werden.

Die fünfte Art: Es wird nämlich dem Angezeigten oder Advokaten eine Kopie des Prozesses mit Unterdrückung der Namen der Angeber überreicht; und wenn der Advokat ihn über die Einzelheiten belehrt, stellt er Vermutungen auf, wer oder welcher derartiges gegen ihn ausgesagt haben; und häufig kommt (ihm dabei der eine oder andere) zum Bewußtsein. Wenn er dann sagt, der und der ist (mein) Todfeind; ich will es durch Zeugen beweisen, dann hat der Richter zu erwägen, ob er ihn übereinstimmend mit dem Prozeß genannt hat; und weil jener gesagt hat, er wolle es durch Zeugen beweisen, wird er sie prüfen und nach den Ursachen der Feindschaft forschen, nachdem heimlich dazu ein guter Rat von erfahrenen oder alten Leuten zusammengerufen worden ist, bei denen Klugheit wohnt; und wenn er so genügende Ursachen der Todfeindschaft gefunden hat, dann weise er zunächst die

Zeugen zurück, und jene (Angeklagte?) wird entlassen, falls nicht andere Belastungen anderer Zeugen vorliegen. Diese fünfte Art wird als allgemein gebräuchlich angewendet, und in der Tat finden die Hexen schnell aus der Kopie des Prozesses die Männer oder Frauen heraus, die gegen sie ausgesagt haben; und weil sehr selten in einer solchen Sache eine Todfeindschaft gefunden wird, außer der, welche aus ihren bösen Werken hervorgeht, so hat sich der Richter mit Leichtigkeit nach den vorgenannten Arten zu entschließen. Man beachte auch, daß die Angeber häufiger sich persönlich den Hexen zu zeigen und ihnen ins Gesicht zu schleudern wünschen, was ihnen durch Behexungen angetan ist.

Es gibt auch noch eine andere und letzte Art, zu welcher der Richter schließlich zurückkommen kann, wenn die vorgenannten Arten vielleicht von manchen für listig und mit Verschlagenheit angewendet beurteilt werden sollten; besonders die vier ersten. Zur völligen Genugtuung und Beruhigung skrupulöser Geister also und damit dem Richter kein Vorwurf gemacht werde, beachte er, daß, nachdem er auf die vorhergehenden Arten erfahren hat, daß zwischen dem Angezeigten und dem Angeber keine Todfeindschaft besteht, er jedoch dies nach dem Rate der anderen Beisitzer zu dem Ende erschließen will, daß ihm kein Vorwurf gemacht wird, er Folgendes tun möge. Er gebe dem Angezeigten oder dessen Advokaten eine Kopie des Prozesses, jedoch mit Unterdrückung der Namen der Angeber und Anzeiger; und weil er bei der Verteidigung sagt, er habe Todfeinde, und vielleicht verschiedene Gründe der Feindschaft angibt, mögen sie es tatsächlich sein oder nicht, so bringt doch der Richter einen Rat erfahrener Männer jedweder Fakultät (Befähigung) zusammen, wenn er sie bequem haben kann, oder zum mindesten aus vorsichtigen und ehrenwerten Personen jeder Art, weil er dazu nach dem oft zitierten c. statuta gehalten ist, und lasse ihnen den ganzen Prozeß unverkürzt und vollständig durch den Notar oder Schreiber vorlesen und lege ihnen die Namen der Zeugen oder Angeber offen vor, jedoch so, daß er alle unter Leistung eines Eides verpflichtet, das Geheimnis zu bewahren; und zwar hat er sie vorher zu fragen, ob sie das tun wollen, weil ihnen sonst auf keinen Fall die Namen vorzulegen sind. Danach sage er, wie er bei der

Untersuchung nach einer Feindschaft auf die und die Weise keine habe ergründen können. Jedoch gebe er zu verstehen, es möchte, falls es gut schiene, eins von beiden geschehen: entweder es werde durch den Rat entschieden, welche von den Angebern als Todfeinde zurückzuweisen seien, und wie; oder es sollen drei, vier oder fünf ausgewählt werden, welche in höherem Maße in dem Dorfe oder in der Stadt die Freundschaft oder Feindschaft zwischen dem Angezeigten und den Zeugen kennen und nicht in dem Rate anwesend sind, und ihnen sollen nur die Namen des Angegebenen und der Zeugen, aber nicht die Artikel des Prozesses bekanntgegeben werden; und bei deren Urteil wird man stehen bleiben. Erstens werden sie nicht gut die Zeugen zurückweisen können; – beachte, daß der Richter seine Arten zu inquirieren angewendet hat – zweitens aber wird er sich völlig schuldfrei machen und allen ungünstigen Argwohn von sich abschütteln. Er ist auch gehalten, diese letzte Art zu beobachten, wenn der Angezeigte in einem fremden Orte oder Lande verhaftet worden ist.

Das möge genügen zur Entscheidung bezüglich der Feindschaft.

Dreizehnte Frage

Von dem, was der Richter vor der Vorlegung von Fragen in der Kerker- und Folterkammer zu beachten hat. Neunter Akt

Was schließlich der Richter tun muß, ergibt sich klar. Das nämlich, wie es die allgemeine Gerichtspflege verlangt, zur Strafe des Blutes keine (Angeklagte) verurteilt wird, wenn sie nicht durch eigenes Geständnis überführt wird, wiewohl sie auf Grund der anderen beiden, nämlich auf Grund der Evidenz oder der Indizien der Tat oder auf Grund gesetzmäßiger Vorführung von Zeugen, wie es oben in der siebenten Frage berührt worden ist, für offen in ketzerischer Verkehrtheit ertappt gehalten wird, und von einer solchen Angezeigten ist jetzt auch die Rede, so wird sie dann auf jeden Fall zur (Erlangung) eines Geständnisses den peinlichen Fragen und Foltern ausgesetzt. Und damit die Frage klar sei, möge ein Fall angenommen werden, der sich zu Speyer zutrug und zu vieler (Leute) Kenntnis gelangt ist. Als ein gewisser ehrenwerter Mann an einer gewissen Frau vorüberging und ihr auf ihren Wink nicht in den Verkauf einer verkäuflichen Sache hatte willigen wollen, rief sie unwillig hinter ihm her: »In kurzem wirst du wünschen, zugesagt zu haben!« Und so oder mit ähnlichem Sinne ist die gebräuchliche Art der Hexen zu sprechen, wenn sie eine Behexung durch Anmeldung antun wollen. Da wandte er unwillig über sie, und nicht mit Unrecht, das Gesicht nach hinten, um sie anzusehen, in welcher Absicht sie die Worte ausgestoßen habe; und siehe, er ward plötzlich von einer Behexung betroffen, indem sein Gesicht sich in schauderhafter Entstellung schräg bis zu den Ohren ausdehnte; und er konnte es nicht zurückziehen, sondern blieb lange Zeit in dieser Entstellung.

Hier wird – wir nehmen den Fall an – dem Richter eine evidente Tat vorgelegt und gefragt, ob (die Betreffende) für offenkundig in Hexenketzerei ertappt zu halten ist. Man muß mit ja antworten nach den Worten des Bernardus in der Glossa ordinaria und im c. ad abolendam, wie es oben in der erwähnten Frage berührt wird; darum weil auf drei Arten, wie dort berührt wird, jemand als in dieser Weise ertappt beurteilt wird und weil auch jene drei nicht in Verbindung, d. h. alle drei zugleich, zusammenzuwirken haben, sondern jedes einzelne für sich; nämlich die Evidenz der Tat, die gesetzmäßige Vorführung von Zeugen und das eigene Geständnis macht, daß die Hexe für offenkundig ertappt erachtet wird. Das Indizium der Tat aber unterscheidet sich von der Evidenz, da es weniger ist als die Evidenz; doch wird es auch aus den Worten und Werken der Hexen entnommen, wie in jener siebenten Frage berührt wird, und man urteilt nach Behexungen, die nicht sowohl plötzlich, als im Verlauf der Zeit angetan worden sind, doch auch durch vorangehende Drohungen; und so können wir schließen, daß sich jetzt unsere Frage um ähnliche angezeigte Hexen dreht, die bei den Verteidigungen, wie vorausgeschickt, versagt oder auch nicht versagt haben, darum weil sie nicht zugelassen waren; nicht zugelassen aber, weil sie nicht darum gebeten hatten: was der Richter zu tun hat und wie an die (peinlichen) Fragen heranzugehen ist, um die Wahrheit zu sagen zur Strafe des Blutes. Hier muß der Richter wegen der ungeheuren Mühen gegen die Hexenkunst der Verschwiegenheit mehrerlei beachten, was auch allmählich in den Kapiteln hergeleitet wird.

Das erste ist, daß er zur peinlichen Befragung einer Hexe nicht schnell bereit sei. Er habe jedoch Obacht auf gewisse Anzeichen, welche folgen werden. Weshalb er aber nicht leichtfertig sein darf, dafür ist der Grund, weil, wenn nicht göttlicher Zwang durch einen heiligen Engel mitwirkt, daß die Hexenkunst des Teufels weicht, sie so unempfindlich gegen jene Schmerzen gemacht wird, daß sie sich eher gliederweise zerreißen läßt als etwas von der Wahrheit gestehen zu können. Es ist auch deshalb nicht zu übersehen, einmal weil nicht alle in gleichem Maße in solche Hexenkünste verstrickt sind; dann auch, weil der Teufel bisweilen aus eigenem Antriebe, nicht von einem heiligen Engel gezwungen, die Hexe ihre Verbrechen gestehen läßt. Um das zu verstehen, ist das zu beachten, was oben im zweiten Teile des Werkes, über die Art, dem Teufel Huldigung darzubringen, berührt worden ist. Es gibt nämlich (Hexen), welche erst bestimmte Jahre hindurch dem Teufel dienen, sechs, acht oder zehn, ehe sie ihm Huldigung darbringen, nämlich dadurch, daß sie sich ihm mit Leib und Seele geloben, während dagegen andere von Anfang an ihm die Ableugnung des Glaubens bekennen und auch sofort Huldigung leisten. Warum aber der Teufel diesen Zeitraum verlangt und annimmt? Nur allein aus dem Grunde, um in jenem Zeitraum die Hexe zu prüfen, ob sie, nur mit dem Munde und nicht auch mit dem Herzen ableugnend, ihm in ähnlicher Weise auch Huldigung leistete. Denn da der Teufel das Innere des Herzens außer durch Äußerlichkeiten nicht und (auch dann nur) vermutungsweise zu erkennen hat, wie im ersten Teile des Werkes bei der Schwierigkeit, ob die Dämonen die Herzen der Menschen zu Haß oder zu Liebe wandeln können, (klargeworden ist): auch mehrere sich finden, die infolge von irgend einer Not oder von Bedürftigkeit durch andere Hexen verführt unter der Aussicht auf Beichte und Loskommen im ganzen oder teilweise vom Glauben abfallen, so läßt er solche, auch ohne von einem heiligen Engel gezwungen zu sein, im Stiche, weshalb sie auch ihre Verbrechen leicht gestehen, während jedoch andere, die wie mit dem Munde, so auch und noch viel mehr mit dem Herzen sich an ihn gehängt haben, von ihm nach Kräften verteidigt und zur Hexenkunst der Verschwiegenheit verhärtet werden. Daraus ergibt sich auch die Lösung bezüglich der Frage, woher es kommt, daß gewisse Hexen leicht gestehen, andere aber gar nicht: weil, wenn der Teufel nicht von Gott aus zurückgetrieben wird, er jene doch aus freien Stücken im Stich läßt, um sie vermittelst zeitlicher Verwirrung und eines grausigen Todes zur Verzweiflung zu treiben, die er im Herzen anzulocken niemals vermochte. Es ergibt sich dies auch aus den sakramentalen Beichten, in denen sie gestehen, sie hätten (dem Teufel) niemals freiwillig angehangen und mehrere Behexungen von Dämonen gezwungen angetan.

Es gibt noch einen anderen Unterschied: man sieht manche nach dem Geständnis ihrer Verbrechen sich selbst den Tod zu geben beabsichtigen, daß sie mit der Schlinge oder durch Aufhängen sich selbst das Leben nehmen, was auf jeden Fall jener Feind bewirkt, damit sie nicht durch sakramentale Beichte Verzeihung von Gott erlangen; und zwar tut er dies vorzüglich bei denen, welche ihm nicht freiwillig angehangen haben, mag er es auch bei anderen nach dem Geständnis der Verbrechen beabsichtigen, die ihm freiwillig angehangen haben; aber dann merkt man, daß der Teufel die Hexe im Stich gelassen hatte.

Schließen wir. Eine ebenso große oder gar noch größere Mühe nimmt man an bei dem peinlichen Verhöre der Hexe zur Erzielung der Wahrheit, wie beim Exorzisieren eines vom Dämon Besessenen. Daher soll der Richter nicht gern bereit noch leichtfertig dabei sein, außer wie gesagt bei einer Strafe des Blutes. Aber auch in dieser Sache übe er Sorgfalt, wie folgt, wenn er zunächst das Urteil spricht.

Vierzehnte Frage

Über die Art, die Angezeigte zu den peinlichen Fragen zu verurteilen, und wie sie am ersten Tage peinlich zu verhören sei, und ob man ihr die Erhaltung des Lebens versprechen könne. Zehnter Akt

Was hat endlich der Richter an zweiter Stelle zu bedenken? Es besteht der Akt danach darin, daß er in der Weise, wie folgt, das Urteil fällt: »Wir, Richter und Beisitzer, die wir auf die Ergebnisse dieses von uns geführten Prozesses gegen dich, den und den, von dem und dem Orte der und der Diözese, achten oder seine Ergebnisse erwägen, finden nach sorgfältiger Prüfung aller Punkte, daß du in deinen Aussagen veränderlich bist, weil du nämlich sagst, du habest die und die Drohungen ausgestoßen, aber nicht in jener Absicht. Und doch sind nichtsdestoweniger verschiedene Indizien vorhanden, welche genügen, dich den peinlichen Fragen und Foltern auszusetzen. Deswegen erklären, urteilen und erkennen wir, daß du am gegenwärtigen Tage und zu der und der Stunde den peinlichen Fragen und Foltern ausgesetzt werden sollst. Gefällt ist dieses Urteil« etc.

Zweitens besteht der Akt darin, daß, wie vorausgeschickt worden ist, (der Richter) auch jetzt noch nicht zum peinlichen Verhör bereit ist, sondern (der Angeklagte) im Gefängnis zur Strafe und nicht mehr bloß zur Bewachung, wie bisher, festgehalten wird. Dann läßt (der Richter) jenes Freunde herbeiholen und stellt ihnen vor, daß er der Bestrafung entginge und vielleicht dem Tode nicht überantwortet würde, wenn er die Wahrheit gesteht, während er sonst bestraft wird; und ermahnt sie, daß sie den Angezeigten dazu bringen möchten. Denn das häufige Nachdenken, das Elend des Kerkers und die wiederholte Belehrung seitens rechtschaffener Männer machen ihn geneigt, die Wahrheit zu bekennen. Wir haben gefunden, daß die Hexen durch solche Belehrungen dermaßen stark gemacht worden waren, daß sie zum Zeichen des Widerstandes (gegen den Teufel) auf die Erde spieen, gleichsam dem Teufel ins Gesicht, und sagten: »Geh weg, verfluchter Teufel! Ich werde tun, was recht ist«, und in der Folge ihre Verbrechen gestanden.

Wenn man aber auf den Angezeigten in passender Weise gewartet, ihm angemessene Zeit gewährt und ihn vielfach belehrt hat, und der Richter im guten Glauben meint, daß der Angezeigte die Wahrheit leugne, so verhöre man ihn peinlich in mäßiger Weise, nämlich ohne Blutvergießen, da man weiß, daß die peinlichen Verhöre trügerisch und, wie berührt worden ist, öfters unwirksam sind.

Die Art aber, damit zu beginnen, ist diese: Während die Büttel sich zum peinlichen Verhör bereit machen, entkleiden sie ihn danach; oder wenn es eine Frau ist, soll sie, bevor sie in das Strafgefängnis geführt wird, von anderen ehrbaren Frauen von gutem Rufe entkleidet werden, aus dem Grunde, damit (entdeckt werde), ob vielleicht irgend ein Hexenwerkzeug in die Kleider eingenäht ist, wie sie es häufig auf die Belehrung der Dämonen hin aus den Gliedern eines ungetauften Knaben herstellen; zu dem Zwecke, daß sie des beglückenden Auges des Kindes beraubt werden. Während die Werkzeuge aufgestellt werden, soll der Richter für sich und durch andere gute Männer und Glaubenseiferer den peinlich zu Verhörenden bewegen, die Wahrheit frei zu gestehen; und wenn er nicht gestehen will, übergeben sie ihn den Bütteln, daß er ans Seil gebunden werde oder andere Werkzeuge zu spüren bekomme; und dabei sollen sie sogleich gehorchen, aber nicht fröhlich, sondern gleichsam erschrocken. Danach wird er wieder auf die Bitten einiger losgelassen, auf die Seite gezogen und wiederum zu bewegen gesucht und bei dem Bewegen belehrt, daß er dem Tode nicht übergeben wird (,wenn er gesteht).

Hier wird gefragt, ob der Richter bei einem bescholtenen und durch Zeugen und Indizien der Tat gesetzmäßig überführten Angezeigten, da nichts fehlt, als daß er mit eigenem Munde das Verbrechen gesteht, erlaubterweise die Erhaltung des Lebens versprechen könne, da er doch, wenn er das Verbrechen gesteht, mit der Todesstrafe bestraft wird. Es wird geantwortet: Von verschiedenen werden verschiedene Ansichten gehegt. Einige nämlich meinen, daß, wenn die Angezeigte sehr übel beleumundet und auf Grund der Indizien der Tat heftig verdächtig und sie selbst zum großen Schaden gleichsam die Lehrerin der anderen Hexen ist, sie auch dann noch unter diesen Umständen bezüglich ihres Lebens beruhigt werden könne, daß sie zu lebenslänglichem Kerker bei Wasser und Brot verurteilt wird, wenn sie nur die anderen Hexen an sicheren und durchaus wahren Zeichen bekannt geben wolle. Jedoch ist diese Gefängnisstrafe, so wie sie verhängt wird, ihr nicht bekannt zu geben, sondern nur Zusicherung des Lebens ist ihr zu versprechen, und mit irgend einer Sühne, z. B. durch Verbannung oder auf eine andere Weise ist sie zu bestrafen. Ohne Zweifel dürften sie um berüchtigter Hexen willen und zwar besonders solche, die den (anderen) Hexen mit Heilmitteln zusetzen und Behexte mit abergläubischen Handlungen heilen, in der Weise zu erhalten sein, daß sie entweder den Behexten zu Hilfe kämen oder die Hexen verrieten. Jedoch sollte man sich bei ihrem Verrate deshalb nicht beruhigen, weil der Teufel lügnerisch ist, außer wenn gleichermaßen noch andere Indizien der Tat samt Zeugen zusammenwirkten.

Anderen scheint es mit Bezug ebendarauf, daß, im Falle sie in dieser Weise dem Gefängnis überantwortet sei, man ihr eine Zeitlang das Versprechen halten müsse und sie dann nach einem Zeiträume einzuäschern sei.

Es gibt eine dritte Art von Leuten, welche sagen, der Richter könne ihr getrost die Erhaltung des Lebens zusichern, jedoch so, daß er sich danach von der Fällung des Urteils entlastete und an seine Stelle einen anderen einsetzte.

Unter diesen Arten mag zwar die erste wegen der Heilung von Behexten nützlich scheinen; aber weil es nicht erlaubt ist, Hexenwerk durch Hexenwerk oder unerlaubte Taten zu beheben, wenn es auch, wie sich in der ersten und zwar einleitenden Frage dieses dritten Teiles ergeben hat, die Meinung sehr vieler ist, daß es erlaubt sei, Behexungen durch eitle und abergläubische Werke zu beheben; aber weil hierbei die Erfahrung, die Praxis und die abwechslungsreichen Geschäfte die Richter mehr belehren als irgend jemandes Kunst oder Lehre, so wird das den Richtern überlassen. Gewiß ist aber, wie es die Erfahrung mehrmals gelehrt hat: es würden viele die Wahrheit gestehen, wenn sie nicht durch die Furcht vor dem Tode zurückgezogen würden. –

Drittens besteht der (gegenwärtige) Akt darin, daß, wenn sie weder auf Drohungen noch auf solche Versprechungen hin die Wahrheit hat gestehen wollen, die Büttel das gefällte Urteil vollstrecken und sie dem peinlichen Verhöre nach den gewohnten und nicht neuen noch auch ausgesuchten Weisen leichter oder stärker ausgesetzt wird, je nachdem es das Verbrechen der Delinquentin verlangt; und während sie gefoltert wird, werde sie über gewisse Artikel befragt, wegen derer sie gefoltert wird, und zwar oft und häufig, mit den leichteren beginnend, weil sie das Leichte schneller zugeben wird als das Schwerere. Während dies geschieht, schreibe der Notar alles im Protokoll auf: wie sie gefoltert und wonach sie befragt und wie geantwortet wird. Beachte: wenn sie infolge der Folterungen gesteht, dann werde sie nach einem anderen Orte geführt, damit (der Richter) von neuem ihr Geständnis vernehme und (wisse,) daß er es nicht nur mittels der Macht der Folterungen vernommen habe.

Viertens besteht der Akt darin, daß, wenn der in mäßiger Weise peinlich Verhörte die Wahrheit nicht hat gestehen wollen, vor ihm andere Arten von Folterwerkzeugen mit den Worten hingelegt werden, daß er sie aushalten müsse, wenn er die Wahrheit nicht gestehe. Wenn er auch so nicht in Furcht (gesetzt) oder zur (Bekennung der) Wahrheit gebracht werden kann, dann wird in seiner Gegenwart das Urteil auf Fortsetzung des peinlichen Verhörs auf der Folter für den zweiten oder dritten Tag, nicht auf Wiederholung – da nicht wiederholt werden darf, wenn nicht neue Indizien dazugekommen sind – in folgender Weise vorgetragen: »Wir Vorgenannten, Richter etc., wie oben, bestimmen für dich N. N. den und den Tag zur Fortsetzung des peinlichen Verhörs, damit aus deinem eigenen Munde die Wahrheit herauskomme«; und alles werde vom Notar in das Protokoll gesetzt. Innerhalb der bezeichneten Zeit bewege ihn der Richter für sich oder durch andere rechtschaffene Männer dazu, die Wahrheit zu gestehen, in der vorausgeschickten Weise mit Zusicherung des Lebens, wenn es so zu frommen scheint. Es beachte der Richter auch, daß innerhalb jener Zeit beständig Wachen bei ihr sind, damit sie nämlich nicht allein gelassen wird, weil sie vom Teufel besucht werden wird, daß sie sich selbst den Tod antue, sei es, insofern der Teufel sie selbst zu verlassen strebt oder sei es, daß er von Gott aus gezwungen wird, sie zu verlassen. Denn gerade das kann der Teufel besser wissen als es jemand in Büchern berichten kann.

Fünfzehnte Frage

Über die Fortsetzung der Folter und von den Kautelen und Zeichen, an denen der Richter die Hexe erkennen kann, und wie er sich gegen ihre Behexungen schützen soll. Und wie sie zu scheeren sind und wo sie ihre Hexenmittel verborgen haben; mit verschiedenen Erklärungen, der Hexenkunst der Verschwiegenheit zu begegnen. Elfter Akt

Was bleibt aber in der Folge dem Richter bei der Fortsetzung der Folter noch übrig? Es ist erstens zu beachten, daß, wie nicht für alle Krankheiten dieselbe Medizin gilt, sondern es vielmehr für die verschiedenen und einzelnen verschiedene und einzelne Medizinen gibt, so auch nicht bei allen Ketzern oder wegen Ketzerei Angezeigten dieselbe Art zu fragen, zu inquirieren und zu verhören bezüglich der Artikel zu beobachten ist, sondern gemäß der Verschiedenheit der Sekten und Personen eine verschiedene und mannigfache Art zu prüfen. Daher kann ein kluger Richter wie der Arzt, der morsche Glieder abzuschneiden und räudige Schafe von den Unschuldigen zu sondern bestrebt ist, schon erwägen, daß die Angezeigte mit der Hexenkunst der Verschwiegenheit infiziert ist, welche Verschwiegenheit herauszureißen keine einzelne und unfehlbare Regel oder Weise aufgezeichnet werden kann; ja es wäre auch deshalb nicht sicher, eine zu geben, weil, wenn die Söhne der Finsternis diese folgerichtig angewendete Weise und allgemein giltige Regel voraussähen, sie als Schlinge ihres Verderbens leichter meiden oder auch Vorkehrungen dagegen treffen würden. Es sorge also ein kluger und eifriger Richter dafür, eine Gelegenheit und Weise des Fragens zu entnehmen, sei es aus den Antworten oder Bezeugungen der Zeugen, sei es aus dem, was ihn die Erfahrung sonst gelehrt hat, sei es aus dem, was ihm die Schärfe des eigenen Verstandes enthüllt; unter Benutzung der unten verzeichneten Kautelen. Wenn er nämlich erforschen will, ob (die Hexe) in die Hexenkunst der

Verschwiegenheit gehüllt sei, beachte er, ob sie weinen kann, wenn sie vor ihm steht oder er sie der Folter aussetzt. Dies ist nämlich als das sicherste Zeichen auf Grund der alten Überlieferung von glaubwürdigen Männern und indem die eigene Erfahrung es lehrt, so sehr befunden worden, daß, auch wenn er sie zum Weinen unter Beschwörungen ermahnt und antreibt, sie das, nämlich Tränen vergießen, nicht kann, wenn sie eine Hexe ist. Sie wird freilich weinerliche Laute von sich geben und versuchen, Wangen und Augen mit Speichel zu bestreichen, als wenn sie weinte, bezüglich dessen die Umstehenden vorsichtig aufpassen müssen. Die Art aber, sie zur (Vergießung von) wahren Tränen, falls sie unschuldig ist, zu beschwören und daß sie (falls schuldig), falsche Tränen zurückhält, kann so (wie folgt) oder ähnlich vom Richter oder Presbyter in dem Spruche ausgeführt werden, unter Auflegung der Hand auf das Haupt des oder der Angezeigten: »Ich beschwöre dich bei den bittersten Tränen, die unser Heiland und Herr, Jesus Christus am Kreuze zum Heile der Welt vergossen hat, und bei den brennendsten Tränen der glorreichsten Jungfrau, seiner Mutter selbst, die sie über seine Wunden zur Abendstunde hat fließen lassen, und bei allen Tränen, welche hier in der Welt alle Heiligen und Auserwählten Gottes vergossen haben, von deren Augen (Gott) jetzt jede Träne abgewischt hat, daß du, sofern du unschuldig bist, Tränen vergießt; wenn schuldig, keinesfalls. Im Namen des Vaters und des Sohnes und des heiligen Geistes †. Amen.« – Die Erfahrung hat gelehrt, je mehr sie beschworen wurden, desto weniger konnten sie weinen, während sie sich doch heftig zum Weinen anstachelten und die Wangen mit Speichel anfeuchteten. Möglich jedoch, daß sie später, in Abwesenheit des Richters und außerhalb des Ortes und der Zeit der Tortur vor den Wächtern zu weinen imstande sind.

Fragt man nach der Ursache der Verhinderung des Weinens bei den Hexen, so kann man sagen: weil die Gnade der Tränen bei Bußfertigen den hervorragenden Gaben zugezählt wird, indem Bernardus behauptet, daß eine demütige Träne in den Himmel steige und einen Unbesieglichen besiege, so ist es niemandem zweifelhaft, daß sie auch dem Feinde des Heiles ersichtlich gar sehr mißfällt; daher auch niemand zweifelt, daß er sie mit den äußersten Bemühungen zu verhindern sucht, damit vielmehr am Ende Unbußfertigkeit erzielt werde.

Aber wie, wenn es durch die Schlauheit des Teufels mit Gottes Zulassung geschähe, daß auch eine Hexe weinte, da ja weinen, spinnen und betrügen zur Eigenart der Weiber gehören soll? Es kann geantwortet werden: da Gottes Ratschlüsse verborgen sind, so wäre sie natürlich freizusprechen, wenn sie auf andere Weise, durch gesetzmäßige Zeugen betreffs irgend welcher Indizien der Tat, nicht überführt werden kann, noch auch schwer oder heftig verdächtig ist, und hätte wegen des leichten Verdachtes, in dem sie sich um der Bescholtenheit willen, die die Zeugen ausgesagt haben, befindet, die Ketzerei der Hexen abzuschwören, wie bei der zweiten Art, das Urteil zu fällen, erörtert werden wird.

Die zweite Vorsichtsmaßregel ist nicht nur nach dieser ersten zu beobachten, sondern auch zu jeder Zeit vom Richter und allen Beisitzern zu beachten: daß sie sich von ihr körperlich nicht berühren lassen, besonders an der nackten Verbindungsstelle der Hände und Arme; sondern sie sollen auf jeden Fall am Palmensonntag geweihtes Salz und geweihte Kräuter bei sich tragen. Diese Dinge nämlich, zusammen mit geweihtem Wachs eingewickelt und am Halse getragen, haben, wie sich oben im zweiten Teile des Werkes (im Kapitel) über die Heilmittel gegen angehexte Krankheiten und Mängel ergeben hat, eine wunderbare vorbeugende Wirksamkeit, nicht nur nach den Zeugnissen von Hexen, sondern auch infolge der Praxis und Gepflogenheit der Kirche, die zu diesem Ende derlei exorzisiert und weiht, wie es sich in deren Exorzismen ergibt, wenn es heißt: »Zur Verscheuchung aller Macht des Feindes« etc.

Es möge auch nicht fremdartig erscheinen, (was) bezüglich der Berührung der Gelenke oder Glieder (gesagt ist), weil sie mit Zulassung Gottes bisweilen durch die Berührung, manchmal durch den Blick oder durch das Anhören der von ihnen ausgestoßenen Worte mit Hilfe der Dämonen behexen können; besonders in der Zeit, wo sie dem peinlichen Verhör ausgesetzt werden, wie es uns die Erfahrung lehrt. Wir kennen gewisse in Zitadellen festgehaltene (Hexen), die mit den inständigsten Bitten die Kastellane um nichts weiter baten, als daß ihnen bei der Ankunft des Richters oder eines anderen Vorsitzenden gestattet würde, den ersten Blick des Auges auf den Richter selbst richten zu können, bevor sie von ihm oder anderen gesehen würden, infolge welches Blickes sie es auch erreichten, daß ein solcher Richter oder die anderen, seine Beisitzer, in ihren Herzen so entfremdet wurden, daß sie allen Unwillen, wenn sie welchen gehabt hatten, verloren und sie selbst auf keine Weise zu belästigen unternahmen, sondern sie frei weggehen ließen. Wer es weiß und erfahren hat, legt ein wahres Zeugnis ab. O wenn sie doch derlei nicht bewirken könnten!

Die Richter mögen solche Winke und Mittel nicht geringschätzen, da ihnen die Geringachtung derartiger (Belehrungen) nach so ernsten Ermahnungen zur ewigen Verdammnis ausschlagen wird, nach dem Worte des Heilandes: »Wenn ich nicht gekommen wäre und zu ihnen geredet hätte, hätten sie die Sünde nicht; jetzt aber haben sie keine Entschuldigung für die Sünde.« Sie mögen sich also mit den vorerwähnten (Mitteln) auf Grund der Einrichtung der Kirche schützen, und wenn es bequem geschehen kann, werde sie von hinten hereingeführt, indem sie den Richtern und Beisitzern den Rücken zudreht; und nicht nur in diesem Akte, sondern auch in allen vorhergehenden und folgenden schütze man sich mit dem Zeichen des Kreuzes und greife mannhaft an, wodurch die Kräfte der alten Schlange mit Gottes Hilfe gebrochen werden. Es möge das auch niemand für etwas Abergläubiges ansehen, daß sie rückwärts hereingebracht werden soll, da die Kanonisten, wie oft berührt worden ist, zur Behebung und Hinderung der Behexungen noch Größeres zulassen und sagen, Eitles mit Eitlem zu zerstoßen sei immer erlaubt.

Als dritte Vorsichtsmaßregel im gegenwärtigen elften Akte ist zu beobachten, daß die Haare von jedem Teile des Körpers abrasiert werden; und dabei gilt derselbe Grund, wie oben für das Ausziehen der Kleider. Sie haben nämlich bisweilen zur (Erzielung der) Hexenkunst der Verschwiegenheit irgend welche abergläubige Amulette von gewissen Dingen, sei es in den Kleidern, sei es in den Haaren des Körpers, und bisweilen an den geheimsten, nicht namhaft zu machenden Orten.

Wenn jemand entgegenhalten sollte, ob denn der Teufel ohne derartige Amulette den Sinn der Hexen verhärten könne, daß sie nicht imstande seien, ihre Verbrechen zu gestehen, wie man auch andere Verbrecher häufiger findet, (die) unter noch so großen Folterungen jeder Art, so sehr sie auch durch die Indizien der Tat oder durch Zeugen überführt sind, (nichts gestehen), so wird geantwortet: es ist durchaus wahr, daß der Dämon ohne irgend welche Dinge solche Verschwiegenheit bewirken kann; er bedient sich jedoch jener Dinge zum Verderben der Seele und zu größerer Beleidigung der göttlichen Majestät. Damit dies noch klarer sich ergebe, (sei an folgendes erinnert): Eine gewisse Hexe in Hagenau, von der auch oben, im zweiten Teile des Werkes die Rede gewesen ist, wußte solche Hexenkunst der Verschwiegenheit dadurch zu bewirken, daß ein eben geborenes Kind männlichen Geschlechts, nicht getauft und dazu ein erstgeborenes getötet, im Ofen gebraten und mit anderen Dingen, die ausdrücklich zu nennen nicht frommt, eingeäschert und pulverisiert wurde. Wenn eine Hexe oder ein Verbrecher davon etwas bei sich trug, konnte sie auf keinen Fall ihre Verbrechen gestehen. Hier ist es klar: wenn hunderttausend Knaben verwendet würden, könnten sie aus ihrer natürlichen Neigung heraus niemals eine solche Wirkung (in Gestalt) der Verschwiegenheit verursachen; (der Teufel) bedient sich jedoch (dieses Mittels), wie jedem Einsichtigen klar ist, zum Verderben der Seelen und zur Beleidigung der göttlichen Majestät.

Aber auch das, wenn gesagt wird, daß häufig Verbrecher und keine Hexe eine solche Verschwiegenheit bei sich behalten, (ist zu besprechen, und zwar) ist zu sagen, daß eine solche Verschwiegenheit aus einer dreifachen Ursache hervorgehen kann: erstens aus einer gewissen natürlichen Härte des Geistes; weil, wie manche weich von Herzen oder verzagt sind, daß sie auf eine leichte Folterung alles geständen, auch alles beliebige falsche, manche so hart sind, daß sie noch so sehr bearbeitet werden können – die Wahrheit bekommt man von ihnen nicht; und besonders sind das solche, die schon anderwärts peinlich verhört worden sind. Deren Arme beugen sich ebenso schnell wieder, wie sie ausgezogen werden. Zweitens kommt sie aus einem bei sich behaltenen Hexenmittel, wie gesagt ist, sei es in den Kleidern, sei es in den Körperhaaren versteckt; drittens: mögen sie auch bisweilen keine

Hexenmittel bei sich eingenäht oder angebunden haben, so werden sie doch von anderen Hexen, wenn diese auch noch so weit entfernt sind, behext; wie sich eine gewisse Hexe in Innsbruck zu rühmen pflegte, daß, wenn sie nur wenigstens einen Faden von den Kleidern irgend eines Gefangenen hätte, sie doch bewirken könnte, daß, wie sehr er auch gefoltert würde, selbst bis zum Tode, er nichts gestehen könnte. Daher ist die Antwort auf den Einwurf klar.

Aber wie ist es mit dem Falle in der Diözese Regensburg, der sich in der Weise ereignet haben soll, daß, als gewisse Ketzer, auf Grund ihres eigenen Geständnisses überführt, nicht nur als unbußfertig, sondern sogar als Verteidiger jenes Unglaubens zum Tode verurteilt worden waren, es sich traf, daß sie im Feuer unversehrt blieben? Als sie endlich durch einen anderen Spruch zur Untertauchung verurteilt worden waren, konnte man mit ihnen auch nicht fertig werden, zum Staunen aller, während manche schon versuchten, ihren Glauben als den rechten zu verteidigen. In Aufregung versetzt sagte der Kirchenvorstand der Gemeinde ein dreitägiges Fasten an, nach dessen frommer Abhaltung jemandem bekannt gegeben wurde, daß jene an einer bestimmten Stelle des Körpers, nämlich unter dem einen Arme, ein bestimmtes Hexenmittel zwischen Haut und Fleisch eingenäht hätten. Als man das gefunden und beseitigt hatte, wurden sie sofort vom Brande verzehrt. Andere meinen freilich, ein gewisser Nigromantiker habe es nach Befragung des Dämon, der ihm das angegeben hatte, verraten. Aber auf welche Weise auch immer es geschehen sein mag – es ist wahrscheinlich, daß der Dämon, von göttlicher Kraft gezwungen, dies offenbart habe, während er immer auf den Umsturz des Glaubens hinarbeitet.

Ähnlich kann ein Richter, wenn ihm ein solcher Fall vorkommt, erschließen, was er tun muß: nämlich zum göttlichen Schutz seine Zuflucht nehmen, damit durch Fasten und Gebete frommer Personen diese Art von Dämonen von den Hexen in dem Falle ausgetrieben werde, wo sie weder durch Änderung der Bekleidung noch durch Abscheeren der Haare zum Geständnis der Wahrheit auf der Folter gebracht werden können. Mag nun auch in den deutschen Landen ein solches Abscheeren, besonders an den geheimen Stellen, für durchaus unanständig erachtet werden, aus welchem Grunde auch wir Inquisitoren keinen Gebrauch davon gemacht, sondern mit Gottes Gnade von den meisten die Hexenkunst der Verschwiegenheit entfernt haben, indem wir ihnen nach Abscheerung der Kopfhaare einen Tropfen geweihtes Wachs mit einem Becher oder Pokale Weihwasser mischten und drei Tage lang unter der Anrufung der heiligsten Dreieinigkeit bei nüchternen Magen im Tranke reichten: so befehlen doch in anderen Ländern die Inquisitoren ein solches Abscheeren am ganzen Körper. Daher hat auch der Inquisitor von Como uns wissen lassen, daß er im verflossenen Jahre, welches 1485 war, einundvierzig Hexen habe einäschern lassen, nachdem am ganzen Körper die Haare abrasiert worden waren; und zwar im Bezirk und in der Grafschaft Burbia, im Volksmunde Wormserbad, in der Nachbarschaft des Erzherzogs von Österreich, gegen Mailand zu.

Wenn gefragt wird, ob es erlaubt sei, zur Zeit der Not, da durch keine entsprechenden Mittel das Hexenwerk, wie vorausgeschickt ist, entfernt werden kann, Wahrsagerinnen wegen der Beseitigung eines solchen Hexenwerkes um Rat zu fragen, die auch Behexungen zu heilen und zu beheben pflegen, so lautet die Antwort: Was es auch immer mit dem in Regensburg ausgeführten Geschäfte sei, wir ermahnen im Herrn, daß in keinem noch so dringenden Falle zum Besten des Staates Wahrsagerinnen befragt werden, und zwar wegen der großen Beleidigung der göttlichen Majestät, da uns so viele andere Mittel gestattet sind, durch die wir auf jeden Fall erreichen können, sei es in der eigentlichen, sei es in einer gleichwertigen Form des Gewünschten, so daß auf jeden Fall die Wahrheit erfahren wird, sei es aus ihrem Munde, daß sie eingeäschert werden kann, sei es, daß sie Gott aus dem Wege schafft, indem er einen anderen Tod bei ihr zuläßt.

Folgende Mittel aber werden uns vorgelegt: Erstens, daß der Mensch das tut, was er aus eigenem Fleiße und auf Grund der Übung seiner Kräfte vermag, indem man die oben berührten Weisen mehrmals und besonders an bestimmten Tagen befolgt, wie sich schon in der folgenden Frage ergeben wird; Korinther II, 9: »Daß ihr reich seid an allerlei guten Werken.« – Zweitens, daß, wenn dies versagt, man um Rat zu holen sich an andere Leute wendet, die ihm vielleicht ein

Heilmittel zuteil werden lassen, an das er niemals gedacht hatte, darum daß es verschiedene Mittel zur Behebung von Behexungen gibt. – Drittens, wenn das Vorerwähnte versagt, nehme man seine Zuflucht zu frommen Personen, nach jenem Worte Ecclesiasticus XXXVII: »Sei beständig mit einem heiligen Manne zusammen, wer es auch sei, von dem du weißt, daß er die Furcht vor Gott beachtet.« Desgleichen sollen die Heiligen im Lande angerufen werden. Wenn das alles versagt, nehme der Richter und das ganze Volk seine Zuflucht unmittelbar zu Gott mit Fasten und Gebeten, damit durch seine Liebe eine solche Hexenkunst beseitigt werde; so, wie Josaphat Chronika II, 20 (es tat): »Da wir nicht wissen, was wir tun sollen, haben wir allein die Zuflucht, daß wir unsere Augen auf dich richten. Denn Gott wird uns ohne Zweifel in unseren Nöten nicht im Stich lassen.« Daher (sagt) auch Augustinus, und zwar steht es XXVI, qu. 7: »Wollt ihr nicht aufmerken? Wer diese und sonst welche Weissagungen oder Schicksalsfügungen oder Vogelzeichen beobachtet oder beachtet, oder denen, die sie beobachten, beistimmt, oder solchen glaubt, indem er nämlich mit der Tat sich danach richtet, oder in ihr Haus geht, oder sie in sein Haus führt, oder sie befragt, der wisse, daß er gegen den christlichen Glauben und die Taufe gefrevelt hat und als Heide und Apostat und Gottes Feind den Zorn Gottes auf ewig schwer auf sich zieht, wenn er nicht, durch kirchliche Buße gebessert, mit Gott versöhnt wird.«

Ein Richter versäume also nicht, nach dem Vorausgeschickten sich immer der erlaubten Mittel und schließlich der unten aufgezeichneten Vorsichtsmaßregeln zu bedienen.

Sechzehnte Frage

Von der Zeit und zweiten Art des Verhöres. Zwölfter Akt. Über die schließlichen Vorsichtsmaßregeln, die der Richter beobachten muß

Außer dem Vorausgeschickten ist noch einiges zu bemerken. Erstens, daß (die Hexen) an besonders heiligen Tagen und während der Feier der Messe zu verhören sind, so daß auch das Volk ermahnt wird, die göttliche Hilfe im allgemeinen anzuflehen, ohne besondere Angaben, außer daß die Heiligen gegen gewisse Beunruhigungen durch die Dämonen angerufen werden. Zweitens, daß das, was oben vom Salze und anderen geweihten Dingen berührt worden ist, samt den sieben Worten, die Christus am Kreuze aussprach, auf einen Zettel geschrieben und zusammengebunden ihr an den Hals gebunden werde. Die Länge Christi werde ihr aus geweihtem Wachs auf den bloßen Leib gegürtet, wenn man die Länge selbst bequem haben kann. Die Erfahrung hat gelehrt, daß sie durch diese Dinge auf wunderbare Weise belästigt werden und kaum an sich halten; besonders aber gilt dies von den Reliquien der Heiligen.

Wenn dies so geordnet und Weihwasser im Tranke gereicht ist, werden wiederum Vorbereitungen zum peinlichen Verhör getroffen, unter fortwährender Ermahnung wie vorher. Während sie aber vom Fußboden hochgehoben wird, wenn sie in solcher Weise gefoltert wird, lese der Richter die Aussagen der Zeugen mit Angabe der Namen vor, oder lasse sie vorlesen; indem er sagt: »Siehe, durch die Zeugen bist du überführt!« Desgleichen wenn die Zeugen sich Auge in Auge vorstellen wollen, frage der Richter, ob sie gestehen wolle, wenn sich die Zeugen sich ihr ins Gesicht zeigten? Wenn sie zusagt, dann wären die Zeugen hereinzuführen und vor ihr aufzustellen, ob sie vielleicht in Schamröte oder aus Ehrfurcht etwas gestehen möchte. Schließlich, wenn er sieht, daß sie ihre Schandtaten nicht enthüllen will, wird er sie fragen, ob sie sich zum Beweise ihrer Unschuld dem (Gottes)urteil des glühenden Eisens unterziehen wolle; und weil dies alle wünschen, da sie wissen, daß sie durch die Dämonen vor einer Verletzung bewahrt werden, woher man auch erkennt, daß sie wirklich Hexen sind, so wird der Richter erwidern, mit welcher Frechheit sie sich so großen Gefahren aussetzen könne; und alles werde aufgeschrieben. Daß aber jenes Gottes(urteil) mit dem glühenden Eisen ihnen nicht zu gestatten sei, wird sich weiter unten ergeben.

Der Richter möge auch beachten, daß sie beim Verhör am sechsten Feiertage2, besonders so lange bis das Läuten um des Verscheidens unseres Heilandes willen geschieht, oft gestanden haben.

Aber weil es nötig ist, daß wir bezüglich des Äußersten, d. h. eines vollständigen Leugnens vorgehen, so soll der Richter, wenn sie darin beharrt, sie losbinden (lassen) und sich noch der folgenden Vorsichtsmaßregeln bedienen: Beim Hinausführen aus dem Strafgefängnis in ein anderes, jedoch gut gesichertes zur Bewachung hüte er sich durchaus, sie auf irgend eine Weise gegen Kaution oder Bürgschaft oder sonst wie ein Gutsagen für sie beschließe, freizugeben, weil von solchen gegen Bürgschaft freigegebenen die Wahrheit niemals erlangt wird, im Gegenteil sie immer schlechter werden.

Aber dafür sorge er zuerst, daß sie menschlich mit Speise und Trank bedacht wird und bisweilen ehrenwerte, nicht verdächtige (Männer zu ihr) hineinkommen, die sich auch häufig über verschiedene Dinge von dem, was sie angeht, mit ihr unterhalten und endlich im Vertrauen raten sollen, sie möchte die Wahrheit gestehen, wobei sie ihr versprechen, daß der Richter ihr Gnade angedeihen lassen werde und sie gleichsam Vermittler sein wollen. Zu diesem Ende soll der Richter eintreten und ihr versprechen, Gnade walten zu lassen, wobei er entweder an sie oder aber an das Gemeinwesen denkt, zu dessen Erhaltung alles, was geschieht, dankenswert ist. Wenn er ihr aber bezüglich des Lebens Versprechungen macht, was oben in der vierzehnten Frage über die drei Weisen berührt worden ist, so werden die Einzelheiten vom Notar aufgeschrieben, und zwar unter welcher Form und Absicht der Worte die Gnade versprochen worden ist. Und wenn die Ange-

2 Karfreitag

zeigte auf diese Weise um Gnade gebeten und Tatsachen enthüllt hat, sollen allgemeine Redensarten gemacht werden, (wie z. B .) es werde ihr mehr werden als sie selbst erbeten habe; zu dem Ende, daß sie mit größerer Vertrauensseligkeit rede.

Die zweite Vorsichtsmaßregel in diesem Akte ist, daß, wenn sie die Wahrheit durchaus nicht hat entdecken wollen, der Richter ihre Mitschuldigen ohne ihr Wissen verhört, und wenn sie etwas derartiges ausgesagt haben, wodurch sie überführt werden könnte, so lege der Richter das vor und untersuche eifrig wegen der einzelnen Punkte. Zu demselben Zwecke sollen ihr die Werkzeuge oder Salben und Büchsen, die sich etwa im Hause gefunden haben sollten, gezeigt (und sie gefragt) werden, wozu sie sie gebraucht habe etc.

Die dritte Vorsichtsmaßregel: Wenn sie immer noch in ihrer Verstocktheit verharrt und er ihre Mitschuldigen verhört hat, die gegen und nicht für sie ausgesagt haben, oder auch wenn er dies nicht getan hat dann besorge er einen anderen, vertrauenswürdigen Mann, von dem er weiß, daß er der in Haft Gehaltenen nicht unangenehm ist, sondern gleichsam ihr Freund und Gönner, der an irgend einem Spätabend bei der Hexe eintritt, die Gespräche hinzieht und schließlich, wenn er nicht zu den Mitschuldigen gehört, vorgibt, es sei viel zu spät zur Rückkehr, und im Gefängnis bei ihr bleibt, wo sie dann in der Nacht in gleicher Weise miteinander sprechen. Wenn er aber zu den Mitschuldigen gehört, dann besprechen sie sich auch unter Essen und Trinken über die begangenen Dinge; und dann sei angeordnet, daß außerhalb des Gefängnisses an einer geeigneten Stelle Aufpasser stehen, die sie aushorchen und ihre Worte sammeln; und wenn es nötig sein sollte, sei ein Schreiber bei ihnen.

Die vierte Vorsichtsmaßregel besteht darin, daß, wenn sie beginnt, die Wahrheit zu sagen, der Richter auf keinen Fall die Entgegennahme ihres Bekenntnisses halbiert, selbst mitten in der Nacht, sondern so viel er kann damit fortfährt; und wenn es am Tage geschieht, so kümmere er sich darum, wenn er das Frühstück oder das Mittagsbrot hinausschieben muß, sondern bleibe dabei, bis sie die Wahrheit gesagt hat, wenigstens in den Hauptsachen. Denn durch die Teilungen und Unterbrechungen hat es sich häufiger gezeigt, daß sie zum Leugnen zurückkehren und die Wahrheit nicht enthüllen, welche sie zu entdecken begonnen hatten, nach Abhaltung einer gar schlechten Beratung.

Der Richter beachte auch, daß er nach dem Geständnis der Menschen oder Tieren angetanen Schädigungen nachforsche, seit wie viel Jahren sie einen Incubus-Dämon gehabt und seit wie langer Zeit sie den Glauben abgeleugnet habe, weil sie ebenso auf jeden Fall auch am Ende darüber zu befragen sind, wie sie über diese Punkte niemals ein Geständnis ablegen, wenn sie nicht erst das andere gestanden haben.

Die fünfte Vorsichtsmaßregel: Wenn alles Vorgenannte versagt, dann werde sie, wenn es geschehen kann, nach einer Zitadelle gebracht, und wenn sie dort einige Tage zur Bewachung überwiesen ist, stelle sich der Kastellan, als wollte er nach fernen Gegenden reisen, und inzwischen sollen einige Freunde oder auch ehrbare Frauen sie besuchen und ihr versprechen, sie wollten sie gänzlich frei abziehen lassen, wenn sie sie nur über gewisse Experimente belehren wollte. Der Richter beachte, daß sie sehr oft auf diese Weise gestanden haben und überführt worden sind. Ganz kürzlich ward eine Hexe in der Diözese Straßburg, nahe bei der Stadt Schlettstadt, im Schlosse Königsheim festgehalten, die durch keine Folterungen und peinlichen Verhöre dazu gebracht werden konnte, ihr Verbrechen zu gestehen. Endlich, als der Kastellan die oben erwähnte Weise befolgte, der freilich im Schlosse anwesend war, während ihn die Hexe jedoch abwesend wähnte, traten drei Freunde bei ihr ein und versprachen ihr freie Loslassung, wenn sie sie nur über gewisse Experimente belehrte. Wiewohl sie es beim ersten Male abschlug und ihnen vorwarf, daß sie hinterlistig mit ihr umgingen, fragte sie doch endlich, worüber sie belehrt sein wollten. Da sagte der eine, über die Erregung von Hagelschlag, der andere über fleischliche Taten; und als sie schließlich jenen über den Hagel belehren wollte und die Hexe, nachdem eine mit Wasser gefüllte Schüssel herbeigebracht worden war, sich angeschickt hatte, daß sie mit dem Finger das Wasser ein wenig umrührte, und sie selbst gewisse Worte ausgestoßen hatte, erfüllte den Ort, den der Neugierige genannt hatte, nämlich den am Schlosse anliegenden Wald, ein solcher Sturm und Hagel, wie es seit vielen Jahren nicht gesehen worden war.

Was in dem Falle jedoch, wo alles versagt, oder auch in dem Falle, wo sie die Verbrechen gesteht, der Richter weiterhin zu tun habe, damit der Prozeß durch den Urteilsspruch beendigt werde, worin der letzte Teil dieses Werkes beschlossen wird, ist noch zu erklären übrig.

Es folgt der dritte Teil dieses letzten Teiles des Werkes. Wie dieser Glaubensprozeß vermittelst des endgiltigen Urteilsspruches mit dem gebührenden Ende zu beschließen sei.

Nachdem dies durch Gottes Gnade erledigt ist, was zur Erkenntnis der Eigenheiten betreffs der Hexenketzerei dient, zugleich auch, wie der Glaubensprozeß gegen jene zu beginnen und fortzusetzen ist, bleibt jetzt noch zu erörtern, wie ein solcher Prozeß vermittelst des gebührenden Urteilsspruches mit dem passenden Ende zu beschließen sei; wobei erstens zu beachten ist, daß, da diese Ketzerei, wie im Anfang dieses letzten Teiles berührt worden ist, dies vor anderen einfachen Ketzereien voraus hat, daß sie nicht rein, sondern gemischt aus einem geistlichen und einem weltlichen Verbrechen ist, wie an sich klar ist – daß deshalb, wenn von den Arten, das Urteil zu fällen, die Rede ist, erstens zu handeln ist von einem gewissen Urteilsspruch, an den die Hexen zu appellieren pflegen, worüber der weltliche Richter für sich, ohne Hinzuziehung des Ordinarius, handelt; zweitens darüber, wobei er ohne Ordinarius nicht handeln kann; und also wird sich drittens ergeben, in welcher Weise sich die Ordinarien entlasten können.

Siebzehnte Frage

Über die gewöhnliche Reinigung und besonders über die Probe mit dem glühenden Eisen, an welche die Hexen appellieren

Ob aber die Hexe mit der gewöhnlichen Reinigung, von der II, qu. 4 consuluisti und c. monomachiam (die Rede ist), versuchsweise bezüglich des Anklagezustandes zu reinigen und durch den weltlichen Richter dazu zu zwingen oder zum (Gottes)urteil mit dem glühenden Eisen zugelassen sei, wenn sie daran appelliert? Es scheint, ja. Denn wie der Zweikampf zur Erhaltung des Lebens recht eigentlich in einem Kriminalfalle oder zur Erhaltung seines Besitzes in einem Zivilfalle angeordnet wird, so auch das (Gottes)urteil mit dem glühenden Eisen durch Berühren oder mit dem wallenden Wasser durch Trinken. Aber ersteres ist in einem gewissen Falle erlaubt, nach dem heiligen Thomas, II, qu. 95, am Ende des letzten Artikels, wo er sagt, daß der Zweikampf dann erlaubt sein kann, wenn er sich dem allgemeinen Verhältnis der Orakelsprüche nähert. Also ist auch in einem gewissen Falle das Urteil mit dem glühenden Eisen erlaubt.

Desgleichen (haben es) viele Fürsten von frommem Wandel, die sich des Rates der Guten bedienten, (so gehalten,) wie der fromme Kaiser Heinrich es gegenüber seiner Gattin, der Jungfrau Kunigunde, handhabte, die er im Verdachte des Ehebruchs hatte.

Desgleichen, wie der Richter, der die Sorge um ein Gemeinwesen hat, erlaubterweise kleinere Übel zulassen kann, um schlimmere zu vermeiden, wie z. B. die Huren in den Städten, damit nicht alles von Lüsten in Verwirrung gebracht wird, nach Augustinus im Lib. Arbitrium: »Beseitige die Huren, und du wirst alles durch die Lust in Verwirrung stürzen«; so auch, wenn jemand von den Angriffen und Beleidigungen irgend eines Gemeinwesens um einer Kriminal- oder Zivilsache willen durch ein solches Urteil befreit werden könnte.

Desgleichen, weil die Verletzung der Hände durch glühendes Eisen weniger ist als die Vernichtung des Lebens durch den Zweikampf, deshalb, wenn der Zweikampf zugelassen wird, wo es als Sitte gilt, a fortiori auch die Probe mit dem glühenden Eisen.

Dagegen steht II, qu. 5, monomachiam, wo es heißt: »Die dem und derartigem nachjagen, scheinen Gott zu versuchen«. Dabei, sagen die Gelehrten, muß man beachten, daß, weil man sich nach dem Apostel, Thessalonicher I, 5, nicht nur des Bösen enthalten muß, sondern auch dessen, was den Schein des Bösen hat, es deshalb in jenem c. nicht heißt, »alle, die dem nachjagen, versuchen Gott«, sondern »scheinen zu versuchen«, damit man einsehe, daß, gesetzt den Fall, jemand, der solches ausübt, erstrebte damit ein anderes Ziel, vielleicht ein richtiges, man sich doch davor hüten muß, weil der Anschein schlecht ist.

Ich antworte: Daß ein solches Urteil oder eine solche Probe, besonders mit dem glühenden Eisen, unerlaubt sei, wird aus zwei (Gründen) hergeleitet; erstens, weil sie zur Beurteilung verborgener Dinge angeordnet werden, die dem göttlichen Urteil vorbehalten bleiben; zweitens auch, weil ein derartiges Urteil nicht von göttlicher Autorität noch auch von Dokumenten der heiligen Väter gestützt ist. Daher heißt es im c. consuluisti, II, qu. 5: »Was nicht durch Dokumente der heiligen Väter gestützt ist, muß als abergläubische Erfindung genommen werden«; und Papst Stephan sagt in demselben c.: »Auf grund freiwilligen Geständnisses oder des Beweises durch Zeugen ist es unserem Regimente gegeben, Delikte zu beurteilen; Verborgenes jedoch und Unbekanntes ist dem zu überlassen, der allein die Herzen der Menschen kennt«.

Es besteht jedoch ein Unterschied zwischen dem Zweikampfe und der Probe mit dem glühenden Eisen oder auch dem Trinken von wallendem Wasser, weil die Zweikämpfe sich mehr dem allgemeinen Verhältnis der Orakelsprüche nähern, da ja (z. B.) die Faustkämpfer völlig gleich an Kunst und Kraft sind, als die Probe mit dem glühenden Eisen. Mag also auch beides zur Erforschung irgend einer verborgenen Tat vom Menschen durch irgend eine Tat angeordnet werden, so ist doch, weil im Urteil mit dem glühenden Eisen ein gewisser wunderbarer Erfolg erwartet wird, was beim Zweikampfe nicht zutrifft, wo nur die Tötung des einen oder beider eintritt, jene Probe durchaus unerlaubt, während der Zweikampf nicht so unerlaubt ist. Gelegentlich jedoch ist sie wegen der Fürsten und weltlichen Richter außer dem Zweikampf zuzulassen.

Beachte, daß gelegentlich dieser Worte des heiligen Thomas, der diese Unterscheidung aufstellt, Nicolaus de Lyra in seiner Postille über die Bibel, Könige I, 17, auch bei Gelegenheit des Zweikampfes oder Streites zwischen David und dem Philister erschließen will, daß in einem bestimmten Falle der Zweikampf erlaubt sein könnte. Daher beweist Paulus von Bordeaux gegen den vorgenannten Nicolaus, daß dies nicht nach dem Sinne des Doktor Thomas, sondern vielmehr entgegengesetzt sei; dessen Beweis die Fürsten und weltlichen Richter wohl beachten mögen. Erstens (beweist er es) damit, daß der Zweikampf sowie eine andere Probe zur Beurteilung verborgener Dinge angeordnet wird, was, wie oben berührt worden ist, dem göttlichen Ratschluß vorbehalten bleibt. Auch kann man nicht sagen, daß er infolge des Streites Davids eingesetzt worden sei, da diesen vom Herrn durch einen inneren Instinkt eröffnet worden war, daß er in einen solchen Kampf gehen sollte, und zwar weil er die ihm angetane Beleidigung durch ihn an dem Philister rächen wollte, wie man aus Davids Worten entnimmt: »Ich komme gegen dich im Namen des lebendigen Gottes«. Und so war es nicht eigentlich ein Duellant, sondern ein Ausführer der göttlichen Gerichtsbarkeit.

Zweitens (wird es) damit (bewiesen), daß die Richter besonders darauf achten, daß im Zweikampfe beiden die Fähigkeit gegeben oder wenigstens die Möglichkeit gestattet wird, sich gegenseitig zu töten; und da einer von beiden unschuldig ist, wird also die Befugnis oder wenigstens die Möglichkeit gewährt, einen Unschuldigen zu töten; und da dies schlechthin unerlaubt ist, weil das gegen das Wort des Naturgesetzes und gegen das göttliche Gebot ist, daher ist es durchaus unerlaubt, sowohl von Seiten des Appellanten, als dessen, der es annimmt, als auch dessen, der darüber urteilt und derer, die dazu raten; die alle für Totschläger erachtet werden.

Drittens (wird es) damit (bewiesen), daß, da der Zweikampf eine Einzelschlacht von zweien ist, daß durch den Sieg das Recht des einen und das Unrecht des anderen, wie durch ein göttliches Urteil an den Tag komme, wobei nicht im Wege steht, daß Gott dann versucht wird, daher (der Zweikampf) von Seiten des Appellanten und dessen, der ihn annimmt, zu etwas Unerlaubtem wird. Da jedoch die Richter selbst durch andere Mittel ein gerechtes Urteil oder Beendigung des Streites bewirken können, so stimmen sie natürlich der Tötung eines Unschuldigen zu, wenn sie das nicht tun, sondern (zum Zweikampfe) raten oder ihn gar erlauben, während sie ihn verhindern könnten.

Weil es aber nicht wahrscheinlich ist, daß dem Postillenverfasser Nicolaus dies entgangen sei oder es nicht gewußt habe, so spricht er da, wo er sagt, in einem gewissen Falle könne ein Zweikampf ohne Todsünde begangen werden, vom Standpunkte derer, die urteilen und raten, wo nicht auf ihre Anregung oder ihren Rat hin, sondern durch den Appellanten und den, der es annimmt, selbst eine solche Probe abgehalten wird, ohne andere Beziehung.

Und weil es nicht zu unserer Untersuchung gehört, bei diesen Dingen zu verweilen, sondern von den Hexen selbst zu handeln, so ergibt sich klar: wenn in anderen Kriminalsachen, bei Diebstahl oder Raub, eine solche Probe verboten ist, wieviel mehr hier, wo es feststeht, daß die Hexen alle Behexungen mit Hilfe der Dämonen besorgen, sei es bei der Zufügung, sei es bei der Heilung, sei es bei der Behebung, sei es bei der Verhinderung von Verletzungen. Es ist auch nicht wunderbar, daß die Hexen durch die Hilfe der Dämonen vor Verletzungen bei einer solchen Probe bewahrt werden, da, wie die Naturforscher lehren, der Saft eines gewissen Krautes, wenn die Hände damit eingesalbt werden, sie vor Verbrennung bewahren kann; und da dem Dämon selbst die Kräfte der Kräuter durchaus nicht verborgen sind, so könnte er, zugegeben, daß er die Verletzung durch Dazwischenlegen irgend eines Körpers zwischen die Hände der (das Eisen) tragenden Person und das Eisen selbst nicht unterbände, wie er es unsichtbar tun kann, dies doch durch derartige natürliche Eigenschaften der Dinge bewirken. Daher sind die Hexen weniger als jedwede andere Missetäter, wegen der intimen Beziehung, die sie mit den Dämonen unterhalten, durch solche Probe zu reinigen, sondern sind schon durch die bloße Tatsache, wenn sie daran appellieren, für verdächtige Hexen zu halten.

Es dient hierzu eine Tatsache, die sich in der Diözese Konstanz vor Ablauf von kaum drei Jahren zugetragen haben soll. In der Herrschaft der Grafen von Fürstenberg nämlich, (sie grenzt an den Schwarzwald), war eine berüchtigte und bei den Einwohnern sehr übel beleumdete Hexe. Als sie auf das Drängen der meisten hin von dem Grafen ergriffen und wegen sehr vieler Indizien bezüglich verschiedener Behexungen angezeigt worden war und endlich bei Folterungen und peinlichen Verhören befragt wurde, appellierte sie in dem Wunsche, den Händen aller zu entgehen, an die Probe mit dem glühenden Eisen. Der junge Graf, der in solchen Dingen noch nicht viel Erfahrung hatte, ließ die Probe zu, und während sie verurteilt worden war, das glühende Eisen nur drei Schritte zu tragen, trug sie es sechs und erbot sich, es von neuem eine noch längere Strecke zu tragen. Infolgedessen wurde sie, während sie es offenbar in der Hand gehabt hätten, sie nach dem Indizium der Hexerei zu verurteilen, weil keiner von den Heiligen den göttlichen Beistand so zu versuchen gewagt hätte, trotzdem von den Fesseln befreit und lebt unversehrt bis heute, nicht ohne durchaus dem Glauben der Lande ein Ärgernis zu sein.

Achtzehnte Frage

Von dem endgiltigen Urteilsspruche an sich und wie er zu fällen ist

In der Folge (kommen wir) zur Behandlung dessen, wobei der weltliche Richter für sich erkennen und das Urteil fällen kann, während die Diözesanen, wenn es beliebt, entlastet bleiben. Gerade dies nämlich setzen wir voraus, daß gerade wir Inquisitoren selbst, unbeschadet des Glaubens und der Gerechtigkeit, von jenen Arten, das Urteil zu fällen, entlastet seien; aber mit derselben Aufrichtigkeit wünschen wir, daß auch die Diözesanen entlastet sein möchten, ohne ihre Befugnis und Gerichtsbarkeit im geringsten zu beschneiden; wollten sie jedoch davon Gebrauch machen, so wäre es nach c. multorum querela, de haeret. bei Clemens nötig, daß auch wir Inquisitoren in gleicher Weise mitwirkten. Sie mögen jedoch beachten, daß, weil dieses Verbrechen der Hexen kein rein geistliches ist, es daher auch den weltlichen Mächten und Herren nicht untersagt ist, zu urteilen und den Spruch zu fällen, wie es im c. ut inquisitionis, § prohibemus, de haeret. 1, VI steht. Bei welchen jedoch die vorgenannte Macht, ohne die Diözesanen zu entscheiden und zu erkennen ...

Aber zuerst muß man bezüglich des Urteilsspruches an sich zusehen, zweitens, wie er zu fällen ist und drittens, auf wie viele Arten.

Zum ersten. Da wir nach Augustinus II, qu. 1, c. 1 gegen wen auch immer kein Urteil fällen können, außer wenn er überführt ist oder freiwillig gestanden hat, und der Urteilsspruch dreifach ist, wie die Glossa summaria am Anfang der Frage sagt, nämlich Zwischenspruch, endgiltig und vorschriftlich – und zwar sagt Raymundus zur Erklärung: »Zwischenspruch heißt derjenige Spruch, welcher nicht bezüglich der Hauptpunkte, sondern bezüglich anderer Fragen vorgebracht wird, die zwischen dem Anfang und Ende der Sache auftauchen; wie z. B. bezüglich der Zurückweisung eines Zeugen, oder bezüglich der Gewährung oder Verweigerung eines Aufschubs und derartigem.

Oder vielleicht heißt er Zwischenspruch (interlocutoria), weil er vorgebracht wird, indem zwischen den Parteien gesprochen wird (inter partes loquendo), ohne die Feierlichkeit schriftlicher Aufzeichnung. Endgiltig aber heißt der Spruch, wenn die Hauptfrage damit beendigt wird, ff. de re iud. 1. I.

Vorschriftlich heißt der Spruch, wenn dabei ein Größerer einem Kleineren Vorschriften macht« – so wird folglich unsere Untersuchung auf die ersten beiden sich erstrecken, besonders auf den endgiltigen Urteilsspruch.

Zweitens ist zu bemerken, daß zwar in der vorgenannten Glosse gesagt wird, daß, wenn der endgiltige Urteilsspruch mit Außerachtlassung der Ordnung des Rechtes gefällt worden ist, er auf Grund Rechtens keiner ist, II, qu. 6, Si quando, § diffinitiva; und später gesagt wird: »Wisse, daß die Ordnung des Rechtes doppelt ist: eine, die der notwendigen Substanz der Gerichte entspricht, daß nämlich eine förmliche Einleitung des Streites stattfindet und Zeugen angenommen werden; wird der Spruch gegen diese Ordnung gefällt, so hält er nicht. Die andere Ordnung ist die, welche nicht der Substanz der Gerichte entspricht, daß nämlich der Spruch nicht bedingungsweise gefällt wird und daß er nicht eher bezüglich der Besitzergreifung als bezüglich des Eigentumsrechtes verkündigt wird: wenn das jedoch nicht gewahrt bleibt, hält der Spruch, wie es II, qu. 6, Anteriorum, § biduum heißt« –: in dieser Sache jedoch, die ja eine Sache des Glaubens und ein Verbrechen der Ketzerei ist, wenn auch gemischt, wird summarisch, einfach und ohne Umstände vorgegangen, wie es sich im c. statuta, 1. VI ergibt; und wie diese Worte verstanden werden, findest du oben in der sechsten Frage; und wenn dort hergeleitet wird, daß der Richter nicht notwendig eine Klageschrift fordern, keine feierliche Einleitung des Prozesses verlangen solle etc., so folgt doch, daß er die notwendigen Beweise zulasse, desgleichen Vorladungen, eidliche Verwahrung (gegen den Verdacht) der Verleumdung etc. Daher wird auch die andere Art vorzugehen schon durch das neue Recht erklärt. – Bezüglich des zweiten Punktes aber, wie der Urteilsspruch zu fällen sei, beachte, daß er vom Richter und nicht von einem anderen vorgebracht werden muß; sonst gilt er nicht. Ebenso an einem öffentlichen, und zwar anständigen Orte; auch im Sitzen, wie es III, qu. 3 induciae § spacium heißt; und ebenso am Tage und nicht in der Finsternis; und so bezüglich vieler Punkte, die dort angemerkt sind. Dann auch (beachte), daß, wenn dort steht, der Spruch solle nicht an Festtagen und nicht schriftlich vorgetragen werden: dazu zu bemerken ist, daß, weil hier summarisch, einfach und ohne Umstände vorgegangen wird, wie oben berührt worden ist, und es über die Bedeutung der Worte im c. saepe contingit bei Clemens heißt, daß man zurzeit der Festtage, um der Bedürfnisse der mit Indult versehenen Menschen rechtskräftig vorgehen könne und der Richter Aufschub abschneiden solle, der Richter folglich, wenn es ihm beliebt, jene Punkte beachten kann. Er ist auch nicht gehalten, das Urteil schriftlich vorzutragen, da es nach Johannes Andreä mehrere Fälle gibt, in denen das Urteil ohne schriftliche Abfassung gilt; und zwar zählt er darunter die Gewohnheit des Ortes oder Gerichtshofes, dist. XI, consuetudinis. Ein Bischof kann auch, wenn er Richter ist, durch einen andern das Urteil verlesen lassen, nach dem Muster berühmter Männer.

Desgleichen beachte, daß zwar in Kriminalhandlungen die Vollstreckung des Urteilsspruches nicht aufgeschoben werden soll; diese (Regel) versagt jedoch in bestimmten Fällen, besonders in vier, aber für den vorliegenden Stoff werden (nur) zwei angenommen: erstens, wenn der Spruch über eine schwangere Frau gefällt worden ist, wird er bis zurzeit der Niederkunft aufgeschoben, ff. de re iud. l. praegnantis. Desgleichen, wenn jemand das Verbrechen gestanden hat und später leugnet; verstehe, wenn das Geständnis vorher nicht wiederum wiederholt worden ist, in der Weise, wie es oben in der fünfzehnten Frage berührt worden ist.

Bezüglich des dritten aber, auf wie viele Weisen nämlich (das Urteil) zu fällen sei, ist jetzt jedoch, weil wir in der Folge bis zum Schluß des Werkes darüber handeln werden, einiges über die Arten vorauszuschicken, auf welche eine angezeigte Person verdächtig wird, darum daß bezüglich der verschiedenen Verdächtigungen auch verschiedene Urteilssprüche zu fällen sind.

Neunzehnte Frage

Auf wie viele Weisen Verdacht geschöpft wird, um einen Urteilsspruch fällen zu können

Wenn gefragt wird, auf wie viele und was für Arten (die Angeklagten) der Ketzerei oder eines anderen Verbrechens verdächtig zu nennen und ob sie in einem solchen Falle für so ein Verbrechen danach zu richten und zu verurteilen sind, so ist sowohl nach dem alten als auch nach dem neuen Gesetz zu antworten. Die Glosse zu dem in der vorhergehenden Frage zitierten c. nos in quemquam nämlich sagt, daß es vier Arten gibt, den Angeklagten zu überführen, entweder nämlich durch das Recht, wie z. B. (Folter-)Werkzeuge und Zeugen, oder durch Evidenz der Tat, extra de cohab. cle. c. tua, oder durch Auslegung des Rechtes, z. B. daß der Angeklagte öfters vorgeladen worden sei, III, qu. 9, decrevimus, oder durch heftigen Verdacht, XXXII, qu. 1, dixit. Es bemerken auch die Kanonisten, daß der Verdacht dreifach ist; der erste ist unbedacht. Über ihn sagt der Kanon: »Verurteilt niemanden auf grund der Willkür des Verdachtes, II. qu. I, primo. Der zweite ist der wahrscheinliche und zieht die (Forderung der) Reinigung nach sich; nicht aber der erste, wie es II, qu. 4, presbyter, heißt. Der dritte ist der heftige, der die Verurteilung nach sich zieht, und von dem gilt das Wort des Hieronymus, daß eine Frau entlassen werden kann wegen Hurerei oder wegen des Verdachtes der Hurerei, XXXII, qu. 1, dixit.

Beachte überdies, daß der zweite, welches der wahrscheinliche ist, zum halbvollen Beweise zugelassen wird, wie es extra de praesumpt. in multis heißt. Daher hilft er mit zum Beweise, wenn noch andere Stützen vorhanden sind; weshalb er nicht bloß zur Auferlegung der Reinigung zugelassen wird.

Bezüglich des heftigen (Verdachtes), der zur Verurteilung genügt, bemerke auch, daß er zweifach ist, indem einer » juris« und der andere » de jure« sein kann. (Letzterer liegt vor,) wenn das Recht auf grund einer Tatsache etwas annimmt und festsetzt; und gegen diesen wird kein Beweis zugelassen, extra de sponsa, nee qui fidem, wo es heißt, daß, wenn jemand einer Frau seih Wort gegeben hat, die Ehe mit ihr schließen zu wollen und später die Verbindung erfolgt, man annimmt, die Ehe sei geschlossen; ein Beweis für das Gegenteil wird nicht zugelassen. Der andere (Beweis) ist » iuris«, aber nicht » de jure«, wie z. B. wenn das Recht etwas annimmt, aber nicht festsetzt, wie z. B. wenn ein Mann lange mit einer Frau zusammengewohnt hat, angenommen wird, daß sie von ihm erkannt worden ist, XXX, qu. 1, dixit; und dagegen wird der Beweis zugelassen.

Unter Anwendung auf unser Vorhaben bezüglich der Ketzerei der Hexen und des neuen Rechtes sagen wir, daß im Gesetz ein dreifacher Verdacht bezüglich des Verbrechens der Ketzerei gilt: der erste ist mäßig, der zweite groß, der dritte sehr groß. Der erste, welches der mäßige ist, heißt im Gesetz leichter Verdacht. So steht es im c. accusatus, de haeret. 1. VI am Anfang, wo es heißt: »Wenn aber jener Verdacht leicht und mäßig gewesen ist, so ist zwar (der Angeklagte) infolge dessen schwer zu bestrafen, aber er darf nicht mit der Strafe derer bestraft werden, die in die Ketzerei zurückverfallen sind; und zwar heißt dieser Verdacht deshalb mäßig oder leicht, einmal weil er durch eine mäßige und leichte Verteidigung behoben wird, und dann, weil er aus mäßigen und leichten Vermutungen entsteht. Daher heißt er mäßig nach den mäßigen Indizien, und er heißt leicht von den leichten Vermutungen«; wenn nämlich z. B. bei einfacher Ketzerei bezüglich des Glaubens sich manche finden, welche heimliche Konventikel abhalten oder in der Lebensführung oder in den Sitten von dem allgemeinen Brauche der Gläubigen abweichen, wie sich aus c. excommunicamus, I, extra de haeret. betreffs der Ketzerei der Hexen ergibt; in ähnlicher Weise, wenn die Konventikel an den Angarien oder besonders heiligen Zeiten des Jahres auf den Feldern oder in Wäldern, sei es bei Tage, sei es bei Nacht, zusammenkommen, oder gewisse (Frauen) sich abgesondert finden, die entweder die Gottesdienste zu den gewöhnlichen Zeiten oder in den gewöhnlichen Weisen nicht besuchen, oder mit verdächtigen Hexen geheimen Umgang pflegen. Solche werden nämlich zum mindesten für der Ketzerei leicht verdächtig gehalten, darum weil derartige Ketzer anerkanntermaßen derlei häufig tun. Von diesem leichten Verdachte steht auch geschrieben c. de haeret. 1. II am Ende, wo es heißt: »Unter dem Worte ›Ketzer‹ werden diejenigen befaßt und müssen den gegen solche gefällten Urteilen unterliegen, die auch nur auf grund eines leichten Argumentes ertappt worden sind, wie sie vom Urteil und Pfade der katholischen Religion abwichen«; und zu dieser Ansicht stimmt Hostiensis in seiner Summa, tit. de praesumptione, im Schlußparagraphen, wo er sagt: »Es ist zu beachten, daß, obschon Ketzer (schon) auf grund eines leichten Argumentes entlarvt werden, nämlich mit Bezug darauf, daß sie für verdächtig gehalten werden, sie doch nicht wie Ketzer zu halten sind«, was er mit dem Vorhergehenden beweist. Der zweite Verdacht, welcher der große ist, heißt im Gesetz gewaltig (vehemens) oder stark; über ihn steht wiederum folgendermaßen in dem zitierten c. accusatus, am Anfang: »(Es wird jemand) der Ketzerei angeklagt oder verdächtigt, gegen den wegen dieses Verbrechens ein großer und gewaltiger Verdacht entstanden war« etc. Dort steht nämlich diese Verbindung (groß und gewaltig), und zwar wird sie nicht kopulativ, sondern als Erläuterung aufgefaßt, wie Johannes Andreä ebendort anmerkt. Gewaltig aber ist dasselbe wie stark, wie Archidiaconus sagt, zu dem angezogenen c. accusatus und zu dem Worte ›gewaltig‹ (vehemens); wie Papias und Hugitio sagen, daß gewaltig dasselbe ist wie stark oder groß. Er zitiert auch Gregorius, Moralia I: »Ein gewaltiger Wind brach los«, weshalb wir sagen, jemand habe gewaltiges Glück, wenn er Erfolg hat. So weit dort. Folglich heißt großer Verdacht gewaltig oder stark, und wird so benannt, weil er nur durch gewaltige und starke Verteidigungen zurückgewiesen wird, und auch weil er aus großen, gewaltigen und starken Vermutungen, Argumenten und Indizien hervorgeht; z. B. wenn bei einfacher Ketzerei sich manche finden, die diejenigen, welche sie als Ketzer kennen, verbergen, ihnen ihre Gunst zuwenden, sich ihnen zugesellen, sie besuchen, ihnen Geschenke anbieten, sie aufnehmen, verteidigen und ähnliches ausführen. Solche nämlich sind der Ketzerei heftig verdächtig; und in ähnlicher Weise werden sie bezüglich der Hexenketzerei erkannt, darum daß Verdacht entsteht, weil sie mit ihnen am Verbrechen teilnehmen; und besonders werden hier Weiber oder Männer genannt, die nach ungewöhnlicher Liebe oder Haß trachten, wenn auch nicht nach anderen Schädigungen an Menschen oder Tieren, und zu hexen pflegen. Denn wie vorausgeschickt sind in jeder beliebigen Hexerei (Leute), die ähnliches ausführen, gewaltig verdächtig, wie sich aus dem zitierten c. accusatus, § illo vero und dem dort von Archidiaconus Angemerkten ergibt; da es nicht zweifelhaft ist, daß sie derlei zu gunsten der ketzerischen Verkehrtheit tun.

Der dritte Verdacht ist der ganz große und heißt im Gesetz ungestüm (violenta), c. cum contumacia und c. accusatus 1. VI de haer. und nach den Bemerkungen von Archidiaconus und Johannes Andreä über c. accusatus und das Wort vehemens, wo sie sagen: »Er sagt ›gewaltig‹ (vehemens) und nicht ›ungestüm‹,« oben de praesumptione, c. litteras. Von diesem Verdachte spricht der Kanon, dist. XXXIV, quorundam; und zwar heißt diese Annahme oder dieser Verdacht ungestüm, einmal weil er den Richter ungestüm zum Glauben zwingt und drängt und durch keine Rückenwendung, wie sie auch sei, zurückgewiesen wird und dann, weil er aus ungestümen, überführenden und zwingenden Vermutungen entsteht. Wenn z. B. bei der einfachen Ketzerei sich (Leute) finden, welche Ketzer anbeten, d. h. ihnen mit ihrer Liebe Ehrerbietung zollen, von ihnen Trost oder Kommunion annehmen, oder ähnliches vollbracht haben, was zu ihrem Ritus gehört, so sind solche ja durch ungestümen Verdacht der Ketzerei und des Glaubens an Ketzer überführt, nach c. filii und nach c. accusatus de haeret. 1. VI und durch die Anmerkungen des Archidiaconus zu c. quicunque haereticos und zu dem Worte credentes in demselben sechsten Buche, da es nicht zweifelhaft ist, daß solche derlei im Glauben an die ketzerische Verkehrtheit tun. Bezüglich der Ketzerei der Hexen aber ist es ähnlich: diejenigen, welche das vollziehen, was zum Ritus der Hexen gehört, und da derlei verschieden ist, nämlich bisweilen durch bloße schmähende Worte (geschieht), indem sie sagen: »Du wirst in kurzem fühlen, was dir geschehen wird« und in der Wirkung ähnliches, oder durch bloße Berührung, indem sie einen Menschen oder ein Tier mit den Händen berühren, oder nur durch den Blick, indem sie sich zur Nacht- oder Tageszeit gewissen in den Betten schlafenden (Leuten) offenbaren, und zwar wenn sie bestrebt sind, Menschen oder Vieh zu behexen, mögen sie auch bezüglich (der Erzeugung) von Hagelschlag verschiedene andere Weisen beobachten, indem sie sich mit noch anderen Zeremonien zu schaffen machen, während sie sich an irgend einem Flusse verschiedenartig betätigen, wie sich im Vorhergehenden (bei der Besprechung) über die Arten, Behexungen anzutun, ergeben hat: – solche sind durchaus, wo man sie findet und ihr Ruf leidet, durch ungestümen Verdacht der Hexenketzerei überführt, besonders wo die Wirkung in (Gestalt) der Behexung sei es sogleich, sei es im Verlaufe der Zeit erfolgt ist, weil dann die evidente Tatsache dazukommt oder das Indizium der Tat, wenn Werkzeuge der Behexung an irgend einem Orte niedergelegt gefunden werden. Mag auch der (Erfolg im) Verlauf der Zeit nicht so schwer für die Evidenz der Tat ins Gewicht fallen, so bleibt (die betreffende Person) doch heftig verdächtig und zwar a fortiori in höherem Grade als bezüglich der einfachen Ketzerei.

Wenn gefragt wird, ob denn der Teufel die Menschen oder das Vieh ohne Ansehen oder Berühren seitens der Weiber behexen könne, so wird geantwortet, gewiß, wenn Gott es zuläßt. Aber weil die Zulassung Gottes größer ist, wenn eine Gott geweihte Kreatur unter Ableugnung des Glaubens und mit anderen schauderhaften Verbrechen (bei der Behexung) mitwirkt, so liebt daher auch der Teufel mehr eine solche Art, Kreaturen zu behexen; im Gegenteil, man kann auch sagen, daß der Teufel, auch wenn er es ohne Hexe könnte, aus verschiedenen Rücksichten, wie sich im Vorhergehenden ergeben hat, im höchsten Maße liebt, derlei durch eine Hexe zu verüben. –

Als Nachwort zu unserem Vorsatz, über die Arten, auf grund von Annahmen zu urteilen, (zu handeln,) ist zu sagen, daß gemäß der vorerwähnten Unterscheidung die der Ketzerei der Hexen Verdächtigen in dreifacher Art vorhanden sind, indem einige leicht, andere heftig, noch andere ungestüm (verdächtig sind). Leicht verdächtig sind diejenigen, welche derlei Mäßiges oder Leichtes vollbringen, weil daraus mäßiger oder leichter Verdacht auf solche Ketzerei gegen sie entsteht; und mag auch, wie gesagt worden ist, jemand nicht für einen Ketzer zu halten sein, wenn er in dieser Weise verdächtig befunden wird, so muß ihm doch die kanonische Reinigung auferlegt oder ihm als für etwas Leichtes die Abschwörung zugeschoben werden; und zwar steht es c.

excommunicamus I, im Anfang extra de haer., daß ihm die Reinigung auferlegt werden könne, wo es heißt: »Diejenigen aber, welche als durch bloßen Verdacht bemerkenswert befunden werden, (und zwar) durch wahrscheinlichen Verdacht, [d. h., sagt Hostiensis, leichten Verdacht, der sich leicht ergibt,] sollen, wenn sie nicht entsprechend den Erwägungen des Verdachtes und der Beschaffenheit der Person durch angemessene Reinigung ihre Unschuld gezeigt haben, in der Weise mit dem Schwerte des Anathema getroffen und bis zur würdigen Genugtuung von allen gemieden werden, daß, wenn sie ein Jahr hindurch in der Exkommunikation beharrt haben, sie von da ab wie Ketzer verurteilt werden«. So weit dort. Beachte, daß, ob er nun mit der ihm auferlegten kanonischen Reinigung einverstanden ist oder nicht, ob er versagt oder nicht, über ihn nach allem wie über einen wegen Ketzerei übel Beleumundeten zu urteilen ist, dem die kanonische Reinigung aufzuerlegen ist. Aber auch dies, daß einem solchen wie einem der Ketzerei leicht Verdächtigen die Abschwörung auferlegt werden könne, ergibt sich aus c. accusatus am Anfang, wo es heißt: »Ein der Ketzerei Angeklagter oder Verdächtiger, gegen den in stärkerem Grade heftiger Verdacht auf dieses Verbrechen entstanden war, soll, wenn er die Ketzerei vor Gericht abgeschworen hat und später (wieder welche) begeht, nach einer bestimmten Rechtsfiktion als in dieselbe zurückverfallen erachtet werden, mag auch vor seiner Abschwörung das Verbrechen der Ketzerei gegen ihn nicht bewiesen worden sein. Wenn aber jener Verdacht mäßig und leicht gewesen ist, so darf er, wiewohl er darum schwer zu bestrafen ist, doch nicht mit der Strafe für die in die Ketzerei Zurückverfallenen bestraft werden«. So weit dort. –

Da gewisse (Leute) aber heftig verdächtig sind, und zwar sind es diejenigen, die derlei Heftiges und Starkes vollbringen, weil daraus ein heftiger und großer Verdacht hervorgeht, so sind auch solche zwar ebenfalls keine Ketzer noch als Ketzer zu verdammen, darum weil das ausdrücklich extra de praesumptione, c. litteras, § quocirca steht, (daß) keiner auf einen heftigen Verdacht hin wegen eines so großen Verbrechens zu verdammen ist. Denn es heißt dort folgendermaßen: »Daher befehlen wir in Bezug auf einen so heftig Verdächtigen, insofern wir nicht wollen, daß jemand um eines bloßen, wenn auch noch so heftigen Verdachtes willen wegen eines so schweren Verbrechens verurteilt werde, daß ihm anbefohlen werden soll, daß er im allgemeinen jede Ketzerei und im Besonderen diejenige, deren er sich schuldig gemacht hat, wie ein heftig Verdächtiger abschwört«; nach dem zitierten c. accusatus am Anfang, wie gesagt worden ist, und nach dem c. inter sollucitudines, extra de purgatione canonica, und nach dem c. litteras, extra de praesumptione.

Wenn er späterhin zurückverfällt, sei es in die alte oder in eine andere (Ketzerei), oder sich zu denen gesellt, die er als Hexer oder Ketzer kennt, sie besucht oder einlädt oder um Rat fragt, indem er ihnen Geschenke verehrt, schickt oder ihnen seine Gunst gewährt, wird er der Strafe der Rückfälligen nicht entgehen, nach dem zitierten c. accusatus, wo es folgendermaßen heißt: »Denjenigen aber, der in der einen Ketzerart oder -sekte (Verbrechen) begangen oder in dem einen Glaubensartikel oder -Sakramente geirrt und danach die Ketzerei einfach oder im allgemeinen abgeschworen hat, wollen wir als rückfällig in die Ketzerei beurteilt wissen, wenn er von da an in eine andere Art oder Sekte der Ketzerei (verfällt) oder in einem anderen Artikel oder Sakramente irrt. Jener also, bezüglich dessen Verfallen in eine Ketzerei vor der Abschwörung etwas festgestanden hat oder jetzt feststeht, soll, wenn er nach jener Abschwörung Ketzer aufnimmt, (in sein Haus) führt, besucht oder sich ihnen zugesellt und ihnen Geschenke oder Gaben schenkt oder schickt oder ihnen seine Gunst gewährt, ... nach Verdienst als rückfällig beurteilt werden, da es nicht zweifelhaft ist, daß er es infolge des von ihm früher gebilligten Irrtums getan hat«. So weit dort.

Aus diesen Worten ergibt sich, daß in drei Fällen im allgemeinen ein der Ketzerei heftig Verdächtiger, nachdem er abgeschworen hat, mit der Strafe der Rückfälligen geahndet wird. Der erste ist, wenn er in ebendieselbe alte Ketzerei zurückverfällt, deren er heftig verdächtig gewesen war; der zweite, wenn er die Ketzerei einfach oder allgemein abgeschworen hat, jedoch in eine andere Ketzerei verfällt; mag sein, daß er derselben vorher niemals für verdächtig gehalten oder deshalb angezeigt gewesen ist. Der dritte, wenn er Ketzer aufnimmt, sie einlädt und ihnen seine Gunst gewährt; und dieser Fall umfaßt viele Fälle und hat viele Buchten, wie sich in dem zitierten § eum vero in dem häufig wiederholten c. accusatus ergibt.

Es wird gefragt, was zu tun sei, wenn ein solcher heftig Verdächtiger dem Gebote seines Richters, für immer abzuschwören, nicht zustimmt; ob er dem Gutdünken der weltlichen Macht zu übergeben sei, um nach c. ad abolendam, § in praesenti vero mit der gebührenden Ahndung bestraft zu werden. Die Antwort lautet: keineswegs, weil der Kanon und zwar § eius ausdrücklich nicht von Verdächtigen, sondern von den offenkundig in der Ketzerei Ertappten redet etc., und strenger gegen die offenkundig Ertappten als gegen die nur Verdächtigen zu verfahren ist. Und wenn gefragt wird, wie denn also gegen einen solchen vorzugehen sei, so wird geantwortet, daß gegen ihn nach c. excommunicamus I und zwar nach § qui vero sola suspitione etc. nach dem weiter oben Eingefügten vorgegangen und er exkommuniziert wird; ist er in dieser Exkommunikation ein Jahr lang geblieben, so ist er nach dem zitierten Kanon als Ketzer zu verdammen.

Einige sind aber ungestüm verdächtig, und zwar sind es diejenigen, welche derlei Ungestümes vollbringen, weil daraus ein ungestümer Verdacht gegen sie entsteht. Ein solcher ist für einen Ketzer zu halten, und wie bezüglich eines in der Ketzerei Ertappten ist über ihn nach allem zu urteilen; nach dem c. excommunicamus I, extra de haer. § qui vero, und nach c. cum contumacia und nach c. ut officium, 1. VI. Sie gestehen nämlich das Verbrechen oder nicht. Wenn ja, und sie wollen umkehren und die Ketzerei abschwören, sind sie nach c. ad abolendam und nach c. excommunicamus II, Schlußparagraph, zur Buße anzunehmen; wenn sie nicht damit einverstanden sind, abzuschwören, sind sie dem weltlichen Gerichtshöfe zu übergeben, nach dem zitierten c. ad abolendam, § 1, um mit der gebührenden Ahndung gestraft zu werden. Wenn er aber das Verbrechen nicht gesteht, nachdem er überführt worden ist, auch nicht damit einverstanden ist, abzuschwören, so ist er nach c. ad abolendam als unbußfertiger Ketzer zu verdammen. Ein ungestümer Verdacht genügt nämlich zur Aburteilung und läßt keinen Beweis für das Gegenteil zu, wie man es findet extra de praesumptione c. litteris und c. afferre.

Und wenn diese Erörterung ihren Platz in der einfachen Ketzerei findet, ohne Evidenz oder Indizium der Tat, sowie es sich auch in der sechsten Art, das Urteil zu fällen, ergeben wird, wo jemand als Ketzer verdammt wird, auch wenn er der Sache nach kein Ketzer ist, wie viel mehr bei der Ketzerei der Hexen, wo immer entweder die evidente Tat in Gestalt der behexten Kinder, (erwachsener) Menschen oder Tiere oder das Indizium der Tat, z. B. in Gestalt aufgefundener (Hexen-) Werkzeuge hinzukommt; und mögen in der einfachen Ketzerei die Bußfertigen und Abschwörenden, wie berührt worden ist, zur Buße und lebenslänglichem Gefängnis aufgenommen werden – in dieser Ketzerei (der Hexen) jedoch kann sie der weltliche Richter, wenn auch der geistliche sie als solche zur Buße annimmt, wegen der die Allgemeinheit betreffenden Taten bezüglich zeitlicher Schädigungen mit der letzten Strafe strafen, und der geistliche soll ihn nicht hindern, der jenen zwar nicht zur Bestrafung übergibt, aber doch überlassen kann.

Zwanzigste Frage

Über die erste Art, das Urteil zu fällen

Die angezeigte Person wird also entweder als schuldlos oder gänzlich freizusprechen befunden; oder sie wird als bloß allgemein wegen Ketzerei übel beleumdet befunden; oder sie wird abgesehen vom üblen Leumunde als den peinlichen Verhören und Folterungen auszusetzen befunden; oder sie wird als der Ketzerei leicht verdächtig befunden oder sie wird als der Ketzerei heftig verdächtig befunden; oder sie wird als der Ketzerei ungestüm verdächtig befunden; oder sie wird als bezüglich der Ketzerei übelbeleumdet und verdächtig zugleich und allgemein befunden; oder sie wird als der Ketzerei geständig und bußfertig und in Wahrheit nicht rückfällig befunden; oder sie wird als der Ketzerei geständig und bußfertig aber wahrscheinlich rückfällig befunden; oder sie wird als der Ketzerei geständig und unbußfertig, aber nicht wirklich rückfällig befunden; oder sie wird als der Ketzerei geständig und unbußfertig, und auch mit Sicherheit rückfällig befunden; oder sie wird als nicht geständig, aber der Ketzerei durch gesetzmäßige Zeugen und sonst gerichtlich überführt befunden; oder sie wird als der Ketzerei überführt, aber als flüchtig oder abwesend in contumaciam befunden; oder sie wird als von einer anderen einzuäschernden oder eingeäscherten Hexe angezeigt befunden; oder sie wird als Behexungen nicht antuend, sondern durch unerlaubte Mittel und unpassend behebend befunden; oder sie wird als Hexen-Bogenschütze und Besprecher von Waffen befunden, der tötlich hinwegrafft; oder sie wird als Hexen-Hebamme befunden, die den Dämonen in feindlicher Weise Kinder weihen; oder sie wird als eine befunden, die sich in frivoler und betrügerischer Weise mit dem Mittel der Appellation schützt. Wenn sie nun als völlig schuldlos befunden wird, wird über sie auf die folgende Weise endgültig das Urteil zu fällen sein, wobei zu beachten ist, daß die angezeigte Person dann als völlig schuldlos befunden wird, wenn sie nach sorgfältiger Erörterung der Werte des Prozesses zusammen mit dem guten Rate erfahrener Männer weder durch ein eigenes Geständnis, noch durch Evidenz der Tat, noch durch gesetzmäßige Vorführung von Zeugen überführt wird, weil sie nämlich in der Hauptsache auseinandergehen; noch auch jene Person sonst wegen des vorgenannten Verbrechens verdächtig oder öffentlich übel beleumundet gewesen ist; weil es anders stände, wenn sie wegen irgend eines andern Verbrechens übel beleumdet wäre; noch auch gegen eine solche Person Indizien der Tat vorhanden sind. Bezüglich einer solchen wird folgende Praktik beobachtet, weil sie durch den Bischof oder den Richter vermittelst des Spruches mit folgendem Wortlaut freizusprechen ist: »Wir N. N., durch göttliches Erbarmen Bischof der und der Stadt, oder der und der Richter etc., in Beachtung, daß du so und so, von dem und dem Orte, der und der Diözese, uns wegen der und der ketzerischen Verkehrtheit, nämlich der der Hexen, angezeigt worden bist; in Beachtung auch, jenes sei derart, daß wir daran nicht mit zugedrückten Augen vorbeigehen konnten noch durften, sind wir zur Untersuchung verschritten, ob das Vorgenannte sich auf irgend welche Wahrheit stützte, indem wir Zeugen annahmen, dich verhörten und sonst taten, was sich nach den kanonischen Satzungen gehörte. Nachdem wir also alles angesehen und fleißig geprüft haben, was in dieser Sache behandelt und verhandelt worden ist, auch eine Beratung mit im Rechte und auch in der theologischen Fakultät erfahrenen Männern abgehalten und sie öfters wiederholt haben, verschreiten wir dazu, nach Art des urteilenden Richters vor dem Tribunal sitzend und einzig Gott und die Wahrheit des Amtes vor Augen, nachdem die hochheiligen Evangelien vor uns gelegt worden sind, damit im Angesichte Gottes unser Spruch erschalle und unsere Augen die Billigkeit sehen, zu unserem endgültigen Urteilsspruche auf folgende Weise, nach Anrufung des Namens Christi: Weil wir nach dem, was wir gesehen und gehört haben, und was vor uns in gegenwärtiger Sache vorgeführt und dargebracht, behandelt und verhandelt worden ist, nicht gefunden haben, was gegen dich von dem, um dessentwillen du vor uns angezeigt worden warst, gesetzmäßig bewiesen worden sei, verkündigen, erklären und entscheiden wir endgiltig, daß gegen dich vor uns gesetzmäßig nichts verhandelt worden ist, um dessentwillen du als Ketzer oder Hexer beurteilt oder irgendwie für der ketzerischen

Verkehrtheit verdächtig gehalten werden könntest oder müßtest. Daher lassen wir dich vom gegenwärtigen Augenblick von der Untersuchung und vom Gerichte völlig los. Gefällt ist dieses Urteil« etc.

Man hüte sich, in einem Urteile, wie es auch sei, zu setzen, daß der Angeklagte unschuldig oder schuldlos sei, sondern (sage), daß gesetzmäßig gegen ihn nichts bewiesen worden sei, weil, wenn er später im Verlaufe der Zeit wiederum angezeigt und (etwas gegen ihn) gesetzmäßig bewiesen wird, er verurteilt werden kann, ohne daß das vorgenannte freisprechende Urteil dem entgegensteht.

Bemerke auch, daß auf dieselben Arten jemand freizusprechen ist, wenn er wegen der Aufnahme, Verteidigung oder anderer Begünstigung der ketzerischen Verkehrtheit angezeigt ist, wenn gegen ihn gesetzmäßig nichts bewiesen wird.

Der weltliche Richter im Auftrage des Bischofs wird in seiner Weise urteilen.

Einundzwanzigste Frage

Über die zweite Art, über eine Angezeigte und zwar eine nur übel beleumdete das Urteil zu fällen

Die zweite Art, das Urteil zu fällen, ist, wenn der oder die Angezeigte nach sorgfältiger Prüfung der Werte des Prozesses mit einem guten Rate erfahrener Männer als bezüglich solcher Ketzerei in irgend einem Dorfe, einer Stadt oder Provinz nur übel beleumdet befunden wird; und zwar geschieht das, wenn ein solcher Angezeigter weder durch eigenes Geständnis, noch durch Evidenz der Tat noch durch gesetzmäßige Vorführung von Zeugen überführt wird, auch keine anderen Indizien irgend welcher Art gegen ihn bewiesen worden sind außer der Bescholtenheit ganz allein, so daß im Besonderen keine Behexung als vollbracht bewiesen wird, was man freilich auf grund starken oder ungestümen Verdachtes beweisen kann, wenn er drohende Worte, eine Schädigung antun zu wollen, ausgestoßen hätte, indem er wörtlich oder dem Sinne nach sagte: »In kurzem wirst du fühlen, was dir zustoßen wird«, und danach irgend eine Wirkung in Gestalt einer Schädigung am Körper oder an den Tieren erfolgt wäre. Gegen einen solchen also, gegen den nichts bewiesen wird, außer allein die Bescholtenheit, ist folgende Praktik zu beobachten. Weil nämlich in einem solchen Falle der Urteilsspruch nicht zu Gunsten des Angeklagten, mit Freisprechung desselben, gefällt werden kann, wie es in der ersten Weise berührt worden ist, sondern gegen ihn, unter Auferlegung der kanonischen Reinigung, daher beachte der Bischof oder sein Offizial oder der Richter erstens, daß es in einer Ketzereisache nichts ausmacht, wenn jemand nur bei den Guten und gewichtigen Personen übel beleumdet ist, sondern man achtet hier darauf, daß er auch bei jedweden Geringen und Einfachen übel beleumdet ist. Der Grund ist: weil jemand im Verbrechen der Ketzer bei denen auch in üblem Leumunde stehen kann, von denen er angeklagt werden kann; aber jeder beliebige Ketzer kann von was für Personen auch immer angeklagt werden, wenn nur Todfeinde, wie sich oben ergeben hat, ausgenommen werden: also kann er bei ihnen in üblem Leumunde stehen.

Es wird also der Bischof oder der Richter das Urteil auf kanonische Reinigung auf folgende oder eine ähnliche Weise fällen: »Wir N. N., durch die göttliche Barmherzigkeit Bischof der und der Stadt oder Richter der und der Herrschaft, in Erwägung, daß wir nach sorgfältiger Prüfung der Werte des von uns gegen dich bei uns angezeigten N. N. der und der Diözese angestrengten Prozesses etc. nicht gefunden haben, daß du gestanden habest noch des vorgenannten Schandverbrechens überführt, noch auch sonst zum mindesten leicht verdächtig seiest, außer daß wir dich gesetzmäßig und wahrhaftig als in dem und dem Dorfe, Stadt oder Diözese und zwar bei den Guten und Schlechten öffentlich übel beleumundet befunden haben, legen wir dir daher zur Reinigung von einer derartigen Bescholtenheit und damit du in der Schar der Gläubigen im gutem Gerüche stehst, die kanonische Reinigung auf, wie Rechtens ist, und bestimmen dir den und den Tag des und des Monats und die und die Tagesstunde. In dieser sollst du persönlich vor uns erscheinen, daß du dich mit einer so und so großen Schar von Leuten deines Standes von deiner Bescholtenheit reinigst. Diese Reinigungshelfer seien Leute von katholischem Glauben und in ihrer Lebensführung erprobt, die deinen Umgang und deine Lebensführung nicht sowohl in der jetzigen, als vielmehr in der vergangenen Zeit kennen; mit dem Bedeuten, daß, wenn du bei der Reinigung versagst, wir dich für überführt halten werden, wie es die kanonischen Satzungen wollen«.

Hier ist aber zu erwägen, daß, wenn jemand gesetzmäßig als wegen irgend einer Ketzerei öffentlich übel beleumdet befunden und gegen ihn nichts außer der Bescholtenheit selbst allein bewiesen wird, ihm die kanonische Reinigung auferlegt wird, d. h. daß er einige Männer zur Hand habe, sieben, zehn, zwanzig oder dreißig, je nachdem er mehr oder weniger und in mehreren oder nur wenigen, mehr oder minder ansehnlichen Orten übelbeleumdet gewesen ist, welche Männer seiner Stellung oder seinem Stande angehören, so daß, wenn der Bescholtene ein Mönch ist, jene auch Mönche, wenn ein Weltgeistlicher, jene auch Weltgeistliche, wenn ein Soldat, jene auch Soldaten sind, die ihn von dem (nachgesagten) Verbrechen reinigen, um dessentwillen er übel beleumdet ist. Diese Reinigungshelfer sollen Männer von katholischem Glauben und in ihrer Lebensführung erprobt sein, die auch jenes Umgang und Lebensführung nicht sowohl in der jetzigen, als vielmehr in der alten Zeit kennen, wie es geschrieben steht extra de purgatione canonica, inter sollicitudines.

Wenn er sich aber nicht hat reinigen wollen, werde er exkommuniziert; hat er diese Exkommunikation ein Jahr lang verhärteten Sinnes ausgehalten, so wird er danach als Ketzer verurteilt, nach c. excommunicamus itaque, § qui autem.

Wenn er aber beschlossen hat, sich zu reinigen, bei der Reinigung aber versagt hat, d. h., daß er solche und so viele Reinigungshelfer, wie ihm auferlegt war, daß sie ihn reinigen sollten, nicht gefunden hat, so wird er für überführt gehalten und so wie ein Ketzer verurteilt, wie es geschrieben steht extra de haer. excommunicamus I, § adiicimus und ver. qui non se und de purg. c. cum dilectus.

Es ist hier aber zu erwägen, daß, wenn es heißt, es wird dem Bescholtenen auferlegt, sich zu reinigen durch eine drei- oder vierfache Schar seines Standes, Stand hier im allgemeinen und nicht im besonderen (Sinne) genommen wird. Wenn daher ein Bischof zu reinigen ist, wird es ihm nicht abgeschlagen, mit Bischöfen zur Reinigung zugelassen werden zu können; (aber auch) Äbte, Mönche, Presbyter, und bei anderen in ähnlicher Form: de purg. canonica.

Wie oft sich aber ein übel Beleumdeter in der Weise, wie folgt, reinigen soll, erschließt man aus extra de purg. can. quotiens, § porro und c. accepimus quo ad secundum.

Wenn aber der dem übel Beleumdeten zu seiner kanonischen Reinigung bestimmte Termin herankommt, soll der zu Reinigende persönlich mit seinen Reinigungshelfern vor dem Bischof und Inquisitor an dem Orte erscheinen, wo der Bescholtene bekannt ist; und jener, der übel beleumdet ist, soll, die Hand auf das vor ihm hingelegte Buch der Evangelien legend, also sprechen: »Ich schwöre bei diesen vier heiligen Evangelien Gottes, daß ich zu der und der Ketzerei (die er namhaft macht), wegen der ich übel beleumdet bin, niemals gehalten noch an sie geglaubt, noch sie gelehrt habe, noch zu ihr halte, noch an sie glaube«. Er soll nämlich unter Eid das leugnen, um dessentwillen er übel beleumdet ist; was immer es sein mag. Wenn dies geschehen ist, sollen alle Reinigungshelfer die Hand auf das vorgenannte Buch der Evangelien legen und soll jedweder also sprechen: »Und ich schwöre, bei diesen heiligen Evangelien Gottes, daß ich glaube, er hat wahr geschworen«. Dann ist er kanonisch gereinigt.

Zu bedenken ist auch, daß der wegen Ketzerei übel Beleumdete dort zu reinigen ist, wo der übel Beleumdete bekannt ist; und wenn er an vielen Orten bescholten ist, werde ihm auferlegt, in allen diesen den katholischen Glauben öffentlich zu bekennen und die Ketzerei, wegen der er als bescholten bekannt ist, zu verwünschen: de purg. can., inter sollucitudines.

Wer sich kanonisch bezüglich (des Vorwurfs) der Ketzerei gereinigt hat, verachte das auch nicht. Denn wenn er nach der Reinigung in die Ketzerei verfällt, von der er sich schon gereinigt hatte, wird er für gefallen gehalten und ist dem weltlichen Gerichtshöfe zu übergeben, nach c. excommunicamus I, § adiicimus und ver. vel si est post purgationem und c. ad abolendam, § illos quoque. Anders aber ist es, wenn er in eine andere Ketzerei verfällt, betreffs deren er sich vorher nicht gereinigt hat; nach dem zitierten Kanon.

Zweiundzwanzigste Frage

Über die dritte Art, das Urteil zu fällen, (und zwar) über eine übel beleumdete und dem peinlichen Verhör auszusetzende (Person)

Die dritte Art, einen Glaubenprozeß zu beendigen und abzuschließen, ist es, wenn der wegen Ketzerei Angezeigte nach sorgfältiger Erwägung der Werte des Prozesses zusammen mit dem guten Rate erfahrener Männer als (in seinen Geständnissen) verschieden oder wider sich Indizien auf peinliches Verhör habend befunden wird, daß er nämlich den peinlichen Verhören und Folterungen ausgesetzt werde, daß, wenn er, peinlich verhört, nichts zugegeben hat, er für schuldlos und unschuldig gehalten wird; und das ist der Fall, wenn der Angezeigte weder durch eigenes Geständnis noch durch die Evidenz der Tat noch durch gesetzmäßige Vorführung von Zeugen ertappt worden ist noch Indizien auf einen solchen Verdacht vorhanden sind, daß er die Ketzerei abzuschwören hätte; er ist jedoch in seinen Geständnissen verschieden, oder es sind sonst noch andere Indizien vorhanden, die zu den peinlichen Verhören und Folterungen ausreichen. Gegen einen solchen ist folgende Praktik zu beobachten. Weil aber in einem solchen Falle gegen den Angezeigten und nicht für ihn ein Zwischenurteil zu fällen ist, daher muß es durch den Inquisitor in Verbindung und nicht getrennt gefällt werden, nach c. multorum. Besonders wenn ein solcher bei leugnenden (Aussagen) fest stehen bleibt und auf keine Weise die Wahrheit bekennen will, auch wenn er von rechtschaffenen Männern dazu angereizt wird, wird das Urteil, welches an Kraft einem endgiltigen nahe zu kommen scheint, in der Art folgenden Wortlautes gefällt werden: »Wir N. N., durch die göttliche Barmherzigkeit Bischof der und der Stadt oder Richter in den der Hoheit des und des Herrn unterworfenen Ländern, in Beachtung, daß du nach sorgfältiger Prüfung der Werte des von uns gegen dich N. N. von dem und dem Orte und der und der Diözese angestrengten Prozesses in deinen

Geständnissen verschieden bist und nichtsdestoweniger viele Indizien vorhanden sind, welche ausreichen, dich den peinlichen Verhören und Folterungen auszusetzen, erklären, urteilen und entscheiden wir deshalb, damit die Wahrheit aus deinem eigenen Munde bekommen werde und du die Ohren der Richter in der Folge nicht (mehr) mit Zwischenreden beleidigst, daß du am gegenwärtigen Tage und zwar zu der und der Stunde den peinlichen Verhören und Folterungen unterworfen werden sollst. Gefällt wurde dies Urteil« etc.

Wenn der peinlich zu Verhörende als (in seinen Geständnissen) verschieden befunden wird und zugleich andere, zum peinlichen Verhör ausreichende Indizien vorhanden sind, werde beides in das Urteil gesetzt, wie es in das vorgenannte gesetzt worden ist. Wenn aber dies beides nicht zusammenwirkt, sondern nur das eine, nämlich z. B. die Verschiedenheit ohne weitere Indizien, oder andere Indizien ohne die Verschiedenheit (in den Geständnissen), so soll es in das Urteil gesetzt werden, so wie man es findet. Das gefällte Urteil soll bald vollstreckt werden oder man soll vorgeben, daß es (bald) vollstreckt werden solle. Der Richter sei jedoch nicht sehr gewillt, jemand peinlich verhören zu lassen; denn peinliche Verhöre und Folterungen werden nur verhängt beim Versagen anderer Beweise; und daher suche er nach anderen Beweisen; findet er sie nicht und hält er auf grund der Wahrscheinlichkeit daran fest, daß der Angezeigte schuldig ist, aber aus Furcht die Wahrheit leugnet, so wende er inzwischen gute und bisweilen auch listige Mittel an, während die Freunde jenes ihn zu bewegen suchen, die Wahrheit zu sagen, und setze seinen Eifer daran, die Wahrheit aus seinem Munde zu bekommen und das Geschäft nicht zu beschleunigen. Denn das häufige Nachdenken, das Elend des Kerkers und die wiederholte Belehrung seitens rechtschaffener Männer machen (den Angeklagten) zur Angabe der Wahrheit geneigt. Wenn man nun angemessen auf den Angezeigten gewartet und ihm in entsprechender Weise Zeit gewährt hat und der Angezeigte vielfach belehrt worden ist, mögen der Bischof und der Richter nach Erwägung aller Punkte im guten Glauben annehmen, daß der Angezeigte die Wahrheit leugnet und ihn dem peinlichen Verhör mäßig auszusetzen, jedoch ohne Blutvergießen, indem sie wissen, daß die peinlichen Verhöre trügerisch und unwirksam sind. Denn manche sind so weich von Gemüt und schwachherzig, daß sie auf eine leichte Folterung hin alles, wenn auch falsches einräumen. Andere aber sind so hartnäckig, daß, wie sehr auch ihnen zugesetzt wird, von ihnen die Wahrheit nicht bekommen wird. Andere gibt es, die schon einmal peinlich verhört worden sind, und von diesen halten manche das peinliche Verhör besser aus, weil die Arme sofort langgezogen und gebeugt werden; manche aber bleiben schwächer und halten das peinliche Verhör weniger gut aus. Manche aber sind behext und bedienen sich während des peinlichen Verhöres der Hexenmittel; sie würden eher sterben, als etwas gestehen: sie werden nämlich gleichsam unempfindlich gemacht. Daher ist bei den peinlichen Fragen mit der größten Klugheit zu verfahren und sehr viel auf die Beschaffenheit des peinlich zu Verhörenden zu achten.

Wenn aber (das Urteil) gefällt ist, sollen sich die Büttel alsbald anschicken, den Angezeigten peinlich zu verhören; und während sie sich anschicken, sollen der Bischof oder der Richter sowohl für sich als auch durch andere gute Männer und Glaubenseiferer den peinlich zu Verhörenden zum freimütigen Geständnis bewegen, indem sie ihm auch, wenn es nötig ist, die Erhaltung des Lebens versprechen, wie oben berührt ist. Wenn er auch so nicht in Furcht gesetzt oder auch zum Geständnis der Wahrheit gebracht werden kann, wird man den zweiten oder dritten Tag zur Fortsetzung der Folter, nicht aber zur Wiederholung bestimmen können, weil sie nicht wiederholt werden darf, außer wenn neue Indizien gegen ihn dazukommen; dann geht es. Aber sie fortzusetzen ist nicht verboten.

Es wird also folgendermaßen gesagt werden: »Und wir, die Vorgenannten, Bischof N. N. und (falls er dabei ist) Richter N. N., bestimmen dir N. N. den und den Tag zur Fortsetzung des peinlichen Verhöres, damit aus deinem eigenen Munde die Wahrheit ermittelt werde«. Es werde alles zu Protokoll genommen, und innerhalb der bestimmten Zeit sollen sie ihn sowohl für sich als durch andere rechtschaffene Männer bewegen, die Wahrheit zu gestehen. Wenn er nicht hat gestehen wollen, werden am bestimmten Tage die peinlichen Fragen fortgesetzt werden können; und so werde er mit denselben oder anderen schweren Folterungen stärker oder leichter je nach der größeren Schwere seiner Schuld peinlich verhört, und zwar werden die Richter viele erlaubte Vorsichtsmaßregel in Worten und Werken anwenden können, daß die Wahrheit bekommen werde. Jene lehrt mehr die Erfahrung und Praxis und die Abwechslung in den Geschäften als jemandes Kunst oder Lehre.

Wenn er aber, geziemend verhört und den Folterungen ausgesetzt, die Wahrheit nicht hat entdecken wollen, soll ihm nicht weiter zugesetzt werden, sondern er zum freien Abzuge entlassen werden. Wenn er aber bei seinem Geständnis verharrt und die Wahrheit bekanntgegeben hat, indem er seine Schuld erkennt und die Kirche um Verzeihung bittet, soll er wie ein nach eigenem Geständnis in Ketzerei Ertappter aber Bußfertiger nach c. ad abolendam, § praesenti, verurteilt werden, und zwar wird er, nachdem man auf ihn angemessen gewartet und ihn geziemend belehrt hat, dem weltlichen Arme zur Treffung mit der letzten Strafe übergeben, wie es unten in der zehnten Weise heißt. Wenn er aber rückfällig ist, wird er auf diese Weise verurteilt, die unten in der zehnten Weise, einen Prozeß abzuschließen, besprochen werden wird.

Hier ist aber besonders eifrig zu beachten, daß der, welcher peinlich zu verhören ist, vor den peinlichen Fragen bisweilen gegen sich nichts gesteht, auch nichts bewiesen wird, um dessentwillen er die Ketzerei abschwören, noch wegen Ketzerei verurteilt werden könnte oder müßte; und um solche handelt es sich hier; ist auch sofort bemerkt worden. Bisweilen aber ist der Angezeigte selbst auf Ketzerei ertappt worden, oder es sind sonst noch andere Indizien gegen ihn bewiesen worden, wegen derer er als leicht oder heftig der Ketzerei Verdächtiger abschwören muß, wegen derer er aber nicht peinlich zu verhören ist. Wenn er aber darüber hinaus einiges leugnet, was nicht bewiesen ist, aber zum peinlichen Verhör ausreicht, und wenn er um dessentwillen peinlich verhört wird, aber unter dem peinlichen Verhör nichts gesteht, so ist eine solche3 (Person) nichtsdestoweniger nicht nach der ersten Art freizusprechen, sondern es werde gegen sie

3 Hier wechselt wieder einmal das Geschlecht

gemäß dem Bewiesenen vorgegangen, und zwar soll sie abschwören entweder wie ein Verdächtiger oder wie ein Ertappter, so wie es die Werte des Prozesses verlangen und fordern. Wenn sie aber unter dem peinlichen Verhör jenes gesteht oder einiges davon, um dessentwillen sie peinlich verhört wird, soll sie das und jenes abschwören, und der Spruch ist für dies und jenes gegen sie zu fällen.

Dreiundzwanzigste Frage

Über die vierte Art, über eine Angezeigte und zwar eine leicht Verdächtige das Urteil zu fällen

Die vierte Art, in einem Glaubensprozeß das Urteil zu fällen und ihn abzuschließen, ist, wenn der wegen Ketzerei Angezeigte nach sorgfältiger Prüfung der Werte des Prozesses zusammen mit dem guten Rate von im Recht Erfahrenen nur als der Ketzerei leicht verdächtig befunden wird, und zwar ist dies der Fall, wenn der wegen Ketzerei Angezeigte weder durch eigenes Geständnis noch durch Evidenz der Tat noch durch gesetzmäßige Vorführung von Zeugen ertappt wird, noch sonst starke oder heftige Indizien betreffs jener Ketzerei gegen ihn vorliegen, sondern nur mäßige und leichte und als solche vom Rate bezeichnet, wegen derer er als der Ketzerei leicht verdächtig jene Ketzerei, wegen derer er angezeigt ist, als solche abschwören kann und soll; und wenn ein solcher rückfällig wird, wird er nicht mit der einem Rückfälligen gebührenden Strafe bestraft, mag er dann schwerer zu bestrafen sein, als wenn er nicht schon vorher abgeschworen hätte; nach c. accusatus am Anfang, de haer. l. VI. Bezüglich dieses ist folgende Praktik zu beobachten. Wenn nämlich ein solcher für öffentlich verdächtig gehalten wird, soll er öffentlich in der Kirche abschwören, in der Weise, wie sie im Urteilsspruche folgt:

»Ich N. N. von der und der Diözese, Einwohner der und der Stadt oder des und des Ortes, vor Gericht erschienen, schwöre vor Euch, Herr Bischof der und der Stadt, während die hochheiligen Evangelien vor mir liegen und ich sie mit meinen eigenen Händen berühre, daß ich im Herzen jenen heiligen katholischen und apostolischen Glauben glaube und bekenne ihn mit dem Munde, den die hochheilige römische Kirche glaubt, bekennt, predigt und bewahrt. Desgleichen schwöre ich, im Herzen zu glauben und bekenne mit dem Munde, daß der Herr Jesus Christus samt allen Heiligen die ganz schlechte Ketzerei der Hexen verabscheut und daß alle, die ihr folgen oder ihr anhängen, auf ewig mit ewigen Feuern werden gepeinigt werden, samt dem Teufel und seinen Engeln, wenn sie nicht Vernunft annehmen und mit der heiligen Kirche durch Bußetun versöhnt werden. Und folglich schwöre ich ab, verleugne und widerrufe ich jene Ketzerei, um dessentwillen Ihr, Herr Bischof und Offizial, mich für verdächtig haltet, daß ich nämlich Verkehr mit Hexen gehabt, ihren Irrtum unwissentlich verteidigt, die Inquisitoren und die Verfolger jener gehaßt oder auch ihre Verbrechen nicht enthüllt habe. Desgleichen schwöre ich, daß ich niemals an die vorgenannte Ketzerei geglaubt habe noch glaube, noch ihr angehangen habe, noch an sie jemals glauben noch ihr anhängen werde, noch sie gelehrt habe, noch sie zu lehren beabsichtige. Wenn ich in Zukunft etwas von dem Vorgenannten tun werde, was Gott abwende, unterwerfe ich mich willigen Herzens den rechtlichen Strafen für Leute, die in dieser Weise abgeschworen haben; bereit, aller Buße mich zu unterziehen, welche Ihr mir für das, was ich getan und gesagt habe (und weshalb) Ihr mich für verdächtig haltet, auferlegen wollt: ich schwöre, sie nach Kräften zu erfüllen, um in keiner Weise dagegen zu fehlen; so wahr mir Gott helfe und diese hochheiligen Evangelien«.

Die vorgenannte Abschwörung aber finde in der Umgangssprache statt, damit sie von allen verstanden werde. Hat sie stattgefunden, so kann der Richter, falls einer dabei ist, oder der Offizial zu ihm öffentlich in der Umgangssprache folgende oder in der Wirkung ähnliche Worte sprechen: »Mein Sohn (oder: meine Tochter), nachdem du den Verdacht, in dem wir dich hatten, nicht unverdientermaßen abgeschworen und dich durch die vorgenommene Abschwörung gereinigt hast, so hüte dich im übrigen, in diese abgeschworene Ketzerei (von neuem) zu verfallen. Denn wenn du auch dem weltlichen Arme, falls du bußfertig bist, nicht übergeben wirst, weil du als leicht und nicht schwer verdächtig abgeschworen hast, so wirst du dann doch viel stärker bestraft werden, als wenn du nicht abgeschworen hättest, und anstatt für einen mäßig Verdächtigen wirst du für einen heftig Verdächtigen gehalten werden, und wenn du als solcher abschwürst und rückfällig würdest, wirst du mit der für Rückfällige gebührenden

Strafe bestraft und ohne Erbarmen dem weltlichen Gerichtshof übergeben werden, um mit der letzten Strafe getroffen zu werden«.

Wenn er aber heimlich, im Zimmer des Bischofs oder im Zimmer des Richters, abschwört, wo dann die Handlung keine öffentliche ist, so soll das Urteil in folgender Weise gefällt werden:

»Wir, durch die göttliche Barmherzigkeit Bischof der und der Stadt, oder Richter – falls einer dabei ist – in den der Hoheit des und des Herrn unterworfenen Ländern, in Beachtung, daß wir nach Betrachtung und sorgfältiger Erwägung der Werte des von uns gegen dich bei uns der ketzerischen Verkehrtheit angezeigten N. N. angestrengten Prozesses gefunden haben, daß du das und das (es werde aufgezählt!) begangen hast, das dich der Ketzerei verdächtig macht und um dessentwillen wir dich verdientermaßen für einen solchen halten, haben dich als der vorgenannten Schande leicht verdächtig ebendiese Ketzerei abschwören lassen. Aber damit die vorgenannten Begehungen nicht teilweise ungestraft bleiben und du in Zukunft vorsichtiger gemacht wirst, verurteilen, richten oder vielmehr büßen wir dich persönlich in unsrer Gegenwart erschienenen N. N. nach der Weise, die folgt, nach dem in und über diesem mit vielen, großen, im Recht erfahrenen und auch frommen Männern abgehaltenen gleichermaßen reifen und gut verdauten Rate, indem wir Gott allein und die unzerbrechliche Wahrheit des heiligen katholischen Glaubens vor Augen haben, während die hochheiligen Evangelien vor uns liegen, damit im Angesichte Gottes unser Urteil ergehe und unsere Augen die Billigkeit sehen, sitzend vor dem Tribunal nach Art urteilender Richter: daß du nämlich im übrigen niemals wissentlich dich (zur Ketzerei) hältst, zugesellst, sie mit Worten verteidigst, liest oder eine solche hegst, und daß du nicht in der Folge... (Hier werde das aufgesetzt, was sie[4] begangen hat und um dessentwillen sie der vorgenannten ketzerischen Verkehrtheit für verdächtig gehalten worden ist.) Gefällt ist dieser Urteilsspruch oder Pönitenz (... etc.)«.

Der Notar sei darauf bedacht, in das Protokoll aufzunehmen, daß die und die Abschwörung geschehen ist durch einen der Ketzerei für

4 Hier wechselt plötzlich das Geschlecht!

leicht und nicht für schwer verdächtig gehaltenen; sonst könnte große Gefahr eintreten.

Vierundzwanzigste Frage

Über die fünfte Art, das Urteil zu fällen, und zwar über eine heftig Verdächtige

Die fünfte Art, einen Glaubensprozeß zu beendigen und abzuschließen, ist es, wenn die der Ketzerei Angezeigte nach sorgfältiger Erörterung der Werte des Prozesses zusammen mit dem guten Rate der im Recht Erfahrenen als der Ketzerei heftig verdächtig befunden wird; und zwar ist dies der Fall, wenn die wegen ketzerischer Verkehrtheit Angezeigte als gesetzmäßig nicht ertappt befunden wird, weder durch eigenes Geständnis, noch durch Evidenz der Tat, noch durch gesetzmäßige Vorführung von Zeugen, aber große und schwere bewiesene und als solche vom Rate bezeichnete Indizien gegen sie vorhanden sind, die sie der vorerwähnten ketzerischen Verkehrtheit heftig verdächtig machen.

Gegen einen solchen[5] ist folgende Praktik zu beobachten. Ein solcher muß nämlich als solcher Ketzerei heftig verdächtig jene ketzerische Verkehrtheit abschwören, sodaß, wenn er später rückfällig wird, er mit der einem Rückfälligen gebührenden Strafe bestraft, d. h. dem weltlichen Arme übergeben wird, um mit der letzten Strafe getroffen zu werden; nach c. accusatus am Anfang, de haer. l. VI.; und zwar soll er öffentlich oder im geheimen abschwören, je nachdem er öffentlich oder im geheimen für verdächtig gehalten wird, bei vielen oder wenigen, bei gewichtigen oder geringen Leuten, wie es sogleich bei dem bemerkt worden ist, der der Ketzerei leicht verdächtig ist; und zwar hat er die Ketzerei als solche abzuschwören.

Die Art aber, die Vorbereitungen zur Abschwörung zu treffen, ist folgende: Wenn nämlich der Sonntag herankommt, soll der Prediger mit Bezug auf die vorzunehmende Abschwörung und den zu vernehmenden Urteilsspruch oder die in Form des Abschwörens aufzulegen-

5 Das Geschlecht wechselt abermals!

de Pönitenz eine allgemeine Predigt halten. Wenn dies geschehen ist, werde öffentlich durch den Notar oder einen Kleriker das verlesen, bezüglich dessen der, welcher abschwören soll, überführt ist und das andere, auf grund dessen er der Ketzerei für heftig verdächtig gehalten wird. Danach soll ihm durch den Richter oder Offizial gesagt werden: »Siehe, auf grund dieser vorgetragenen (Punkte) bist du uns der und der Ketzerei heftig verdächtig, weshalb es nötig ist, daß du dich reinigst und die obengenannte Ketzerei abschwörst«. Dann soll vor den, der abschwören muß, das Buch der Evangelien gelegt werden; er selbst soll seine Hand darauf legen, und falls er hinreichend zu lesen versteht, soll ihm die folgende Abschwörung schriftlich übergeben werden, die er vor allem Volke verlesen soll. Wenn er aber nicht hinreichend zu lesen versteht, lese es der Notar in Absätzen, und der, welcher abschwören muß, soll mit lauter und verständlicher Stimme in der Art antworten: Der Notar nämlich oder Kleriker soll sagen: »Ich N. N., von dem und dem Orte,« und jener soll mit denselben Worten antworten; und jener im Gerichtshof befindliche (soll weiter vorsprechen) und dieser (Abschwörende) soll antworten, mit denselben Worten und immer in der Umgangssprache, und so fort bis die Abschwörung zu Ende ist; und zwar soll er in der Form des folgenden Wortlauts abschwören: »Ich N. N., von dem und dem Orte, der und der Diözese, vor Gericht persönlich erschienen, schwöre vor Euch ehrwürdigen Herren, dem Bischof der und der Stadt und dem und dem Richter in den der Hoheit des und des Herrn unterworfenen Ländern, indem die hochheiligen Evangelien vor mir liegen, die ich mit meinen eigenen Händen berühre, daß ich im Herzen jenen heiligen und apostolischen Glauben glaube und bekenne ihn mit dem Munde, den die hochheilige römische Kirche lehrt, bekennt, predigt und festhält. Desgleichen schwöre ich, im Herzen zu glauben und bekenne mit dem Munde, daß etc.« Es werde hier der jener Ketzerei, um derentwillen er heftig verdächtig ist, entgegengesetzte katholische Artikel ausgeführt. Wenn er beispielsweise der Ketzerei der Hexen (verdächtig ist), soll so gesagt werden: »Ich schwöre, daß ich glaube, daß nicht nur die einfachen Ketzer oder Schismatiker mit ewigen Feuern werden gepeinigt werden, sondern vor allen die mit der Ketzerei der Hexen Infizierten, die den Dämonen den Glauben, den sie im heiligen Bade der Taufe empfangen haben, ableugnen, zur Stillung ihrer verkehrten Begierden auf teuflische Unflätereien bedacht sind und Menschen, Tieren und Feldfrüchten sehr vielen Schaden antun. Und folglich schwöre ich ab, verleugne und widerrufe ich jene Ketzerei oder vielmehr Ungläubigkeit, welche fälschlicher und lügnerischer Weise behauptet, es gebe keine Hexe auf Erden, und niemand solle glauben, sie könnten mit Hilfe der Dämonen Schädigungen antun; da eine solche Ungläubigkeit, wie ich jetzt erkenne, direkt gegen die Entscheidung der heiligen Mutter Kirche und aller katholischen Doktoren, ja auch gegen die kaiserlichen Gesetze streitet, die derartige (Hexen) zu verbrennen bestimmt haben. Desgleichen schwöre ich, daß ich niemals an die vorgenannte Ketzerei (ergänze: hartnäckig) geglaubt habe, noch jetzt daran glaube, noch daran glauben werde; noch gegenwärtig an ihr hänge, noch an ihr zu hängen beabsichtige; noch sie gelehrt habe, noch sie zu lehren beabsichtige, noch sie lehren werde. Desgleichen schwöre und verspreche ich, daß ich das und das (es werde ausgedrückt!), um dessentwillen Ihr mich für einer derartigen Ketzerei heftig verdächtig haltet, niemals tun werde noch mich bemühen werde, daß es geschieht. Wenn ich etwas von dem Vorgenannten in Zukunft tun werde, was Gott abwende, unterziehe ich mich williger» Herzens den gesetzlichen, Rückfälligen gebührenden Strafen; bereit, jeder Buße mich zu unterwerfen, die Ihr beschließen werdet, über mich dafür zu verhängen, was ich getan und gesagt habe, um dessentwillen Ihr mich für der genannten Ketzerei heftig verdächtig haltet; und schwöre und verspreche, sie nach Kräften zu erfüllen und in keiner Weise dagegen zu handeln; so wahr mir Gott helfe und die hochheiligen Evangelien.«

Die vorgenannte Abschwörung erfolge aber in der Umgangssprache, damit sie von allen erfaßt werde, außer wenn sie nur vor geistlichen Personen erfolgt, die die lateinische Sprache hinlänglich verstehen.

Wenn er aber im Geheimen abschwört, nämlich im Palaste des Bischofs oder in der Stube des Bischofs, d. h., wenn die Sache nicht öffentlich abgemacht wird, soll er in ähnlicher Weise abschwören.

Nachdem aber die vorgenannte Abschwörung erfolgt ist, soll ihn der Richter wie oben darauf aufmerksam machen, daß er nicht durch Rückfall in die Strafe der Rückfälligen verfalle.

Der Notar achte darauf, in das Protokoll zu setzen, wie die und die Abschwörung durch den und den als einen der Ketzerei heftig Verdächtigen erfolgt ist, zu dem Ende, daß, wenn er rückfällig wird, man weiß, wie der Betreffende mit der Rückfälligen gebührenden Strafe zu bestrafen ist. Nachdem dies vollbracht ist, soll das Urteil oder die Pönitenz in folgender Weise gefällt werden:

»Wir N. N., Bischof der und der Stadt, und – falls er dabei ist, Bruder N. N., als Inquisitor der ketzerischen Verkehrtheit in den der Hoheit des und des Herrn Untertanen Ländern vom heiligen apostolischen Stuhle besonders abgeordnet, in Beachtung, daß du N. N., von dem und dem Orte der und der Diözese, das und das und das und das (es werde namhaft gemacht!) begangen hast, wie es für uns nach sorgfältiger Erörterung der Werte des Prozesses gesetzmäßig feststeht, um dessentwillen wir dich verdientermaßen für der und der ketzerischen Verkehrtheit heftig verdächtig halten und dich als so verdächtig entsprechend dem großen Rate der im Recht Erfahrenen und unter Fürsprache der Gerechtigkeit haben abschwören lassen; damit du aber für die Zukunft vorsichtiger gemacht und nicht zu geneigt werdest, ähnliches zu vollbringen, und damit die Verbrechen nicht unbestraft bleiben, daß du den übrigen Delinquenten zum Beispiel dienst, verurteilen oder vielmehr büßen wir dich persönlich in unserer Gegenwart erschienenen N. N. in der Form, die folgt, nach dem in und über diesem mit vielen, großen, im Recht erfahrenen Männern, auch Magistern oder Doktoren in der theologischen Fakultät, abgehaltenen reifen und gut verdauten Rate, indem wir Gott allein und die Wahrheit des heiligen katholischen und apostolischen Glaubens vor Augen haben, während die hochheiligen Evangelien vor uns liegen, damit im Angesichte Gottes unser Urteil ergehe und unsere Augen die Billigkeit sehen, sitzend vor dem Tribunal nach Art urteilender Richter: nämlich daß du dir in der Folge nicht herausnimmst, das und das zu tun, zu sagen oder zu lehren. (Es werde das aufgesetzt, was begangen zu haben er überführt ist; um dessentwillen er der vorgenannten Ketzerei für heftig verdächtig gehalten worden ist; und einiges (weitere), durch das er, wenn er es beginge, sich eines leichten Rückfalles schuldig machen würde. Aber es werde ihm noch anderes auferlegt, so wie es die Abwechslung des Geschäftes erfordert und verlangt, z. B. daß er niemals wissentlich die und die Übungen vornehme, oder diejenigen nicht aufnehme, von denen er weiß, daß sie abgeschworen haben, und ähnliches.) Gefällt ist dieses Urteil (etc.).«

Es ist aber zu beachten, daß der Ketzerei Verdächtige, aber nicht Ertappte, mögen sie nun heftig oder leicht verdächtig sein, nicht lebenslänglich eingekerkert noch lebenslänglich eingemauert werden dürfen, weil das die Strafe für diejenigen ist, welche Ketzer gewesen und dann bußfertig geworden sind, wie sich im c. excommunicamus II de haer. und im c. quoniam, de haer. l. VI ergibt. Aber sie können um dessentwillen, was sie begangen haben und auf grund dessen sie für verdächtig gehalten worden sind, auf eine bestimmte Zeit im Kerker festgehalten und dann, je nachdem es gut scheint, davon befreit werden, nach c. ut commissi, de haer. l. VI. Auch sind derartige Verdächtige nicht mit Kreuzen zu zeichnen. Denn Kreuze sind die Anzeichen eines bußfertigen Ketzers; Verdächtige aber sind nicht für Ketzer gehalten worden; weshalb sie auch nicht (mit dem Kreuze) zu zeichnen sind. Es kann ihnen jedoch auferlegt werden, daß sie an bestimmten festlichen Tagen an den Türen der und der Kirchen stehen oder am Altar, während das Meßamt gefeiert wird, mit brennendem Wachs von so und so viel Gewicht in den Händen; oder daß sie zu der und der Pilgerfahrt ausziehen, und ähnliches, so wie es die Beschaffenheit des Geschäftes wünschenswert macht und verlangt.

Fünfundzwanzigste Frage

Über die sechste Art, das Urteil zu fällen, über eine Angezeigte und zwar über eine ungestüm Verdächtige

Die sechste Art, einen Glaubensprozeß zu beendigen, ist es, wenn der wegen ketzerischer Verkehrtheit Angezeigte nach sorgfältiger Erörterung der Werte des Prozesses zusammen mit dem guten Rate im Recht Erfahrener als der Ketzerei ungestüm verdächtig befunden wird; und zwar ist dies der Fall, wenn der Angezeigte selbst nicht als gesetzmäßig ertappt befunden wird, weder durch eigenes Geständnis, noch durch Evidenz der Tat, noch durch gesetzmäßige Vorführung von Zeugen, aber nicht bloß leichte oder heftige, sondern sehr starke und sehr ungestüme Indizien vorhanden sind, die den Angezeigten selbst der genannten Ketzerei verdientermaßen ungestüm verdächtig machen, und um derentwillen ein solcher als der genannten Ketzerei ungestüm verdächtig beurteilt werden muß. Damit nun diese Art deutlicher eingesehen werde, wollen wir Beispiele sowohl von der einfachen Ketzerei im Glauben als auch von der Ketzerei der Hexen geben. In der einfachen Ketzerei nämlich könnte der Fall eintreten, daß der Angeklagte selbst nicht durch eigenes Geständnis etc. wie oben als gesetzmäßig ertappt befunden wird; jedoch wegen irgend etwas, was er gesagt oder getan hat, daß er z. B. in einer Sache (nicht des Glaubens) vorgeladen die Exkommunikation ein Jahr hindurch oder länger ausgehalten hat, ist ein solcher schon der Ketzerei leicht verdächtig, weil das nicht eines Körnchens ketzerischer Verkehrtheit entbehrt, de poenis c. gravem. Wenn er aber, zur Verantwortung seines Glaubens vorgeladen, nicht erscheint, sondern es störrig ablehnt, zu erscheinen, weshalb er exkommuniziert wird, dann wird er der Ketzerei heftig verdächtig; denn dann geht der leichte Verdacht in einen heftigen über. Und wenn er jene Exkommunikation ein Jahr hindurch mit hartnäckigem Sinne aushält, dann wird er der Ketzerei ungestüm verdächtig; denn dann geht der heftige Verdacht in einen ungestümen über, gegen den keine

Verteidigung zugelassen wird; im Gegenteil, von da an ist ein solcher als Ketzer zu verurteilen, wie es sich aus dem c. cum contumacia ergibt; und zwar wird er notiert ebendort l. VI.

In der Hexenketzerei aber wird ein Beispiel von ungestümem Verdachte in dem Falle geboten, wenn jemand irgend etwas gesagt oder vollbracht hat, was von Hexen verübt wird, wenn sie jemand behexen wollen; und weil dies das Gewöhnliche ist, daß sie sich mit drohenden Worten oder Taten, entweder mit dem Ansehen oder mit dem Anfassen, zu offenbaren haben, aus einer dreifachen Ursache: daß die Sünde bei den Richtern schwerer ins Gewicht falle, daß die Einfältigen um so leichter verführt werden, und daß Gott um so mehr beleidigt werde und ihnen größere Befugnis, gegen die Menschen zu wüten, überlasse; weshalb die Hexe ungestüm verdächtig wird, wenn nach drohenden Worten, indem sie sagt: »Ich will es dir besorgen, daß du es in kurzem fühlen wirst« oder im Sinne ähnlichem irgend eine Wirkung an (dem Betreffenden) selbst oder an einem anderen erfolgt ist; denn dann ist sie nicht leicht verdächtig, wie z. B. die, welche wegen des Verkehrs mit Hexen verdächtig gewesen sind, oder welche jemanden zu ungewöhnlicher Liebe haben reizen wollen. Siehe oben, von den drei Arten des Verdachts, der leichten, heftigen und ungestümen.

Jetzt ist nachzusehen, welche Praktik mit solchen zu beobachten ist. Nämlich bezüglich eines in der einfachen Ketzerei ungestüm Verdächtigen wird folgende Praktik beobachtet: Kann er nämlich in Wirklichkeit vielleicht kein Ketzer sein, z. B. weil er keinen Irrtum im Geiste noch darüber Hartnäckigkeit im Willen hegt, wie Archidiaconus zu dem zitierten Kanon bemerkt, so ist er nichtsdestoweniger als Ketzer zu verdammen, wegen des vorgenannten ungestümen Verdachtes, gegen den keine Beweisführung zuzulassen ist. Verurteilt aber wird ein Ketzer in der Weise, daß, wenn er nicht zurückkehren und die Ketzerei abschwören und entsprechende Genugtuung leisten will, er dem weltlichen Arme zur Bestrafung mit der gebührenden Ahndung übergeben wird, nach c. ad abolendam, § praesenti. Wenn er es aber will und zusagt, mit (nachfolgender) Wirkung, so schwört er die Ketzerei ab und wird in lebenslänglichem Karzer festgehalten, nach c. excommunicamus II, de haer. In gleicher Form derjenige, welcher so der Ketzerei ungestüm verdächtig ist.

Mag aber auch bezüglich eines der Ketzerei der Hexen ungestüm Verdächtigen dieselbe Weise zu beobachten sein, so ist doch, indem man in milderer Form vorgeht, zu beachten, daß, wenn sie[6] beim Leugnen verharrt und behauptet, wie sie es zu tun pflegen, sie habe jene Worte nicht in solcher Absicht ausgestoßen, sondern in heftiger, weibischer Leidenschaft, daher es auch dem Richter nicht gut scheint, sie dem Feuer überantworten zu können, wobei der ungestüme Verdacht nicht entgegensteht – daß dann der Richter sie im Gefängnis festhält, inquiriert und sie bekennen lasse, ob sie in ähnlichen Dingen schon längst bekannt gewesen sei; und wenn so, ob sie öffentlich wegen solcher Ketzerei übel beleumundet sei, auf grund dessen er zu dem weiteren vorgehen kann, in der Weise, daß sie vor allem dem peinlichen Verhör auf der Folter ausgesetzt werde; und wenn sich Indizien bezüglich solcher Ketzerei oder bezüglich der Hexenkunst der Verschwiegenheit gezeigt haben, z. B. daß sie keine Tränen vergießt, im Gegenteil bei der Folterung als unempfindlich befunden wird, weil sie nämlich nach der Folterung schnell wieder zu allen ihren Kräften kommt, dann gehe er vor mit den verschiedenen, oben genannten Vorsichtsmaßregeln, wo über ähnliches gehandelt wird.

Und im Falle, wo dies alles versagt, möge er dann bedenken, daß, wenn sie ähnliches schon längst begangen hat, sie dann auf keinen Fall loszulassen, sondern ein Jahr lang mindestens im Schmutz des Kerkers festzuhalten und zu peinigen, auch sehr häufig zu verhören ist, besonders an den heiligen Tagen. Wenn sie aber zu dem noch übel beleumdet ist, so kann sie zwar der Richter nach dem, was oben bei der einfachen Ketzerei berührt worden ist, dem Feuer überantworten, besonders wegen einer vielfachen Anzahl von Zeugen, und weil sie öfters in ähnlichen oder anderen Behexungen bemerkt worden ist; weil er jedoch mit Liebe vorgehen will, so lege er ihr die kanonische Reinigung auf, daß sie nämlich zwanzig oder dreißig Reinigungshelfer habe und vorgehe, wie es in der zweiten Art, das Urteil zu fällen, berührt

6 Es tut mir leid, aber im Original wird schon wieder einmal das Geschlecht gewechselt!

worden ist; in der Weise nämlich, daß er ihr ankündigt, daß, wenn sie bei der Reinigung versagt, sie dann als schuldig dem Feuer überantwortet werden wird; und danach kann der Richter vorgehen. Im Falle aber, daß sie sich reinigte, soll sie die Reinigung von jeglicher Ketzerei unter (der Verwarnung) der Strafe der Rückfälligen und lebenslänglicher Pönitenz vornehmen in der Weise, wie sie in dem zu formulierenden Urteilsspruche folgt; und zwar ist die Art der Vorbereitung zur Abschwörung eine solche, wie es in der vorangehenden vierten und fünften Art, einen Glaubensprozeß abzuschließen, gesagt worden ist.

Bemerke auch, daß in allen folgenden Arten, das Urteil zu fällen, die Richter, wenn sie auf dem Wege der Liebe vorgehen wollen, nach der schon berührten Art vorgehen können. Aber weil die weltlichen Richter sich ihrer verschiedenen Weise in Strenge bedienen und nicht immer nach Billigkeit vorgehen, deshalb kann ihnen eine unfehlbare Regel und Weise nicht so wie dem geistlichen Richter bestimmt werden, der die Abschwörung unter lebenslänglicher Pönitenz in der folgenden Weise annehmen kann: »Ich N. N. von dem und dem Orte der und der Diözese, vor Gericht persönlich erschienen, schwöre vor Euch ehrwürdigen Herren, Bischof der und der Stadt, und Richtern, während die hochheiligen Evangelien vor mir liegen und ich sie mit meinen eigenen Händen körperlich berühre, daß ich im Herzen jenen heiligen katholischen und apostolischen Glauben glaube, und bekenne ihn mit dem Munde, den die hochheilige römische Kirche bewahrt, bekennt, glaubt, predigt und lehrt. Und folglich schwöre ich alle Ketzerei ab, leugne und widerrufe sie, die sich gegen die heilige römische und apostolische Kirche erhebt, welcher Sekte oder Irrlehre sie auch immer angehört hat. Desgleichen schwöre und verspreche ich, daß ich das und das und das und das (es werde namhaft gemacht!), was ich getan oder gesagt habe und um dessentwillen Ihr mich auch aus meiner Schuld für der genannten Ketzerei ungestüm verdächtig haltet, in der Folge niemals tun oder sagen noch mir Mühe geben werde, daß es geschehe. Desgleichen schwöre und verspreche ich, daß ich jede Pönitenz, die Ihr mir für die vorgenannten (Vergehen) auferlegen wollt, nach Kräften erfüllen und in keiner Weise dagegen handeln werde; so wahr mir Gott helfe und diese hochheiligen Evangelien. Wenn ich nach der Abschwörung in Zukunft dagegen handele, was Gott abwende, dann verpflichte und verfehme ich mich jetzt für später den von rechtswegen Rückfälligen gebührenden Strafen, daß ich mit ihnen getroffen werde.«

Der Notar beachte wohl, in den Akten zu schreiben, daß die genannte Abschwörung von einem der Ketzerei ungestüm Verdächtigen vorgenommen worden ist; damit, wenn er später als rückfällig erwiesen ist, dann als solcher beurteilt und als solcher dem weltlichen Arme übergeben wird.7

Wenn dies so verhandelt ist, spreche er ihn von dem Spruche der Exkommunikation frei, deren er für ungestüm verdächtig gehalten worden ist, weil er darin verfallen ist wie bei den oben genannten Ketzereien. Wie daher ein Ketzer, wenn er umgekehrt ist und abgeschworen hat, von dem Spruche der Exkommunikation loszusprechen ist, weil jeder Ketzer exkommuniziert ist, nach c. excommunicamus I und II, de haer. und auch nach c. ad abolendam, am Anfang, so ist auch ein solcher, um den es sich hier handelt, da er, wie früher gesagt, als Ketzer zu verurteilen ist, von dem Spruche der Exkommunikation loszusprechen, nachdem er abgeschworen hat; und wenn die Abschwörung geschehen ist, soll das Urteil in der Weise folgenden Wortlautes gefällt werden:

»Wir N. N., Bischof der und der Stadt, und, falls einer dabei ist, Richter (N. N.) in den Ländern des und des Herrn, in Beachtung, daß du N. N. aus dem und dem Orte der und der Diözese uns wegen der und der den heiligen Glauben berührenden (Punkte) angezeigt worden bist (– sie werden ausdrücklich genannt –) und daß wir zu unserer Belehrung darüber verschritten sind, wie die Gerechtigkeit es uns riet, haben wir nach sorgfältiger Prüfung der Werte des Prozesses und aller Verhandlungen und Ausführungen in gegenwärtiger Sache gefunden, daß du das und das begangen hast (es werde ausdrücklich namhaft gemacht). Daher haben wir dich, und zwar nicht unverdientermaßen, weil wir dich für der und der Ketzerei (es werde ausdrücklich namhaft gemacht) ungestüm verdächtig halten, als einen so Ver-

7 In allen meinen Texten folgt jetzt noch einmal das ganze Stück von der Abschwörung an mit ganz geringen Abweichungen.

dächtigen alle Ketzerei im allgemeinen öffentlich abschwören lassen, so wie es uns die kanonischen Satzungen befehlen. Freilich, da nach eben diesen kanonischen Bestimmungen ein jeder solcher Ketzer zu verurteilen ist und du, dem gesünderen Rate folgend und zum Schöße der heiligen Mutter Kirche zurückkehrend alle ketzerische Verkehrtheit, wie vorausgeschickt, abgeschworen hast, weshalb wir dich von dem Spruche der Exkommunikation, durch welche du als Gott und der Kirche gegenüber schuldig gebunden verdientermaßen gehalten wurdest, lossprechen, wenn du nur aus aufrichtigem Herzen und in nicht geheucheltem Glauben zur Einheit der Kirche zurückgekehrt bist, – daher wirst du von jetzt an unter die Bußfertigen gerechnet werden, indem dich die hochheilige Kirche gegenwärtig wieder an den Busen der Barmherzigkeit aufnimmt. Aber weil es sehr unwürdig ist, mit geschlossenen Augen an ungestraften Beleidigungen gegen Gott vorüberzugehen und dabei Beleidigungen gegen Menschen zu ahnden, da es schlimmer ist, die göttliche Majestät zu verletzen als die menschliche, und damit deine Verbrechen keinen Ansporn für andere zu Vergehungen bilden, und daß du für die Zukunft vorsichtiger gemacht und für später weniger zur Begehung der vorgenannten oder ähnlicher (Taten) geneigt würdest, und damit du im künftigen Zeitalter leichter bestraft werdest, verurteilen oder vielmehr büßen wir, der vorgenannte Bischof und Richter dich in unserer Gegenwart persönlich erschienenen N. N., an diesem Tage und zu dieser Stunde, die dir vorher bestimmt worden sind, urteilskräftig in der Weise, welche folgt, nachdem wir in und über diesem den gesunden und reifen Rat Erfahrener eingeholt haben, sitzend vor dem Tribunal nach der Weise urteilender Richter, indem wir Gott allein und die unzerbrechliche Wahrheit des heiligen Glaubens vor Augen haben, während die hochheiligen Evangelien vor uns liegen, damit im Angesicht Gottes unser Urteil ergehe und unsere Augen die Billigkeit sehen: erstens, daß du sogleich über alle Kleider, die du trägst, ein nach Art eines Mönchs-Skapuliers ohne Kapuze verfertigtes bleifarbiges Gewand ziehst, welches vorn und hinten Kreuze aus gelbem Zeug in der Länge von drei und in der Breite von zwei Handbreiten trägt, welches Kleid du über allen anderen Kleidern so und so lange Zeit (– sie werde ausdrücklich bezeichnet: ein Jahr oder zwei oder mehr, oder weniger, je nachdem die Schuld des Delinquenten es verlangt –) tragen sollst; und nichtsdestoweniger sollst du mit dem genannten Kleide und den Kreuzen an der Tür der und der Kirche stehen, zu der und der Zeit und so und so lange, nämlich an den vier Hauptfesten der glorreichen Jungfrau, oder an den und den (anderen) Festen an den Flügeltüren der und der Kirche oder Kirchen; und verurteilen dich rechtskräftig zu dem und dem Gefängnis, auf Lebenszeit oder so und so lange Zeit. (Es werde niedergeschrieben, was recht sehr zur Ehre des Glaubens zu dienen scheint, z. B. »wegen der Größe der Schuld«, oder »wegen der Geringigkeit der Schuld«, oder »wegen der Hartnäckigkeit des Delinquenten«. Dann geht es weiter:) Wir behalten uns auf grund unseres Wissens und ausdrücklich, wie es uns die kanonischen Bestimmungen gestatten, das Recht vor, daß wir die genannte Pönitenz so oft mildern, verschärfen, ändern und im Ganzen oder zum Teil aufheben können, so oft es uns tunlich erscheint. Gefällt ist dieser Urteilsspruch (etc.)«.

Nachdem er verlesen ist, werde (der Delinquent) alsbald der gebührenden Vollstreckung überantwortet und mit dem vorgenannten, derartigen Kreuze enthaltenden Gewande bekleidet.

Sechsundzwanzigste Frage

Über die Art, das Urteil über eine Angezeigte zu fällen, die verdächtig und übel beleumdet ist

Die siebente Art, einen Glaubensprozeß zu beendigen und abzuschließen, ist es, wenn der wegen ketzerischer Verkehrtheit Angezeigte nach sorgfältiger Erörterung der Werte des Prozesses zusammen mit einem guten Rate von im Recht Erfahrenen als der Ketzerei verdächtig und auch übel beleumdet befunden wird; und zwar ist dies der Fall, wenn der Angezeigte selbst weder durch eigenes Geständnis, noch durch Evidenz der Tat, noch durch gesetzmässige Vorführung von Zeugen als gesetzmäßig ertappt befunden, aber als persönlich übelbeleumundet befunden wird, und wenn sich auch Indizien gegen ihn finden, die ihn auch sonst der ketzerischen Verkehrtheit leicht oder heftig verdächtig machen, z. B., daß er viel Verkehr mit Ketzern gehabt hat, wie er einer gewesen ist, um den es sich handelt im c. inter sollicitudines, de purgatione canonica; und mit Rücksicht auf solche Bescholtenheit ist ihm die kanonische Reinigung zuzuerkennen, und mit Rücksicht auf den Verdacht muß er die Ketzerei abschwören, nach dem zitierten c. inter sollicitudines.

Bezüglich eines solchen ist folgende Praktik zu beobachten. Ein solcher nämlich, der so wegen der Ketzerei öffentlich übel beleumdet ist und außer der Bescholtenheit auf grund noch anderer Indizien der ketzerischen Verkehrtheit für verdächtig gehalten wird, wird sich zuerst öffentlich in der Weise reinigen, wie es in der zweiten Art berührt worden ist. Nachdem diese Reinigung durch den Bescholtenen vollbracht ist, soll alsbald derselbe Bescholtene, als auch sonst verdächtig und auf grund noch anderer Anzeichen von Ketzerei, deren er verdächtig gehalten wird, in folgender Weise abschwören, indem er das vorgenannte Buch der Evangelien vor sich liegen hat: »Ich N. N., von dem und dem Orte, der und der Diözese, schwöre vor Euch, meinen ehrwürdigen Herren, N. N., Bischof der und der Stadt und (N. N.),

Richter in den Ländern des und des Herrn, persönlich vor Gericht erschienen, während die hochheiligen Evangelien vor mir liegen und ich sie mit meinen eigenen Händen körperlich berühre, daß ich im Herzen jenen heiligen apostolischen Glauben glaube, und bekenne ihn mit dem Munde, den die römische Kirche glaubt, bekennt, predigt und bewahrt. Und folglich schwöre ich alle Ketzerei ab, leugne und widerrufe sie, die sich gegen die heilige und apostolische Kirche erhebt, welcher Sekte oder Irrlehre sie auch immer angehört hat. (Und dann weiter, wie oben berührt worden ist:) deshalb schwöre und verspreche ich, daß ich das und das, und das und das, (– es werde namhaft gemacht! –) was ich getan habe und um dessentwillen ich verdientermaßen wegen solcher Ketzerei übel beleumdet bin, daß außerdem Ihr mich für verdächtig haltet, in der Folge niemals tun oder sagen noch mir Mühe geben werde, daß es geschehe. Desgleichen schwöre und verspreche ich, daß ich jede Pönitenz, die Ihr mir für die vorgenannten (Vergehen) aufzuerlegen beschließen werdet, nach Kräften erfüllen und in keiner Weise dagegenhandeln werde; so wahr mir Gott helfe und diese hochheiligen Evangelien. Wenn ich gegen das Vorgenannte, Beschworene und Abgeschworene in Zukunft handele, was Gott abwende, dann unterstelle, verpflichte und verfehme ich mich jetzt für später aus freien Stücken den solchen von »Rechtswegen gebührenden Strafen, daß ich mit ihnen getroffen werde, wenn es gesetzmäßig bewiesen ist, daß ich derlei begangen habe«.

Es ist jedoch hier zu bemerken, daß, wenn die Indizien derartig und dermaßen stark sind, daß sie zusammen mit der vorgenannten Bescholtenheit oder auch ohne sie den vorgenannten übel Beleumdeten der Ketzerei heftig verdächtig machen, er dann alle Ketzerei im allgemeinen abschwören soll, wie es oben steht; und wenn er in irgend eine Ketzerei zurückverfällt, er mit der Rückfälligen gebührenden Strafe bestraft werden soll, wie es im c. inter sollicitudines, de purgatione canonica und im c. accusatus de haer. l. VI heißt.

Wenn aber jene Indizien so mäßig und leicht sind, daß sie auch zusammen mit der vorgenannten Bescholtenheit ihn der Ketzerei nicht heftig, sondern nur leicht verdächtig machen, dann wird es genügen, daß er nicht allgemein oder einfach, sondern nur im einzelnen die Ketzerei abschwört, deren er für verdächtig gehalten worden ist, so daß, wenn bewiesen wird, daß er in eine andere Art von Ketzerei (verfallen ist), er nicht mit der Rückfälligen gebührenden Strafe bestraft wird; wenn er aber in dieselbe (Ketzerei zurückverfällt), wird er mit Rücksicht auf die Abschwörung, weil er nämlich als leicht Verdächtiger abgeschworen hat, mit der Rückfälligen gebührenden Strafe nicht bestraft werden, wiewohl härter, als wenn er nicht schon einmal abgeschworen hätte; wie sich dies alles ergibt im c. accusatus am Anfang, de haer. 1. VI. Mit Rücksicht auf die kanonische Reinigung aber besteht ein Zweifel, ob einer, der nach der kanonischen Reinigung in dieselbe Art von Ketzerei zurückverfällt, bezüglich deren er sich kanonisch gereinigt hat, mit der Rückfälligen gebührenden Strafe, d. h. der letzten Sühne, bestraft werden solle. Es scheint, ja: nach dem c. excommunicamu I, § adicimus, bei dem Worte: vel si post purgationem; und nach dem c. ad abolendam, § illos quoque, de haer. in antiquis.

Der Notar achte darauf, daß in den Akten geschrieben wird, ob der und der als der Ketzerei leicht oder schwer verdächtig abgeschworen hat, weil da viel darauf ankommt, wie anderwärts häufig gesagt worden ist.

Nachdem dies so verhandelt ist, soll das Urteil oder die Pönitenz in der Form folgenden Wortlauts gefällt werden: »Wir N. N., Bischof der und der Stadt oder Richter in den der Hoheit des und des Herrn Untertanen Ländern, in sorgfältigster Beachtung, daß du, N. N., aus dem und dem Orte der und der Diözese uns wegen der und der Ketzerei (– sie werde namhaft gemacht –) angezeigt worden bist; und in dem Wunsche, wie wir gehalten waren, uns gerichtlich zu unterrichten, ob du in die vorgenannte verfluchte Ketzerei verfallen seist, sind dazu verschritten und, wie es sich geziemte, vorgegangen zu untersuchen, die Zeugen zu vernehmen und dich vorzuladen und unter Eid zu verhören und anderes zu verrichten, was von uns zu verrichten war. Nachdem dies vollbracht, die Werte dieses Prozesses besehen, fleißig betrachtet und gleichermaßen erörtert, alles und einzelne einer derartigen Sache vorgeführt, behandelt und verhandelt und in und über diesem mehrmals ein reifer Rat von Theologen und im Recht Erfahrenen abgehalten und verdaut worden ist, haben wir dich in der vorgenannten Ketzerei in dem und dem Orte oder in den und den Orten bei guten und gewichtigen (Leuten) als öffentlich übel beleumdet befunden, weswegen wir dir, wie es uns die kanonischen Bestimmungen befehlen, die kanonische Reinigung zugeschoben haben, mit der du dich hier öffentlich vor uns gereinigt hast; und gleichermaßen haben dich die Reinigungshelfer selbst gereinigt. Wir haben auch gefunden, daß du das und das begangen hast (– es werde namhaft gemacht –) um dessentwillen wir dich nicht unverdientermaßen (– heftig oder leicht: es werde gesagt, ob es dieses ist oder jenes –) für verdächtig gehalten haben, und zwar wegen der vorgenannten ketzerischen Verkehrtheit, weswegen wir dich als so und so Verdächtigen die Ketzerei haben abschwören lassen (– es werde gesagt: »alle Ketzerei«, wenn er als heftig Verdächtiger, oder »die obengenannte Ketzerei«, wenn er als leicht Verdächtiger abgeschworen hat –). Aber weil wir derlei, was du vollbracht hast, auf keinen Fall dulden können noch dürfen, sondern nach dem Rate der Gerechtigkeit gezwungen werden, es zu meiden, verurteilen oder büßen wir, der vorgenannte Bischof oder Richter, sitzend vor dem Tribunal nach der Weise urteilender Richter, während die hochheiligen Evangelien vor uns Hegen, damit im Angesichte Gottes unser Urteil ergehe und unsere Augen die Billigkeit sehen, dich N. N., den vorgenannten, der du dich gereinigt und abgeschworen hast und in unserer Gegenwart persönlich erschienen bist, an diesem Orte und zu der und der Stunde, die wir im voraus bestimmt waren; zu dem Zwecke, daß du für die Zukunft vorsichtiger werdest, die Verbrechen nicht ungestraft bleiben, die Übrigen nicht zur Begehung ähnlicher (Taten) allzu geneigt und die Beleidigungen des Schöpfers nicht gleichmütig ertragen werden; in der Weise, wie folgt: daß du nämlich gehalten seist etc. (Es werde das eingefügt, was in besonderem Maße zur Ehre des Glaubens und zur Ausrottung der ketzerischen Verkehrtheit zu dienen scheint; wie z. B. daß (Delinquent) an bestimmten Sonn- und Festtagen an der Tür der und der Kirche mit Wachs von so und so viel Gewicht in der Hand, während das Meßamt gefeiert wird, mit unbedecktem Haupte und nackten Füßen zu stehen und das vorgenannte Wachs am Altar zu opfern habe, und daß er am sechsten Fasttage zu fasten habe und zu bestimmter

Zeit jenen Ort nicht zu verlassen wage, sondern sich an gewissen Tagen der Woche dem Bischof oder Richter vorzustellen habe, und ähnliches, was je nach dem Erfordernis und Verschiedenheit der Schuld aufzuerlegen gut scheinen wird, weil keine allgemeine Regel gegeben werden kann.) Gefällt wurde dieser Urteilsspruch (etc.)«.

Nachdem er gefällt ist, werde er vollstreckt; er kann aber auch aufgehoben oder gemildert oder geändert werden, je nachdem es das Geschäft, die Besserung des Bußfertigen und seine Demut es erfordern, weil der Bischof und der Richter die Macht dazu haben, und zwar von Rechtswegen, wie (es sich) im c. ut commissi de haer. l. VI, ergibt.

Siebenundzwanzigste Frage

Über die Art, das Urteil über eine zu fällen, die gestanden hat, aber bußfertig ist

Die achte Art, einen Glaubensprozeß zu beendigen und das Urteil zu fällen ist es, wenn der wegen ketzerischer Verkehrtheit Angezeigte nach sorgfältiger Erörterung der Werte des Prozesses zusammen mit dem guten Rate im Recht Erfahrener als der Ketzerei geständig, aber bußfertig und nicht schon einmal wirklich rückfällig befunden wird; und das ist der Fall, wenn der Angezeigte selbst gerichtlich vor dem Bischof und Inquisitor unter Eid gesteht, es sei wahr, daß er selbst so und so lange Zeit in jener oder einer anderen ketzerischen Verkehrtheit, wegen der er angezeigt ist, gestanden und beharrt und an sie geglaubt und an ihr gehangen hat; aber nach dem will er auf die Unterweisung des Bischofs und anderer hin umkehren und in den Schoß der Kirche zurückkehren, jene und jede andere Ketzerei abschwören und Genugtuung leisten, wie jene es ihm verordnen wollen; und wird nicht befunden, daß er jemals irgend eine andere Ketzerei abgeschworen hat, sondern ist jetzt willigen Herzens bereit, abzuschwören. Bezüglich dieses ist folgende Praktik zu beobachten. Angenommen nämlich, ein solcher habe seit vielen Jahren in der vorgenannten Ketzerei oder auch in jedweden anderen gestanden, an sie geglaubt, sie ausgeübt und viele zu Irrtümern verleitet: wenn er jenen Ketzereien nur mit dem Erfolge zugestimmt hat, abzuschwören und eine entsprechende Genugtuung nach dem Gutdünken des Bischofs und geistlichen Richters zu geben, so ist er nicht dem weltlichen Arme zur Bestrafung mit der letzten Sühne zu übergeben; noch ist er zu degradieren, falls er Kleriker ist, sondern ist nach c. ad abolendam, § praesentis, extra de haer., zur Barmherzigkeit zuzulassen; und nachdem zuerst die ketzerische Verkehrtheit abgeschworen ist, soll er nach c. excommunicamus II, § si quis ins lebenslängliche Gefängnis gestoßen werden, nachdem ihm die Wohltat der Absolution erteilt und ihm auferlegt worden ist, was derartigen gewöhnlich auferlegt wird, nach c. ut officium; wobei man jedoch klug Vorkehrungen treffen muß, daß er nicht in heuchlerischem Vorgeben und betrügerischer Weise umkehren will; (weil man sonst) auch dem weltlichen Arm nicht hindern kann.

Die Art des Abschwörens aber ist so, wie oben berührt worden ist; nur wird hinzugefügt, daß er vor dem Volke, an einem Festtage in der Kirche seine Verbrechen mit eigenem Munde gesteht, in der Weise nämlich, daß während er vom Offizial gefragt wird: »Hast du seit so und so vielen Jahren in solcher Hexenkunst verharrt?« jener antwortet: »Ja«. »Und danach hast du dies und dies getan, wie du gestanden hast?« und jener soll antworten: »Ja«. Und so weiter. Dann wird er nach allem mit gebeugten Knieen abschwören ...; und weil er, der so in ketzerischer Verkehrtheit ertappt worden ist, nach c. excommunicamus I und II de haer. exkommuniziert und durch die Abschwörung in den Schoß der Kirche zurückgekehrt ist, daher ist ihm die Wohltat der Absolution zuteil werden zu lassen, nach c. ut officium, am Anfang, de haer. 1. VI. Daher ist er nach der vorgenannten Abschwörung in der Weise zu absolvieren, wie die Bischöfe die Absolution von der größeren Exkommunikation handhaben, weil sie sich dabei apostolischer Autorität bedienen; und sogleich werde das Urteil in dieser Weise gefällt:

»Wir N. N., Bischof der und der Stadt oder (N. N.), Richter in den der Hoheit des und des Herrn Untertanen Ländern, in Beachtung, daß du N. N. von dem und dem Orte der und der Diözese uns auf den Bericht der Stimme der Öffentlichkeit und auf die Eingebung glaubwürdiger Männer wegen ketzerischer Verkehrtheit angezeigt worden bist, und du von ihr seit vielen Jahren zum großen Schaden für deine Seele angesteckt gewesen warst, welche Anzeige unseren Busen gar scharf verwundet hat, da es uns aus dem übergebenen Amte obliegt, den heiligen katholischen Glauben in den Herzen der Menschen zu pflanzen und die ketzerische Verkehrtheit von ihrem Geiste wegzunehmen; und in dem Wunsche, wie wir gehalten waren und gehalten sind, in und über diesen uns sicherer zu unterrichten und zu sehen, ob das Geschrei, welches zu unseren Ohren gedrungen war, irgendwie von der Wahrheit gestützt werde, damit, wenn die Wahrheit sich so verhielte, wir für ein heilsames, geeignetes Mittel sorgten, sind wir dazu verschritten, zu untersuchen, die Zeugen zu vernehmen, dich zu laden und dich unter Eid in und über den Denunziationen gegen dich, so entsprechend wie wir konnten, zu verhören und alles und jedes zu vollbringen, was wir auf Erfordern der Gerechtigkeit und wie es uns die kanonischen Bestimmungen vorschreiben, zu vollbringen hatten. Freilich, da wir deiner derartigen Sache ein entsprechendes Ziel setzen und klar sehen wollten, was in Erfahrung gebracht war, ob du nämlich in der Finsternis wandelst oder im Lichte und ob du mit der Schandtat der Ketzerei angesteckt seist oder nicht, haben wir nach Verhandlung der Werte des Prozesses angeordnet, daß sich vor uns ein feierlicher Rat von Leuten zusammenscharte, die sowohl in der heiligen theologischen Fakultät als auch im kanonischen und bürgerlichen Recht erfahren sind, da wir wissen, daß nach den kanonischen Bestimmungen ein Urteil vollständig ist, welches von den Ansichten recht vieler bestätigt wird; und nachdem in und über allen und jeden Handlungen und Verhandlungen in gegenwärtiger Sache ein gesunder, reifer und gut verdauter Rat vorgenannter Erfahrener abgehalten, die Werte des Prozesses besehen und sorgfältig betrachtet und alles und jedes in ihm Enthaltene abgewägt ist, haben wir gefunden, daß du nach eigenem Geständnis, nachdem wir vor Gericht deinen Eid entgegengenommen haben, in vielfacher Hexenverkehrtheit ertappt worden bist. (Die Artikel werden ausdrücklich namhaft gemacht). Aber da der barmherzige und erbarmende Herr manchmal einige in Ketzereien und Irrtümer fallen läßt, nicht nur damit die katholischen Männer der Wissenschaft in frommen Lobpreisungen sich üben, sondern auch damit die vom Glauben Abgefallenen in der Folge um so demütiger werden und sich in den Werken der Buße üben, finden wir nach sorgfältiger Erörterung der Werte ebendieses Prozesses, daß du auf unsere häufig wiederholte Belehrung hin und unserem und anderer rechtschaffener Männer gesunderen Rate anhangend zum Schöße der heiligen Mutter Kirche und zu eben ihrer Einheit heilsamerweise zurückgeflogen bist, indem du die vorgenannten Irrtümer und Ketzereien verwünscht und die unzerbrechliche Wahrheit des heiligen katholischen Glaubens anerkennst, die du deinem innersten Gedanken einprägst. Deshalb haben wir, jenes Spuren uns anheftend, der niemand umkommen lassen will, dich zur Sicherheitsstellung mit öffentlichem Schwören und Abschwören zugelassen, indem wir dich gegenwärtig (?) die vorgenannten Ketzereien und jede andere Ketzerei öffentlich abschwören lassen. Nachdem diese (Abschwörung) vollbracht ist, sprechen wir dich von dem Urteil der grösseren Exkommunikation, in die du wegen deines Falles in die Ketzerei verknüpft warst, frei, und indem wir dich mit der heiligen Mutter Kirche versöhnen, geben wir dich den kirchlichen Sakramenten wieder, wenn du nur mit aufrichtigem Herzen und nicht geheucheltem Glauben zur Einheit der Kirche zurückgekehrt bist, was getan zu haben wir von dir glauben und hoffen.

Freilich, da es sehr unwürdig ist, die Beleidigungen weltlicher Herren zu rächen und die Beleidigungen Gottes, des Schöpfers aller Himmel gleichmütig zu ertragen, da es viel schlimmer ist, die ewige Majestät zu verletzen als eine zeitliche, und damit er, der sich der Sünder erbarmt, sich deiner erbarmt und du den übrigen ein Beispiel bist, auch die Verbrechen nicht ungestraft bleiben und du für die Zukunft vorsichtiger gemacht und nicht geneigter, sondern schwieriger gegenüber der Behexung der vorgenannten und jedweder anderer unerlaubter (Taten) werdest, (beschließen) wir vorgenannte, Bischof und Richter in der Glaubenssache, die wir von dem Tribunal nach Art ... (wie oben, daß Delinquent mit einem bleifarbenen Gewande bekleidet werde, etc.). Desgleichen verdammen wir dich rechtskräftig zu lebenslänglichem Kerker, daß du dort immer von dem Brote des Schmerzes und dem Wasser der Angst gepeinigt werdest; indem wir uns auf grund sicheren Wissens und ausdrücklich vorbehalten, daß wir ungehindert den gesprochenen Urteilsspruch oder Pönitenz mildern, verschärfen, abändern und gänzlich oder teilweise aufheben können, wenn und wann und wie und so oft als es uns tunlich erscheinen wird. Gefällt ist dieser Urteilsspruch etc.«.

Wenn er verlesen ist, nehme ihn der Richter Punkt für Punkt an und sage zu dem Verurteilten folgende oder in der Wirkung ähnliche Worte: »Mein Sohn, dein Urteil oder deine Pönitenz besteht darin, daß du nämlich die ganze Zeit deines Lebens Kreuze trägst, daß du mit ihnen auf der Treppe an der Tür der und der Kirchen stehst und in lebenslänglichem Gefängnis bei Brot und Wasser liegst. Aber, mein Sohn, dies sei dir nicht schwer; denn ich versichere dich, daß, wenn du es geduldig erträgst, du bei uns Erbarmen finden wirst. Zweifele nicht, noch verzweifele, sondern hoffe fest!« – Nach diesen Worten werde das Urteil der gebührenden Vollstreckung überwiesen, (dem Delinquenten) sofort das vorgenannte Kleid angezogen und er hoch auf die Treppe gestellt, damit er von den Herausgehenden recht gesehen werde, während ihn die Büttel des weltlichen Gerichtshofes umgeben. Zur Frühstücksstunde aber werde er von den Bütteln in den Kerker geführt, und dann geschehe das weitere, was im Urteil steht. Während er selbst aber angekleidet und an die Kirchtür geführt wird, soll sich der geistliche Richter nicht weiter einmischen, wenn der weltliche Gerichtshof wohl damit verfährt; wenn nicht, so handele er nach Belieben.

Achtundzwanzigste Frage

Über die Art, über eine (Angeklagte) das Urteil zu fällen, die gestanden hat, aber, wenn auch bußfertig, doch rückfällig ist

Die neunte Art, einen Glaubensprozeß zu beenden und das Urteil zu fällen, ist es, wenn der wegen ketzerischer Verkehrtheit Angezeigte nach sorgfältiger Erörterung der Werte des Prozesses zusammen mit dem guten Rate (im Recht Erfahrener) als der Ketzerei geständig und bußfertig, aber wirklich rückfällig befunden wird; und das ist der Fall, wenn der Angezeigte selbst gerichtlich vor dem Bischof oder dem Richter gesteht, daß er schon einmal alle Ketzerei abgeschworen habe, und dies gesetzmäßig so befunden wird, und daß er später an die und die Ketzerei oder Irrlehre geglaubt hat; oder daß er im besonderen die Ketzerei abgeschworen hat, nämlich die der Hexen, und später zu ebenderselben zurückgekehrt ist, aber dann einem gesunderen Rate anhangend bereut, katholisch glaubt und zur Einheit der Kirche zurückkehrt. Einem solchen nämlich sind, wenn er demütigst bittet, die Sakramente der Buße und des Abendmahls nicht zu verweigern; aber wie sehr er auch bereut, ist er nichtsdestoweniger als rückfällig dem weltlichen Arme zu übergeben, um mit der letzten Sühne getroffen zu werden. Das wird aber so verstanden, wenn befunden wird, daß er als in Ketzerei ertappt oder als der Ketzerei heftig, nicht aber nur leicht verdächtig abgeschworen hat.

Bezüglich eines solchen aber ist folgende Praktik zu beobachten. Nachdem nämlich im ebenso reifen wie gut verdauten Rate der Erfahrenen geschlossen und, wenn es nötig sein sollte, wiederholt festgestellt worden ist, daß der vorgenannte Angezeigte von Rechtswegen rückfällig ist, soll der Bischof oder Richter zu dem im Kerker eingeschlossenen genannten rückfälligen Angezeigten zwei oder drei rechtschaffene Männer schicken und zwar besonders fromme oder Kleriker, Eiferer des Glaubens, die dem Rückfälligen nicht verdächtig noch unangenehm, sondern vertraut und angenehm sind. Diese sollen bei ihm eintreten, zur passend gewählten Stunde, und zu ihm von der Verachtung der Welt und dem Elend des gegenwärtigen Lebens und den Freuden und dem Ruhme des Paradieses reden. Dies vorausgeschickt sollen sie ihm schließlich im Auftrage des Bischofs oder des Richters andeuten, daß er dem zeitlichen Tode nicht entrinnen könne; deshalb solle er für das Heil seiner Seele sorgen und Bestimmungen über das Geständnis seiner Sünden und über die Entgegennahme des Sakramentes des Abendmahles treffen. Jene sollen ihn häufig besuchen und ihn zur Bußfertigkeit und auch zur Geduld anleiten, indem sie ihn nach Kräften in der katholischen Wahrheit derart bestärken, daß sie ihn fleißig beichten und ihm, wenn er demütig bittet, das Sakrament des Abendmahls reichen lassen; denn derartige Sakramente sind solchen nicht zu verweigern, nach c. super eo, de haer. l. VI.

Nach Empfang dieser Sakramente, wodurch jener zum Heile wohl bereit ist, sollen nach dem Urteil des Vorgenannten zwei oder drei Tage später, an denen er durch die vorgenannten Männer im katholischen Glauben bestärkt und zur Geduld angeleitet wird, der Bischof oder an seiner Stelle der Richter dem Landvogt des Ortes oder der Macht des weltlichen Gerichtshofs auftragen, daß er an dem und dem Platze oder an der und der Stelle, jedoch außerhalb der Kirche, mit seiner Schar erscheine, um von ihrem Forum einen gewissen Rückfälligen zu übernehmen, den der Bischof und Richter selbst ihm übergeben werden; und daß er nichtsdestoweniger an dem festgesetzten oder vorhergehenden Tage frühmorgens durch die Stadt oder den Ort hindurch an den Stellen oder in den Straßen, an denen (auch) andere Bekanntmachungen durch Ausrufen allgemein stattzufinden pflegen, öffentlich ausrufen lasse, daß an dem und dem Tage und zu der und der Stunde an der und der Stelle der Prediger für den Glauben eine Predigt halten und der Bischof und die anderen Richter einen gewissen in die ketzerische Verkehrtheit Zurückverfallenen verdammen werden, indem sie ihn dem weltlichen Arme übergeben.

Hier ist aber zu erwägen, daß, wenn derjenige, der so rückfällig ist, in heilige Rangordnung eingesetzt oder sonst ein Priester oder von der Umschattung irgend eines Ordens oder einer Religion gebräunt ist, er vorher, ehe er übergeben wird, der Vorrechte jedes kirchlichen Ranges zu entkleiden ist; und so jeglichen kirchlichen Amtes beraubt, werde er dem Gutdünken der weltlichen Macht zur Bestrafung mit der gebührenden Ahndung überlassen, wie es im c. ad abolendam, § praesenti de haer. (heißt).

Wenn also ein solcher von seinen Rangordnungen zu degradieren und (dann erst) dem weltlichen Gerichtshof zu überlassen ist, rufe der Bischof die Prälaten und frommen Männer seiner Diözese zusammen, weil zwar nicht einst, jedoch jetzt der Bischof allein mit den Prälaten und anderen frommen und erfahrenen Männern seiner Diözese einen in heilige Rangordnungen Eingesetzten degradieren kann, wenn er dem weltlichen Arme zu überlassen oder für seine ketzerische Verkehrtheit auf Lebenszeit einzumauern ist, nach c. quoniam, de haer. l. VI. Wenn aber der vorher festgesetzte Tag herankommt, an welchem der Rückfällige, falls er in heilige Rangordnungen eingesetzt gewesen ist, zu degradieren und dem weltlichen Arme zu übergeben, wenn er ein Laie gewesen, zu überlassen ist; während sich zur Anhörung des endgiltigen Urteils auf irgend einem Platze oder Orte außerhalb der Kirche das Volk zusammenschaart, der Inquisitor eine Rede hält und der Rückfällige selbst dort auf eine hohe Stelle hingestellt wird, während der weltliche Gerichtshof zugegen ist, falls der Rückfällige zu degradieren ist, soll der Bischof, in priesterliche Gewänder gekleidet, unter Beistand der Prälaten seiner Diözese den zu Degradierenden, der vor ihm steht, gekleidet und vorbereitet, als wenn er in seinem Range ministrieren sollte, von seinem Range degradieren, wobei er mit dem höheren Range anfängt und so schrittweise bis zum untersten; und wie sich der Bischof bei der Verleihung eines Ranges der dazu von der Kirche eingesetzten Worte bedient, so kann er sich bei der Degradierung bei jeder Wegnahme, des Meßgewandes, der Stola und bei dem übrigen gewisser Worte bedienen, die den ersteren entgegengesetzt sind.

Nachdem diese Degradierung vollbracht ist, die in der Weise vorzunehmen ist, nach welcher sie von Rechtswegen oder der Gewohnheit entsprechend vorzunehmen ist, soll der Offizial dem Notar oder einem frommen Manne oder Kleriker auftragen, daß er das Urteil verlese, welches Urteil, mag der Rückfällige ein Laie oder ein degradierter Kleriker sein, nach der Art folgenden Wortlautes gefällt werden soll:

»Wir N. N., durch die göttliche Barmherzigkeit Bischof der und der Stadt und Richter in den der Hoheit des und des Herrn Untertanen Ländern, in der Beachtung nach gesetzmäßiger Belehrung, daß du N. N. aus dem und dem Orte der und der Diözese vor uns (– falls es so gewesen ist; oder, falls anders, vor dem und dem Bischof und den und den Richtern) wegen der und der ketzerischen Verkehrtheit oder den und den Ketzereien (– es werde namhaft gemacht –) angezeigt worden bist, in welchen Ketzereien, wie gesetzmäßig In Erfahrung gebracht worden ist, du nach eigenem Geständnis ertappt und auch durch Zeugen überführt worden warst, und daß du in ihnen so und so lange Zeit mit verhärtetem Gemüte verharrt hattest (– es werde gesagt, wie es damit war –), aber später, einem gesunderen Rate anhangend, jene Ketzereien an dem und dem Orte öffentlich abgeschworen, in der gewohnten Form der Kirche geleugnet und widerrufen hast, weswegen die vorgenannten, Bischof und Inquisitor, in dem Glauben, du seist wahrhaftig zum Schoße der heiligen Kirche Gottes zurückgekehrt, dich von dem Spruch der Exkommunikation, von der du gefesselt gehalten wurdest, lossprachen und dir, wenn du nur mit aufrichtigem Herzen und in nicht geheucheltem Glauben zur Einheit der heiligen Kirche zurückgekehrt wärest, eine heilsame Pönitenz auferlegt haben. Aber nach allem oben genannten und nach Ablauf so vieler Jahresläufte bist du uns jetzt neuerlich wiederum angezeigt worden, daß du wiederum in solche abgeschworene Ketzereien (– sie sollen namhaft gemacht werden –) verfallen bist. Wiewohl wir von dir derlei mit Mißfallen gehört haben, sind wir doch, da die Gerechtigkeit uns dazu zwingt, dazu verschritten, zu untersuchen, die Zeugen zu vernehmen, dich zu laden und unter Eid zu verhören, wie nicht minder alles und jedes zu tun, was wir nach den kanonischen Bestimmungen tun mußten. Da wir nun gewiß gegenwärtige Sache mit dem gebührenden Ende abschließen wollten, haben wir einen feierlichen Rat von sowohl in der theologischen Fakultät als auch im kanonischen und bürgerlichen Recht Erfahrenen sich versammeln heißen, und nachdem in und über allen und jeden Handlungen und Verhandlungen ein ebenso reifer als gut verdauter Rat der Vorgenannten abgehalten, die Werte des Prozesses besehen und sorgfältig erörtert und alles mit gleicher Wagschale abgewogen ist, wie es zu geschehen (die Gerechtigkeit) verlangte, haben wir gesetzmäßig sowohl durch Zeugen als durch dein eigenes, gerichtlich entgegengenommenes Geständnis gefunden, daß du in die abgeschworenen Ketzereien zurückverfallen bist. Denn wir haben gefunden, daß du das und das gesagt oder getan hast. (Es werde alles ausgeführt.) Deshalb haben wir dich auch verdientermaßen nach dem Rate Vorgenannter für rückfällig gehalten und halten dich dafür, gemäß den kanonischen Bestimmungen, was wir beklagend berichten und berichtend beklagen.

Aber weil du auf unsere und rechtschaffener (anderer) katholischer Männer Belehrung hin mit Eingebung der göttlichen Gnade wiederum zu dem Schoße der Kirche und zu der Wahrheit eben ihres Glaubens zurückgekehrt bist, indem du die vorgenannten Irrtümer und Ketzereien verwünschtest, katholisch glaubtest und den katholischen Glauben bekanntest, haben wir dich zur Entgegennahme der von dir demütig erbetenen kirchlichen Sakramente der Buße und des Abendmahls zugelassen. Aber da die Kirche Gottes nichts mehr hat, was sie in dir und an dir noch weiter tun könnte, nachdem sie sich so barmherzig gegen dich verhalten hat, wie wir eben gesagt haben, und du sie gemißbraucht hast, indem du in die abgeschworenen Ketzereien (zurück) verfallen bist, deswegen urteilen wir, der Bischof und vorgenannte Richter, sitzend vor dem Tribunal in der Weise urteilender Richter, indem die hochheiligen Evangelien vor uns liegen, damit im Angesichte Gottes unser Urteil ergehe und unsere Augen die Billigkeit sehen, indem wir Gott allein und die unzerbrechliche Wahrheit des heiligen Glaubens und die Ausrottung der ketzerischen Verkehrtheit vor Augen haben, von dir, N. N., an diesem Ort und Tage und zu dieser Stunde, die dir im Voraus zur Anhörung des endgültigen Urteils bestimmt worden sind, daß du in Wahrheit in die ketzerische Verkehrtheit zurückverfallen bist, wenn du auch bußfertig bist; und als einen in Wahrheit in diese Zurückverfallenen verwerfen wir dich von unserem geistlichen Forum und lassen dich dem weltlichen Arme übergeben sein. Wir bitten jedoch auch nachdrücklich den genannten weltlichen Gerichtshof, daß er an dir seinen Spruch so mäßigen möge, daß er diesseits von Blutvergießen und Todesgefahr bleibt.« Und indem so der Bischof und seine Beisitzer zurücktreten, soll der weltliche Gerichtshof seines Amtes walten.

Es ist zu bemerken: Wiewohl der Bischof und Inquisitor im höchsten Maße eifrig darauf bedacht sein müssen, für sich sowohl als auch durch andere zu bewirken, daß der Rückfällige bereut und zum katholischen Glauben sich bekenne, so sollen sie doch, nachdem er bereut hat und im Rate beschlossen worden ist, daß, wenn er auch bereut, er nichtsdestoweniger in Wahrheit rückfällig und als solcher dem weltlichen Arme zu übergeben ist, selber persönlich es ihm nicht kundtun, daß er mit einem solchen Urteilsspruch zu büßen ist. Denn das Gesicht des Richters schreckt den zu Verurteilenden, und jenes Worte bewegen den zu Büßenden eher zur Unbußfertigkeit als zur Geduld; und daher sollen sie ihn weder von da an noch vor dem Urteilsspruche noch nachher vorführen lassen, daß er nicht gegen sie im Herzen erregt werde, wovor man sich in einem solchen Falle, wo es sich um Leben und Tod handelt, besonders sorgfältig hüten muß. Man schicke vielmehr, wie gesagt ist, einige rechtschaffene Männer zu ihm, besonders fromme oder Kleriker, die ihm nicht unangenehm, sondern angenehm sind, die ihm das bevorstehende Urteil und den über ihn zu verhängenden Tod anzeigen, ihn im Glauben bestärken, zur Geduld ermahnen und nach (Fällung) des Urteils sich zu ihm gesellen, ihn trösten, mit ihm beten und von ihm nicht weggehen, bis er den Geist seinem Schöpfer zurückgegeben hat. Sie seien also vorsichtig und gewarnt, daß sie nichts tun oder sagen, um dessentwillen der Rückfällige mit dem Tode zuvorkommt, so daß sie selbst unrichtig werden und von dort, von wo sie ein Verdienst hätten wegnehmen sollen, mit sich Strafe und gleichermaßen Schuld wegtragen.

Es ist auch zu erwägen, daß solche Urteile auf Auslieferung jemandes an den weltlichen Gerichtshof nicht an einem festlichen oder heiligen Tage noch auch in der Kirche, sondern außerhalb (dieser) auf irgend einem Platze zu geschehen pflegen, weil es ein Urteil ist, welches zum Tode führt, und es anständiger ist, daß (Delinquent davon) an einem Werkeltage und außerhalb der Kirche getroffen wird, da der Festtag und die Kirche dem Herrn geweiht sind.

Neunundzwanzigste Frage

Über die Art, über eine (Angeklagte) das Urteil zu fällen, die die Ketzerei gestanden hat, aber unbußfertig, jedoch nicht rückfällig ist

Die zehnte Art, einen Glaubensprozeß zu beendigen und das Urteil zu fällen, ist es, wenn der wegen ketzerischer Verkehrtheit Angezeigte nach sorgfältiger Prüfung der Werte des Prozesses zusammen mit einem guten Rate von im Rechte Erfahrenen als der Ketzerei geständig und unbußfertig, jedoch nicht rückfällig befunden wird. Aber weil dieser Fall sich nur selten findet, wenn er uns Inquisitoren auch bisweilen vorgekommen ist, so sollen doch der Bischof und die Richter mit einem solchen nicht eilen, sondern ihn wohlbewacht und gefesselt zur Bekehrung zu bewegen suchen, sogar mehrere Monate hindurch, indem sie ihm vorstellen, daß er, so unbußfertig, an Leib und Seele verdammt werden wird. Wenn er sich schließlich weder durch Milde noch durch Härte, weder durch Drohungen noch durch Schmeicheleien erweichen lassen kann, daß er von seinen Irrtümern lasse, und man auf ihn eine vorgenannte angemessene Zeit gewartet hat, sollen sich der Bischof und die Richter bereitmachen, ihn dem weltlichen Arme zu übergeben oder zu überlassen, und sollen durch einen Zettel dem Nuntius oder Landvogt oder der Macht des weltlichen Gerichtshofes auftragen, daß er an dem und dem nicht festlichen Tage und zu der und der Stunde, an dem und dem Platze außerhalb der Kirche, jedoch mit seiner Schar dasein solle und sie selbst einen unbußfertigen Ketzer übergeben werden. Nichtsdestoweniger werde von ihrer Seite aus in den Gassen oder an den Orten, wo auch andere Bekanntmachungen durch Ausruf zu erfolgen pflegen, durch Ausruf öffentlich bekannt gemacht, daß an dem vorgenannten Tage, zu der und der Stunde und an dem und dem Platze der Prediger eine Predigt für den Glauben halten und dem weltlichen Arme einen Ketzer übergeben wird, und daß deshalb alle kommen und dabei sein sollen, auch den gewöhnlichen Indult haben werden.

Nachdem das erledigt ist, soll er dem weltlichen Gerichtshofe in der Art folgenden Wortlautes übergeben werden, wobei er jedoch vorher noch häufig ermahnt wird, umzukehren und Buße zu tun. Wenn er durchaus nicht will, wird das Urteil gefällt: »Wir N.N., durch die göttliche Barmherzigkeit Bischof der und der Stadt, und (N. N.), Richter in den Ländern des und des Herrn, in Beachtung, daß du N. N. von dem und dem Orte der und der Diözese uns nach dem Berichte der öffentlichen Stimme und der Eingebung glaubwürdiger Leute wegen ketzerischer Verkehrtheit angezeigt worden bist (– es werden die Ketzereien namhaft gemacht –) und in diesen Ketzereien und Taten seit vielen Jahren zum Schaden deiner Seele verharrt hattest; und in dem Wunsche, uns, denen es von Amts wegen oblag, die ketzerische Verkehrtheit auszurotten, wie wir gehalten waren, in und über diesen genauer zu unterrichten und zu sehen, ob du in der Finsternis oder im Lichte wandelst, haben sorgfältig untersucht bezüglich des Vorgenannten, dich vorgeladen und nachdrücklich verhört und dich als mit der vorgenannten Ketzerei infiziert befunden. Da es uns jedoch vor allen Erstrebungen unseres Sinnes am Herzen liegt, den heiligen katholischen Glauben in die Herzen der Völker einzupflanzen, nachdem die ketzerische Verkehrtheit mit der Wurzel ausgerissen war, haben wir sowohl für uns als auch durch andere verschiedene mannigfaltige, angemessene Mittel angewendet, daß du von den vorher genannten Ketzereien und Irrtümern, in denen du gestanden hattest und standest, so wie du auch jetzt noch hartnäckig und störrig mit verhärtetem Gemüte darinstehst, ablassen möchtest. Aber da der Feind des menschlichen Geschlechtes in deinem Herzen wohnt und dich in die genannten Irrtümer wickelt und einwickelt, und du von den oft genannten Ketzereien nicht hast ablassen wollen noch ablassen willst, indem du vielmehr erwählst, in den Höllentod der Seele und den zeitlichen Tod des Körpers hineinzurennen, als die vorher genannten Ketzereien abzuschwören und zum Schöße der Kirche herbeizufliegen und die Seelen(rettung) als Gewinn einzustreichen, da du einem verworfenen Sinn preisgegeben bist, deshalb, da du vor der heiligen Kirche Gottes mit dem Bande der Exkommunikation geknüpft und verdientermaßen von der Zahl und der Herde des Herrn getrennt und der Teilhaberschaft an den Gütern der Kirche beraubt bist, auch die Kirche mit Bezug auf dich nichts weiter zu tun weiß, da sie nach ihrem Können an deiner Bekehrung gearbeitet hat, verdammen wir oft Genannten, Bischof und Richter in der Glaubenssache, sitzend vor dem Tribunal nach Art urteilender Richter, während die hochheiligen Evangelien vor uns liegen, damit im Angesichte Gottes unser Urteil ergehe und unsere Augen die Billigkeit sehen, indem wir Gott allein, die Wahrheit des heiligen Glaubens und die Ausrottung der ketzerischen Verkehrtheit vor Augen haben, und verurteilen wir dich endgiltig an diesem Tage, zu dieser Stunde und an dieser Stelle, die dir vorher zur Vernehmung des engiltigen Spruches bezeichnet worden waren, als einen wahren, unbußfertigen Ketzer, und daß du als wirklich ein solcher dem weltlichen Arme zu übergeben und zu überlassen seist; und so verwerfen wir dich als einen unbußfertigen Ketzer durch diesen unseren Spruch von unserem geistlichen Gerichtshöfe und übergeben oder überlassen dich dem weltlichen Arme und der Macht des weltlichen Gerichtshofes, indem wir genannten weltlichen Gerichtshof nachdrücklich bitten, daß er mit Bezug auf dich seinen Spruch so mäßigen möge, daß er diesseits der Blutvergießung und Todesgefahr bleibt. Gefällt ist dieser Spruch« (etc.).

Dreißigste Frage

Über (die Art, das Urteil zu fällen über) eine, die die Ketzerei eingestanden hat, rückfällig und unbußfertig ist

Die elfte Art, einen Glaubensprozeß zu beendigen und zu beschließen ist es, wenn der wegen ketzerischer Verkehrtheit Angezeigte nach sorgfältiger Erörterung der Werte des Prozesses zusammen mit einem guten Rate von im Rechte Erfahrenen als der Ketzerei geständig und unbußfertig und rückfällig befunden wird; und zwar liegt dieser Fall vor, wenn der Angezeigte mit eigenem Munde gerichtlich gesteht, daß er das und das glaubt und ausgeführt hat. Betreffs dieses ist wie oben vorzugehen, und das Urteil soll in Gegenwart des Bischofs und der Richter gefällt werden; was jedoch offenbar ketzerisch ist, nach der Form folgenden Wortlautes:

»Wir N. N., durch die göttliche Barmherzigkeit Bischof der und der Stadt; oder Richter in den Ländern des und des Herrn, in Beachtung, daß du N. N. von dem und dem Orte der und der Diözese, uns oder N. N., unseren Vorgängern, wegen ketzerischer Verkehrtheiten angezeigt worden bist (– sie werden namhaft gemacht –), in welchen du, wie gesetzmäßig in Erfahrung gebracht worden ist, durch eigenes Geständnis an Gerichtsstätte und durch glaubwürdige Zeugenaussagen) ertappt worden bist; und daß du in ihnen so und so lange Zeit (– es werde gesagt, wie es gewesen ist –) mit verhärtetem Gemüte verharrt hattest, aber später, einem gesunden Rate anhangend, jene Ketzereien öffentlich an dem und dem Orte in der gewohnten Form der Kirche abgeschworen hast, weshalb der vorgenannte Bischof und Richter in dem Glauben, du habest in Wahrheit von den vorgebrachten Irrtümern abgelassen und seist katholisch glaubend zu dem Schöße der Kirche herbeigeflogen, dir die Wohltat der Absolution zuerteilt haben, indem sie dich von dem Spruche der Exkommunikation, mit dem du früher gebunden gehalten wurdest, lösten, wenn du nur mit aufrichtigem Herzen und nicht geheucheltem Glauben bekehrt wärest zur Einheit der heiligen Kirche, wobei sie dir eine heilsame Pönitenz auferlegten und dich zur Barmherzigkeit wieder aufnahmen, weil die heilige Kirche Gottes ihren Schoß dem Zurückkehrenden nicht verschließt. Aber nach allem Vorgenannten bist du bei uns angezeigt worden, was wir mit Mißfallen vernommen haben, daß du wiederum in die verfluchten Ketzereien verfallen bist, die du vorher öffentlich abgeschworen hattest; oder daß du gegen die vorvermerkte Abschwörung das und das zum Schaden deiner Seele begangen hast (– es werde namhaft gemacht –); und wiewohl von Mißfallen verwundet, daß wir über dich derlei gehört hatten, sind wir nichtsdestoweniger, da die Gerechtigkeit uns zwingt, dazu verschritten, zu untersuchen, die Zeugen zu verhören, dich vorzuladen und, wie es sich geziemte, unter Eid zu vernehmen, und alles und jedes zu tun, was wir gemäß den kanonischen Satzungen tun mußten. Freilich da wir die gegenwärtige Sache mit dem gebührenden Schlüsse beendigen wollten, haben wir einen feierlichen Rat von in der theologischen Fakultät sowohl als auch im kanonischen und bürgerlichen Recht Erfahrenen zusammen kommen lassen; und nachdem wir mit den Vorgenannten in und über allen und jeden in der gegenwärtigen Sache vorgeführten, hergeleiteten, behandelten und verhandelten Punkten einen gleichermaßen reifen und gut verdauten und auch wiederholten Rat abgehalten und die Werte des Prozesses dieser Sache und alles (sonstige) besehen und sorgfältig erörtert haben, wie es Recht und Gerechtigkeit rieten, haben wir auf gesetzmäßige Weise sowohl durch glaubwürdige Zeugen, als auch durch dein eigenes, von uns mehrfach entgegengenommenes Geständnis erfahren, daß du in die abgeschworenen Ketzereien verfallen und zurückverfallen bist. Denn wir haben gefunden, daß du das und das gesagt oder begangen hast (– es werde alles ausgeführt –), um dessentwillen wir dich verdientermaßen nach dem Ratschluß der Vorgenannten, wie es deine Vergehungen heischen, den kanonischen Satzungen gemäß für rückfällig halten, was wir beklagend berichten und berichtend beklagen – jener weiß es, dem nichts unbekannt ist und der das Innerste aller betrachtet. Und da wir von ganzem Herzen wünschten, wie wir es auch jetzt noch wünschen, dich zur Einheit der heiligen Kirche zurückzuführen und aus deinen Eingeweiden die vorgenannte ketzerische Verkehrtheit herauszuholen, damit du so deine Seele rettetest und dem Höllentode Leibes und der Seele entgingst, haben wir unsere Versuche darauf gerichtet, dich zu deinem Heile zu bekehren, indem wir verschiedene angemessene Weisen anwendeten; aber einer verworfenen Gesinnung preisgegeben und von dem bösen Geiste gleichermaßen geführt und verführt hast du es vorgezogen, von schrecklichen, ewigen Qualen in der Hölle gefoltert und hier durch zeitliche Feuer körperlich verzehrt zu werden, als einem gesünderen Rate anhangend von den fluchwürdigen, pestbringenden Irrtümern abzulassen und zum Schöße und Erbarmen der heiligen Mutter Kirche herbeizufliegen. Weil daher die Kirche Gottes nichts weiter weiß, was sie dir gegenüber noch tun soll, da sie zu deiner Bekehrung all ihr Können aufgewendet hat, verdammen wir Erwähnten, Bischof und Richter in dieser Glaubenssache, sitzend vor dem Tribunal in der Weise urteilender Richter, während die hochheiligen Evangelien vor uns liegen, damit im Angesichte Gottes unser Urteil ergehe und unsere Augen die Billigkeit sehen, während wir Gott allein und die Ehre des heiligen, orthodoxen Glaubens vor Augen haben, an diesem Tage, zu dieser Stunde und an dieser Stelle, die dir zur Vernehmung des endgiltigen Spruches vorher bezeichnet worden waren, dich in unserer Gegenwart persönlich erschienenen N. N. rechtskräftig und verurteilen dich verdammend als einen in Wirklichkeit unbußfertigen und rückfälligen Ketzer, der in der Tat als solcher dem weltlichen Arme zu übergeben oder zu überlassen ist; und so verwerfen wir dich als wahren Ketzer, der gleichermaßen unbußfertig und rückfällig ist, durch diesen unseren endgiltigen Spruch von unserem geistlichen Forum und übergeben oder überlassen dich dem weltlichen Arme und der Macht des weltlichen Gerichtshofes, indem wir den vorgebrachten weltlichen Gerichtshof nachdrücklich bitten, daß er mit Bezug auf dich seinen Spruch so mäßigen möge, daß er diesseits der Blutvergießung und Todesgefahr bleibt. Gefällt ist dieser Spruch (etc).«

Einunddreißigste Frage

Über (die Art, das Urteil zu fällen über) einen, der überführt und ertappt ist, jedoch alles leugnet

Die zwölfte Art, einen Glaubensprozeß abzuschließen und zu beendigen, ist es, wenn der wegen ketzerischer Verkehrtheit Angezeigte nach sorgfältiger Erörterung der Werte des Prozesses zusammen mit einem guten Rate von im Recht Erfahrenen als in der Ketzerei durch die Evidenz der Tat oder gesetzmäßige Vorführung von Zeugen, jedoch nicht durch eigenes Geständnis überführt befunden wird; und zwar liegt dieser Fall vor, wenn der Angezeigte gesetzmäßig irgend einer ketzerischen Verkehrtheit überführt wird, entweder durch die Evidenz der Tat, weil er nämlich öffentlich Ketzerei getrieben hat, oder durch gesetzmäßige Zeugen, gegen die der Angezeigte gesetzmäßig nicht hat Einwendungen machen können. Dennoch aber verharrt er, so überführt und ertappt, fest beim Leugnen und sagt standhaft aus, nach den Bemerkungen von Hostiensis, in seiner Summa, tit. de haer., § qualiter quis in haeresim deprehendatur, et patuit supra qu. XXXIV.

Bezüglich eines solchen ist folgende Praktik zu beobachten: Ein solcher ist in hartem Gefängnis in Fußschellen und Ketten zu halten und häufig von den Offizialen zusammen und einzeln, für sich und durch andere nachdrücklich zu ermahnen, daß er ihnen die Wahrheit enthülle, wobei sie ihm andeuten, daß, wenn er es tut und seinen Irrtum gesteht, er zur Barmherzigkeit zugelassen wird, indem er zuvor jene ketzerische Verkehrtheit abschwört; wenn er es aber nicht will, sondern beim Leugnen verharrt, er schließlich dem weltlichen Arme überlassen wird und dem zeitlichen Tode nicht wird entgehen können.

Wenn er, schon längere Zeit bescholten und beobachtet, beim Leugnen bleibt, sollen der Bischof und die Offizialen bald zusammen, bald einzeln, jetzt für sich, dann durch andere rechtschaffene Männer, bald den einen Zeugen, bald den anderen zu sich kommen lassen und ihn belehren, daß er beachten solle, was er ausgesagt hat, und ob er wahr geredet hat oder nicht, damit er nicht sich selbst ewig, und den anderen zeitlich verdamme; und wenn er sich scheue, solle er es ihnen wenigstens heimlich sagen, damit nicht der Angezeigte ungerechterweise sterbe; und zwar sollen sie sich bemühen, solche Worte zu reden, daß sie klar sehen, ob sie die Wahrheit gesagt haben oder nicht. Wenn die Zeugen, so wie sie belehrt sind, bei der Bejahung und der Angezeigte beim Leugnen verharren, mögen der Bischof und die Offizialen auch daraufhin noch nicht sogleich das Geschäft durch Urteilsspruch beschließen und ihn als solcherweise Ertappten dem weltlichen Arme übergeben, sondern sollen ihn noch länger festhalten, indem sie jetzt den Angezeigten zur Bejahung, dann die Zeugen, jedoch einzeln, zur rechten Durchmusterung ihres Gewissens zu bringen suchen; und besonders sollen der Bischof und die Offizialen auf denjenigen Zeugen ihre Aufmerksamkeit richten, der, wie sie sehen, besser zum Guten veranlagt ist und ein besseres Gewissen zu haben scheint. In ihn sollen sie länger dringen, ob die Sache sich so verhalten hat, wie er ausgesagt hat, oder nicht, indem sie sein Gewissen belasten; und wenn sie sehen, daß ein Zeuge schwankt oder sonst Indizien gegen ihn vorhanden sind, um derentwillen er verdientermaßen für verdächtig gehalten wird, eine falsche Aussage gemacht zu haben, sollen sie ihn nach dem guten Rate Erfahrener verhaften und vorgehen, wie die Gerechtigkeit es raten wird. Denn man hat häufiger und häufiger in Erfahrung gebracht, daß ein so durch glaubwürdige Zeugen Ertappter, nachdem er lange beim Leugnen verharrt hatte, seine Verkehrtheit enthüllt und die Wahrheit, die er schon länger geleugnet hat, dann von freien Stücken gesteht, wenn er zum Herzen zurückgebracht und besonders, wenn er wahrheitsgemäß belehrt wird, daß er nicht dem weltlichen Arme übergeben werden, sondern zur Barmherzigkeit zugelassen wird; und häufig hat man gefunden, daß Zeugen, von Bosheit getrieben und von Feindseligkeit überwunden sich gegenseitig zusammengetan haben, um einem Unschuldigen ketzerische Verkehrtheit nachzusagen; und später, auf die häufige Belehrung seitens des Bischofs und der Offizialen hin, durch die Gewissensbisse ermüdet und von Gott aus inspiriert widerrufen, was sie gesagt haben, und gestehen, daß sie ihm boshafterweise eine solche Schandtat nachgesagt hätten. Daher muß man mit dem Urteile über einen solchen, so Ertappten nicht eilen, sondern man muß auf ihn längere Zeit warten, ein Jahr oder mehrere, bevor er so dem weltlichen Gerichtshofe übergeben wird.

Wenn der also Angezeigte, gesetzmäßig Ertappte, nachdem man diese angemessene Zeit auf ihn gewartet und gebührenden Eifer (ihn umzustimmen) angewendet hat, seine Schuld anerkannt und gerichtlich gestanden hat. daß er zur vorgenannten Zeit in ketzerischer Verkehrtheit verstrickt gewesen ist und einverstanden ist, diese und (überhaupt) jede Ketzerei abzuschwören und als sowohl durch eigenes Geständnis als durch gesetzmäßige Vorführung von Zeugen Ertappter eine entsprechende Genugtuung nach dem Gutdünken des Bischofs und Inquisitors zu leisten, soll er als bußfertiger Ketzer alle Ketzerei öffentlich in der Form abschwören, von der in der oben stehenden achten Art, einen Glaubensprozeß abzuschließen, gehandelt wird, wo von solchen (Delinquenten) gehandelt wird.

Wenn er aber so gestanden hat, daß er so in Ketzerei verfallen ist, aber in ihr mit hartnäckigem Sinne stehen bleibt, soll er als unbußfertig dem weltlichen Arme überlassen und mit ihm in der Weise verfahren werden, über die oben in der zehnten Art, einen Glaubensprozeß abzuschließen, gehandelt wird, wo von solchen (Delinquenten) gehandelt wird.

Wenn aber der Ertappte selbst beständig beim Leugnen bleibt, aber die Zeugen selbst von ihrer Bejahung zurücktreten, indem sie ihr Zeugnis widerrufen und ihre Schuld anerkennen, daß sie, von Ränkesucht und Haß getrieben oder durch Bitten resp. Bestechung geleitet, einem Schuldlosen eine so große Schandtat nachgesagt haben, sollen sie, während der Angezeigte selbst als schuldfrei vom Richter entlassen wird, als falsche Zeugen, Ankläger oder Angeber bestraft werden, wie Paulus zu c. multorum und zwar über das Wort illos am Anfang de haer. bei Clemens bemerkt; und es soll das Urteil oder die Pönitenz gegen sie nach dem Gutdünken des Bischofs und der Richter gefällt werden, indem auf jeden Fall jedoch solche falschen Zeugen zu lebenslänglichem Kerker verurteilt und bei Wasser und Brot für die Tage ihres Lebens gebüßt werden, indem sie auch auf der Treppe vor den Türen der Kirche aufgestellt werden etc. Die Bischöfe sollen jedoch die Macht haben, die Strafe nach Jahr und Tag zu mildern oder auch zu verschärfen, in der Form folgenden Wortlautes.

Wenn aber ein solcherweise Ertappter, nachdem man ein Jahr oder länger oder eine andere längere, passende Zeit auf ihn gewartet hat, andauernd beim Leugnen und die gesetzmäßigen Zeugen beim Bejahen verharrt haben, sollen sich der Bischof und die Richter zurechtmachen, ihn dem weltlichen Arme zu überlassen, indem sie ihm einige rechtschaffene Männer schicken, Glaubenseiferer und besonders Fromme, die ihm nicht unangenehm, sondern vertraut und angenehm sind und ihm zu verstehen geben sollen, daß er dem zeitlichen Tode nicht entgehen kann, während er so beim Leugnen bleibt, sondern daß er an dem und dem Tage als unbußfertiger Ketzer der Macht des weltlichen Gerichtshofes übergeben werden soll. Nichtsdestoweniger schicke der Bischof und Offizial an den Landvogt resp. die Macht des weltlichen Gerichtshofes, daß er an dem und dem Tage und zu der und der Stunde an den und den Ort, jedoch außerhalb der Kirche, mit seiner Schar komme, um einen unbußfertigen Ketzer in Empfang zu nehmen, den sie ihm übergeben wollen; auch solle er öffentlich durch Ausruf an den Stellen, wo gewöhnlich auch die anderen Bekanntmachungen ausgerufen werden, bekannt machen lassen, daß alle an dem und dem Tage, zu der und der Stunde, an dem und dem Platze sein sollen, um die Predigt zu hören, die der Prediger über den Glauben halten wird, und daß der Bischof und Offizial dem weltlichen Arme einen hartnäckigen Ketzer übergeben wird. Wenn aber der vorgenannte Tag herankommt, der zur Fällung des Urteilsspruches bestimmt ist, sollen der Bischof und der Offizial an dem vorgenannten Orte sein, um den ebendort auf erhöhtem Standorte befindlichen Delinquenten, damit er von allen recht deutlich gesehen werde, nach Versammlung des Klerus und in Gegenwart des Volkes der Macht des weltlichen Gerichtshofes zu übergeben, die vor dem zu Übergebenden steht. Nachdem sich diese versammelt haben, soll das Urteil auf folgende Weise gefällt werden:

»Wir N. N., durch die göttliche Barmherzigkeit Bischof der und der Stadt oder Richter in den Ländern des und des Herrn, in Beachtung, daß du N. N., aus dem und dem Orte der und der Diözese und wegen der und der ketzerischen Verkehrtheit angezeigt worden bist (– es werde namhaft gemacht –) und wir uns vergewissern wollten, ob das, was uns über dich und gegen dich gesagt worden war, sich auf irgend eine Wahrheit stützte, und ob du in der Finsternis wandeltest oder im Lichte, sind wir dazu verschritten, uns zu unterrichten, die Zeugen recht sorgfältig zu vernehmen, dich vorzuladen und häufiger unter Eid zu verhören, Verteidigungen anzubringen und alles und jedes zu tun, was wir gemäß den kanonischen Bestimmungen tun mußten. Aber da wir deine gegenwärtige Sache mit dem gebührenden Ende abschließen wollten, haben wir einen feierlichen Rat von sowohl in der theologischen Fakultät als auch im kanonischen und bürgerlichen Rechte Erfahrenen sich vor uns versammeln heißen; und nachdem die Werte des Prozesses und alle und jede in gegenwärtiger Sache vorgeführten, hergeleiteten, behandelten und verhandelten (Punkte) besehen und sorgfältig erörtert worden sind, haben wir nach dem gleichermaßen gut verdauten und reifen Rate Vorgenannter, als gegen dich gesetzmäßig bewiesen gefunden, daß du so und so lange Zeit von ketzerischer Verkehrtheit angesteckt gewesen bist; und nun finden wir, daß du das und das getan und das und das gesagt hast (– es werde ausdrücklich genannt –), auf grund dessen es sich offenkundig ergibt, daß du gesetzmäßig in vorgenannter ketzerischer Verkehrtheit ertappt bist. Freilich, da wir wünschten, so wie wir es noch wünschen, daß du die Wahrheit geständest, von der vorgenannten Ketzerei abließest und zum Schoße der heiligen Kirche und zur Einheit des heiligen Glaubens zurückgebracht würdest, damit du so deine Seele rettetest und dem Höllentode sowohl der Seele als des Leibes entgingst, indem wir sowohl für uns als auch durch andere unseren Fleiß darauf verwandten und auf dich lange Zeit warteten, hast du, einer verworfenen Gesinnung preisgegeben, es doch verschmäht, dich an unseren gesunderen Rat zu halten; hast vielmehr bei hartnäckiger und störriger Leugnung verharrt und verharrst noch dabei mit verhärtetem Gemüte, was wir beklagend berichten und berichtend beklagen. Aber da die Kirche Gottes so lange Zeit gewartet hat, daß du abließest, indem du deine eigene Schuld erkenntest, du es aber nicht gewollt hast und nicht willst, sie auch weiter nichts weiß, was sie dir zu Dank und Lohn tun kann, deshalb, damit du den übrigen ein Beispiel seist und andere von derartigen Ketzereien abgehalten werden und so große Schandtaten nicht ungestraft bleiben, schließen, erklären und urteilen wir Erwähnten, Bischof und Richter in der Glaubenssache, sitzend vor dem Tribunal nach Art urteilender Richter, während die hochheiligen Evangelien vor uns liegen, damit im Angesichte Gottes unser Urteil ergehe und unsere Augen die Billigkeit sehen, indem wir Gott allein und den Ruhm und die Ehre des heiligen Glaubens vor Augen haben, daß du N. N., in unserer Gegenwart an diesem Tage, zu dieser Stunde und an dieser Stelle persönlich erschienen, die zur Vernehmung des endgiltigen Urteils bestimmt worden sind, ein unbußfertiger Ketzer und als solcher dem weltlichen Arme zu übergeben oder zu überlassen bist; und durch unseren Spruch verwerfen wir dich als einen hartnäckigen, unbußfertigen wirklichen Ketzer von dem geistlichen Forum und übergeben oder überlassen dich dem weltlichen Arme und der Macht des weltlichen Gerichtshofes, indem wir ebendiesen weltlichen Gerichtshof nachdrücklich bitten, daß er mit Bezug auf dich seinen Spruch so mäßigen möge, daß er diesseits der Blutvergießung und Todesgefahr bleibt. Gefällt ist dieser Spruch (etc.)«.

Es können aber der Bischof und die Richter bestimmen, daß einige rechtschaffene Männer und Glaubenseiferer, die dem dem weltlichen Gerichtshofe Überlassenen nicht unangenehm, sondern vertraut und angenehm sind, sich mit genanntem Überlassenen zusammentun, während der weltliche Gerichtshof an ihm seine Pflicht ausübt, die ihn trösten und noch dazu bringen sollen, daß er von seinen Irrtümern abläßt, indem er die Wahrheit gesteht und seine Schuld anerkennt. Wenn er vielleicht nach (Fällung des) Urteils und schon als Überlassener an den Ort geführt, wo er verbrannt werden soll, sagt, er wolle die Wahrheit gestehen und seine Schuld anerkennen, und so tut und bereit ist, eine derartige und jede andere Ketzerei abzuschwören, so kann zwar angenommen werden, daß er dies mehr aus Todesfurcht als aus Wahrheitsliebe tut; ich möchte aber glauben, daß er aus Barmherzigkeit als bußfertiger Ketzer angenommen und auf Lebenszeit eingemauert werden könne, nach der Glosse zu c. ad abolendam, §

praesenti und dem Worte audentia, und nach c. excommunicamus II, de haer., wiewohl streng nach dem Gesetz auch einer solchen Bekehrung von den Glaubensrichtern nicht viel Vertrauen zu schenken ist, sie im Gegenteil ihn wegen der Antuung zeitlicher Schädigungen immer bestrafen können.

Zweiunddreißigste Frage

Über (die Art, das Urteil zu fällen über) einen Überführten, der aber flüchtig ist oder sich hartnäckig abwesend hält

Die dreizehnte und letzte Art, einen Glaubensprozeß abzuschließen und das Urteil zu fällen ist es, wenn der wegen ketzerischer Verkehrtheit Angezeigte nach eifriger Erörterung der Werte des Prozesses zusammen mit dem guten Rate von im Recht Erfahrenen als der ketzerischen Verkehrtheit überführt befunden wird, jedoch flüchtig oder hartnäckig abwesend ist, man aber eine angemessene Zeit lang auf ihn gewartet hat; und zwar findet dies in drei Fällen statt: der erste ist es, wenn der Angezeigte in der Ketzerei entweder durch eigenes Geständnis oder durch die Evidenz der Tat oder durch gesetzmäßige Vorführung von Zeugen ertappt worden ist, aber geflohen ist, oder sich abwesend hält und gesetzmäßig vorgeladen nicht hat erscheinen wollen. Der zweite Fall ist es, wenn jemand angezeigt und auf Grund irgend einer Angabe gegen ihn als solcher angenommen und für in gewisser Weise resp. leicht verdächtig gehalten wird und so vorgeladen wird, um sich bezüglich seines Glaubens zu verantworten, und, weil er es hartnäckig verweigert hat, zu erscheinen, exkommuniziert wird und exkommuniziert diese Exkommunikation verstockten Sinnes erträgt und sich immer hartnäckig fernhält. Der dritte Fall ist, wenn jemand direkt das Urteil oder den Glaubensprozeß des Bischofs oder der Richter gehindert oder dazu seine Hilfe, seinen Rat oder seine Begünstigung geboten hat; ein solcher ist mit dem Dolche der Exkommunikation durchbohrt: hat er nun diese ein Jahr hindurch mit verhärtetem Gemüte ertragen, so ist er von da an als Ketzer zu verdammen, nach c. ut inquisitionis, §. prohibemus, de haer. l. VI; und sich hartnäckig abwesend gehalten hat.

Im ersten Falle ist jener also Beschaffene als unbußfertiger Ketzer zu verdammen, nach c. ad abolendam, §. praesenti. Im zweiten und dritten ist er nicht als unbußfertiger Ketzer zu verurteilen, sondern gleichsam als bußfertiger Ketzer zu verdammen, nach c. cum contumacia und nach c. ut inquisitionis, §. prohibemus, de haer. l. VI. Bezüglich jedes beliebigen von ihnen ist folgende Praktik zu beobachten: Wenn man nämlich auf einen solchen eine angemessene Zeit gewartet hat, werde er durch den Bischof oder Offizial in der Kathedralkirche derjenigen Diözese, in welcher er gefehlt hat und in den anderen Kirchen desjenigen Ortes, wo er seine Wohnung genommen hat und besonders dort, von wo er geflohen ist, vorgeladen, und zwar soll er in der Form folgenden Wortlautes vorgeladen werden:

»Wir N. N., durch die göttliche Barmherzigkeit Bischof der und der Stadt etc. oder Richter der und der Diözese, (verkünden folgendes als) den Geist eines gesünderen Rates: Vor allen Erstrebungen unserer Seele wird gerade das ganz besonders unserem Herzen eingeprägt, daß zu unseren Zeiten in genannter Diözese N. N. die fruchtbare und blühende Kirche, ich meine den Weinberg des Herrn Zebaoth, den die Rechte des höchsten Vaters mit Tugendreichen bepflanzt, den der Sohn ebendieses Vaters mit der Welle des eigenen, lebendigmachenden Blutes überreich begossen, den der höhere Geist, der Lehrer, mit seinen wunderbaren, unaussprechlichen Gaben als treuster Freund fruchtbar gemacht, die ganze unfaßbare und unanrührbar heilige Dreieinigkeit mit den erhabensten, mannigfachen Vorrechten auf das heiligste begabt und gleichermaßen bereichert hat, der Eber vom Walde, welcher ist und heißt jeder beliebige Ketzer, verschlingt und abweidet, indem er die üppigen Früchte des Glaubens verwüstet und stachelnde Dornenbüsche der Ketzereien in die Reben einfügt, auch die gewundene Schlange, der verworfene, Gift ausatmende Feind unseres menschlichen Geschlechtes, welches ist Satanas und der Teufel, die Reben ebendieses Weinberges des Herrn und seine Früchte ansteckt, indem er das Gift ketzerischer Verkehrtheit daraufbringt; noch auch der Acker des Herrn selbst[8], ich meine das katholische Volk, zu dessen Beartung und Bepflanzung gleichermaßen von der Burg

---

8 Verstehe ich nicht. Der Nominativ an dieser Stelle ist sicher falsch. Es fehlt der Nachsatz! Die später auftretenden Füchse des Simson passen auch nicht in das Satzgefüge, dasein recht überflüssiger Gallimathias ist.

der höchsten Pole Gottes des Vaters eingeborener und erstgeborener Sohn herabstieg, mit wunderbaren, heiligen Verkündigungen besäte, durch Dörfer und Schlösser lehrend nicht ohne große Mühseligkeiten zog, zu Aposteln durchaus tätige, fleißige Männer auswählte und mietete, indem er sie mit ewigen Vergeltungen ausstattete, indem der Sohn Gottes selbst erwartete, von diesem großen Acker an jenem Tage des letzten Gerichtes üppige Bündel zu ernten und durch die Hände heiliger Engel in seiner heiligen himmlischen Scheuer zu sammeln; und des Simson ungewisse Füchslein, die wie mit ketzerischer Schande besudelte Personen zwar verschiedene Gesichter haben, aber miteinander verbundene feurige Schwänze; die nach der Verschiedenheit der Flamme auf ihn zusammenkommen und die schon zur Ernte gelbe, vom Glanz des Glaubens leuchtende Saat des Herrn mit bitterstem Biß verderben, mit vorsichtigstem Laufe durcheilen, im kräftigsten Ansturm andringen und anzünden, und die Lauterkeit des heiligen katholischen Glaubens zerstreuen und verwüsten, indem sie sie fein und verdammenswürdig umkehren.

Da du N. N. also in jene verfluchten Hexenketzereien verfallen bist, indem du sie öffentlich an dem und dem Orte ausgeübt hast (– oder man sage: so und so –) oder da du durch gesetzmäßige Zeugen der ketzerischen Verkehrtheit überführt oder durch eigenes Geständnis ertappt, von uns zur Aburteilung übernommen, danach verhaftet und geflohen bist, indem du die heilsame Medizin zurückwiesest, hatten wir dich vorgeladen, daß du von und über diesen vor uns offener antwortetest; aber vom bösen Geiste gleichermaßen geführt und verführt hast du dich geweigert, zu erscheinen (etc.)«. Oder so: »Da du N. N. also uns wegen ketzerischer Verkehrtheit angezeigt warst und du uns nach Annahme dieser Angabe gegen dich auch sonst derselben leicht verdächtig vorkamst, daß du mit der vorgenannten Schande angesteckt wärest, haben wir dich vorgeladen, damit du vor uns persönlich erschienest und dich wegen des katholischen Glaubens verantworten solltest; und da du dich hartnäckig geweigert hast zu erscheinen, haben wir dich exkommuniziert und dich als exkommuniziert bekannt machen lassen. In dieser Exkommunikation hast du ein Jahr oder so und so viele Jahre verstockten Sinnes verharrt, indem du dich hier und dort verborgen hieltest, so daß wir jetzt nicht wissen, wohin dich der böse Geist geführt hat; und da wir auf dich barmherzig und gnädig gewartet haben, daß du zum Schöße des heiligen Glaubens (und) zur Einheit (der heiligen Kirche) zurückkehren würdest, hast du es, einer verworfenen Gesinnung preisgegeben, verschmäht.

Freilich, da wir, wie wir unter dem Zwange der Gerechtigkeit gehalten sind, deine derartige Sache mit dem gebührenden Ende abschließen wollen und nicht imstande sind, so nichtswürdige Verbrechen mit zugedrückten Augen zu dulden, suchen wir Obengenannte, Bischof und Richter in Glaubenssachen, dich oft genannten N. N., der du dich verborgen hältst, flüchtig und Flüchtling bist, durch unser gegenwärtiges öffentliches Edikt und laden dich gleichermaßen peremptorisch, daß du an dem und dem Tage des und des Monats in dem und dem Jahre in der und der Kathedralkirche der und der Diözese zur Stunde der Tertien persönlich vor uns erscheinst, um den endgiltigen Spruch anzuhören, indem wir dich bedeuten, daß wir zur (Fällung) unseres endgiltigen Spruches gegen dich vorgehen werden, wie es Recht und Gerechtigkeit raten, magst du nun erschienen sein oder nicht. Und damit unsere Vorladung recht früh zu deiner Kenntnis gelangt und du nicht imstande bist, dich mit der Hülle der Unwissenheit zu schützen, wollen und befehlen wir, daß gegenwärtiger Brief, der unsere genannte Nachfrage und Vorladung enthält, an den Haupttüren der öffentlichen, vorgenannten Kathedralkirche N. N. angeschlagen werde. Zu deren jedes Beweis haben wir unsern gegenwärtigen Brief mit einem Abdruck unserer Siegel schützen lassen. Gegeben (etc.).«

Wenn aber an dem vorbestimmten, zur Vernehmung des endgiltigen Urteils bezeichneten Tage der Flüchtige erschienen ist und sich bereit erklärt hat, öffentlich alle Ketzerei abzuschwören, indem er demütig bittet, zur Barmherzigkeit zugelassen zu werden, soll man ihn unter der Bedingung zulassen, daß er nicht rückfällig gewesen ist; und wenn er auf Grund des eigenen Geständnisses oder der gesetzlichen Vorführung von Zeugen ertappt worden ist, soll er wie ein bußfertiger Ketzer abschwören und büßen in der Weise, über welche oben in der achten Art, einen Glaubensprozeß abzuschließen, gehandelt wird, wo von derartigen (Delinquenten) gehandelt wird. Wenn er aber ungestüm verdächtig gewesen Ist, so daß er, zur Verantwortung vorgeladen, nicht hat erscheinen wollen, deshalb exkommuniziert worden ist und in der Exkommunikation ein Jahr hindurch mit verstocktem Sinne verharrt hat, und nun bereut, soll er zugelassen werden und alle Ketzerei abschwören und büßen als ein der Ketzerei ungestüm verdächtiger Ketzer, indem er büßt nach der Weise, über welche oben in der sechsten Art, einen Glaubensprozeß zu beendigen, gehandelt wird. Wenn er aber erschienen ist und sich nicht einverstanden erklärt, abzuschwören, soll er als wahrer, unbußfertiger Ketzer dem weltlichen Arme nach der Weise übergeben werden, wie es oben gesagt ist, und zwar wird darüber gehandelt in der zehnten Art, einen Glaubensprozeß zu beendigen. Wenn er sich aber hartnäckig weigert, zu erscheinen, dann werde der Spruch in der Weise folgenden Wortlautes formuliert:

»Wir N. N., durch die göttliche Barmherzigkeit Bischof der und der Stadt, in Beachtung, daß du N. N. von dem und dem Orte der und der Diözese, uns wegen ketzerischer Verkehrtheit angezeigt worden bist, indem das öffentliche Gerücht es berichtete oder durch die Angabe Glaubwürdiger, sind wir, denen das von Amtswegen obliegt, dazu verschritten, nachzusehen und zu untersuchen, ob das Geschrei, welches uns zu Ohren gekommen war, sich auf irgend welche Wahrheit stützte. Aber da wir gefunden hatten, daß du in der Ketzerei ertappt seist, indem sehr viele glaubwürdige Zeugen gegen dich aussagten, haben wir befohlen, dich vor uns zu berufen und festzuhalten. (Es werde angegeben, wie es gekommen ist: ob er nämlich erschienen ist und ob er unter Eid verhört, gestanden hat oder nicht.) Aber danach bist du, vom Rate des bösen Geistes geführt und verführt, und dich fürchtend, deine Wunden mit Wein und Öl heilsam pflegen zu lassen, entflohen (– oder man schreibe, falls es sich so verhält: hast Kerker und Arrest gebrochen und bist gleichermaßen entflohen) und hältst dich hier und dort verborgen, und wir wissen durchaus nicht, wohin dich der vorher genannte böse Geist geführt hat.«

Oder so: »Da wir aber gefunden hatten, daß gegen dich, den so und so, wie oben gesagt wird, bei uns wegen ketzerischer Verkehrtheit Angezeigten, viele Indizien vorlagen, um derer willen wir dich verdientermaßen der vorgenannten ketzerischen Verkehrtheit für leicht verdächtig halten, haben wir dich durch öffentliches Edikt in den und den und den und den Kirchen der und der Diözese geladen, daß du innerhalb eines bestimmten, von uns festgesetzten Termins an dem und dem Orte persönlich vor uns erschienest, um dich In und über den vorgenannten Angaben gegen dich und auch sonst über den katholischen Glauben und seine Artikel zu verantworten. Du aber hast dich, einem ungesunden Rate anhangend, hartnäckig geweigert zu erscheinen; und da wir dich, weil es die Gerechtigkeit verlangte, exkommuniziert und dich öffentlich als Exkommunizierten hatten bekanntmachen lassen, weist du die heilsame Medizin zurück und hast die genannte Exkommunikation länger als ein Jahr ausgehalten und hältst sie noch aus mit verstocktem Sinne, einer verworfenen Gesinnung preisgegeben, indem du dich flüchtig hier und dort verborgen hältst, so daß wir nicht wissen, wohin dich der böse Geist geführt hat. Aber freilich, während die heilige Kirche Gottes so lange Zeit, nämlich von dem und dem Tage an barmherzig und gnädig auf dich gewartet hat, daß du zum Schöße ihrer Barmherzigkeit herbeifliegen würdest, indem du von den Irrtümern abließest und gemäß dem Bekenntnis des katholischen Glaubens handeltest und die Gnade selbst dich mit ihren Brüsten nährte, hast du es verschmäht, dich dabei zu beruhigen, da du vom Rate der Bösen verführt bist und in deiner Hartnäckigkeit beharrst.

Aber da wir deine Sache durch den Urteilsspruch mit dem gebührenden Ende abschließen wollten, so wie wir es unter dem Zwange der Gerechtigkeit wollen und müssen, haben wir dich geladen, daß du an diesem Tage, zu dieser Stunde und an diesem Orte persönlich vor uns erschienest, um das endgiltige Urteil zu vernehmen; und weil du dich hartnäckig geweigert hast, zu erscheinen, zeigst du verdientermaßen, daß du immerwährend in deinen Ketzereien und Irrtümern verbleiben willst, was wir beklagend berichten und berichtend beklagen. Aber da wir uns der Gerechtigkeit nicht entziehen, noch so große Unfolgsamkeit und Hartnäckigkeit gegen die Kirche Gottes dulden können noch wollen, fällen wir folgendermaßen gegen dich Abwesenden als Anwesenden das endgiltige Urteil in diesem Schriftstück, nach Anrufung des Namens Christi, zur Erhöhung des orthodoxen

Glaubens und zur Ausrottung der ketzerischen Verkehrtheit, da es die Gerechtigkeit verlangt und deine Unfolgsamkeit und Hartnäckigkeit es erfordert, an diesem Tage, zu dieser Stunde und an dieser Stelle, die dir vorher zur Vernehmung des endgiltigen Urteils peremptorisch bezeichnet worden waren; nachdem wir zuvor einen Rat von sowohl in der theologischen Fakultät als auch im kanonischen und bürgerlichen Rechte Erfahrenen abgehalten haben, nach Betrachtung und sorgfältiger Erörterung der Werte des Prozesses, sitzend vor dem Tribunal in der Weise urteilender Richter, während die hochheiligen Evangelien vor uns liegen, damit im Angesichte Gottes unser Urteil ergehe und unsere Augen die Billigkeit sehen, indem wir Gott allein und die unverbrüchliche Wahrheit des heiligen Glaubens vor Augen haben und den Spuren des seligen Apostels Paulus nachgehen:

Wir Erwähnten, Bischof und Richter in der Glaubenssache, in Beachtung, daß in dieser Glaubenssache und den daran anschließenden Prozessen die Ordnung des Rechtes gewahrt ist; in Beachtung auch, daß du, gesetzmäßig geladen, nicht erschienen bist und dich weder selbst noch durch einen anderen irgendwie entschuldigt hast; in Beachtung auch, daß du in den vorgenannten Ketzereien lange Zeit hartnäckig verharrt hast und heute noch verharrst, auch die Exkommunikation so viele Jahre hindurch in einer Glaubenssache ertragen hast, so wie du sie auch jetzt noch mit verhärtetem Gemüte erträgst; in Beachtung auch, daß die heilige Kirche Gottes nichts mehr weiß, was sie gegen dich noch tun soll, da du in der Exkommunikation und in den vorerwähnten Ketzereien verharrst und verharren willst, deshalb erklären, entscheiden und urteilen wir, den Spuren des seligen Apostels Paulus nachgehend, über dich N. N., den Abwesenden, wie über einen Anwesenden, daß du ein hartnäckiger Ketzer und als solcher dem weltlichen Arme zu überlassen bist; und durch unseren endgiltigen Spruch vertreiben wir dich von dem geistlichen Forum und überlassen dich der Macht des weltlichen Gerichtshofes, indem wir ebendiesen Gerichtshof inbrünstig bitten, daß, wenn er dich einmal in seiner Gewalt hat, er mit bezug auf dich seinen Spruch so mäßigen möge, daß er diesseits der Blutvergießung und Todesgefahr bleibt. Gefällt ist dieser Spruch etc.«

Hier ist zu beachten, daß, wenn jener Flüchtige und Verstockte in der Ketzerei entweder durch sein eigenes Geständnis oder durch gesetzmäßige Zeugen ertappt worden ist und vor der Abschwörung geflohen ist, er durch Urteilsspruch als wahrer unbußfertiger Ketzer zu verurteilen und es so in dem Urteile zu vermerken ist. Wenn er aber anderweit nicht ertappt worden ist, außer daß er angezeigt, für verdächtig gehalten und vorgeladen worden ist, um sich wegen des Glaubens zu verantworten, und daß er sich geweigert hat, zu erscheinen, exkommuniziert worden ist und in der Exkommunikation länger als ein Jahr mit verhärtetem Gemüte verblieben ist und schließlich nicht hat erscheinen wollen, so ist dieser nicht als Ketzer, sondern wie ein Ketzer zu beurteilen und als solcher zu verdammen; und so ist es in das Urteil zu setzen, wie es oben gesagt worden ist.

Dreiunddreißigste Frage

Über eine von einer anderen, eingeäscherten oder einzuäschernden Hexe angezeigte Person; wie über sie das Urteil zu fällen sei

Die vierzehnte Art, einen Glaubensprozeß abzuschließen und das Urteil zu fällen, ist es, wenn der oder die wegen ketzerischer Verkehrtheit Angezeigte nach sorgfältiger Erörterung der Werte des Prozesses bezüglich des Aussagenden zusammen mit dem guten Rate von im Rechte Erfahrenen als wegen einer solchen ketzerischen Verkehrtheit nur von einer anderen, eingeäscherten oder einzuäschernden Hexe angezeigt befunden wird; und zwar kann dies auf dreizehn Weisen geschehen, gleichsam mit dreizehn Fällen. Nämlich ein so Angezeigter wird entweder für gänzlich schuldfrei und freizusprechen befunden; oder er wird zudem als im allgemeinen wegen solcher Ketzerei übelbeleumdet befunden; oder er wird abgesehen von der Bescholtenheit als einigermaßen dem peinlichen Verhör auszusetzen befunden; oder er wird als der Ketzerei leicht verdächtig befunden; oder er wird als der Ketzerei stark verdächtig befunden; oder er wird als der Ketzerei ungestüm verdächtig befunden; oder er wird als übelbeleumdet und verdächtig zugleich und zwar allgemein befunden; und so weiter in den übrigen Fällen, wie es in der zwanzigsten Frage berührt worden ist, bis zum dreizehnten einschließlich.

Die erste Art ergibt sich, wenn er nur von einer festgenommenen Hexe selbst angezeigt ist und weder durch eigenes Geständnis noch durch gesetzmäßige Vorführung von Zeugen überführt wird noch sonst sich Indizien finden, auf grund derer er wahrscheinlicherweise für verdächtig beurteilt werden könnte. Ein solcher kommt auf jeden Fall frei, auch von Seiten des weltlichen Richters selbst, der den Angeber (die Angeberin) entweder (selbst) eingeäschert hat oder aus eigener Machtvollkommenheit oder im Auftrage des Bischofs, des Ordinarius als Richter, einzuäschern hatte; und zwar soll er freigesprochen werden nach dem Urteilsspruche, der in der ersten Weise, einen Glaubensprozeß abzuschließen, bei der zwanzigsten Frage enthalten ist.

Die zweite Art tritt ein, wenn sie außer dem, daß er[9] von einer festgenommenen (Hexe) angezeigt ist, das ganze Dorf oder die ganze Stadt hindurch übelbeleumdet ist. sodaß nur die Bescholtenheit für sich und allein immer gewirkt hat, mag auch später durch die Aussage der festgenommenen Hexe die Bescholtenheit verschlimmert worden sein. Bezüglich einer solchen ist eine solche Praktik zu beobachten, daß der Richter, in Erwägung, daß außer der Bescholtenheit nichts im besonderen gegen sie von anderen glaubwürdigen (Personen) im Dorfe oder in der Stadt bewiesen wird, mag auch vielleicht die Festgenommene gewisse schwere Aussagen gegen sie gemacht haben: weil jene jedoch den Glauben verraten hat, weil sie ihn dem Teufel abgeleugnet hat, so wird ihren Aussagen daher auch von den Richtern nur schwer Glauben beigemessen, wenn nicht jene Bescholtenheit auf grund anderer Umstände verschlimmert wird, und der Fall dann in die dritte, gleich folgende Art gehören würde – deshalb dann die kanonische Reinigung aufzuerlegen ist[10]; und zwar soll mit dem Urteilsspruche vorgegangen werden, der in der zweiten Art, einen Glaubensprozeß abzuschließen, bei der zweiundzwanzigsten Frage enthalten ist. Wenn der bürgerliche Richter bestimmt hat, daß diese Reinigung vor dem Bischof in feierlicher Weise geschieht, zu dem Zwecke, daß, wenn (Delinquent) dabei versagt, er dann durch den geistlichen und weltlichen Richter zum Beispiel für andere mit einem um so strengeren Urteile bestraft werde, so ist das wohlgetan. Wenn er aber (die Reinigung) für sich ausführen lassen will, befehle er, daß jener zehn oder zwanzig Reinigungshelfer seines Standes habe, und gehe vor, wie es in der zweiten Art, über solche (Delinquenten) das Urteil zu fällen, berührt worden ist; ausgenommen, wenn er zu exkommunizieren ist, weil er dann zum Ordinarius selbst Rekurs zu nehmen habe; und das würde eintreten, wenn er sich nicht reinigen wollte.

Die dritte Art tritt bei einem solchen Angezeigten ein, wenn er zwar

9 Hier ist wieder einmal ein jäher Wechsel des Geschlechtes.

10 Das fällt gänzlich aus der Konstruktion, indem zudem weiter oben stehenden Subjekt, der Richtender Nachsatz fehlt.

nicht durch eigenes Geständnis, noch durch gesetzmäßige Vorführung von Zeugen, noch durch Evidenz der Tat überführt wird, noch auch Indizien bezüglich irgend einer Tat vorhanden sind, worin er von den anderen Einwohnern des Dorfes oder der Stadt bemerkt worden wäre, außer daß die Bescholtenheit allein bei ihnen gewirkt hat: aber die Bescholtenheit infolge der Aussage der festgenommenen Hexe verschlimmert wird, weil sie z. B. behauptet hat, jener oder jene sei in allem ihre Genossin gewesen und habe mit ihr Anteil an den Verbrechen gehabt; dies jedoch ebenso, wie es die Angezeigte standhaft leugnet, so auch den anderen Einwohnern entweder unbekannt ist, oder bei ihnen von keinem andern als nur anständigen Verkehr oder auch Teilhaberschaft etwas feststeht. Bezüglich einer solchen wird diese Praktik beobachtet: Erstens haben sie sich von Angesicht zu Angesicht gegenüber zu stellen, und die gegenseitigen Vorwürfe und Antworten sind sorgfältig zu erwägen; und wenn irgend eine Abweichung in den Worten sich einstellt, woraus der Richter mit Wahrscheinlichkeit auf grund des Zugegebenen und Geleugneten annehmen kann, daß die Angezeigte verdientermaßen dem peinlichen Verhör auszusetzen ist, so werde nach den Urteilssprüchen vorgegangen, die in der dritten Art, einen Glaubensprozeß abzuschließen, in der dreiundzwanzigsten Frage enthalten sind; wobei man sie der Folter gelinde aussetzt, unter Anwendung der übrigen notwendigen Vorsichtsmaßregeln alle, über die sich ausführlich am Anfang dieses dritten Teiles oben Klarheit ergeben hat, und auf grund derer man annimmt, daß eine solche unschuldig oder schuldig ist.

Die vierte Art tritt ein, wenn ein solcher Angezeigter als leicht verdächtig erfunden wird, und zwar entweder infolge des eigenen Geständnisses oder der Aussagen einer anderen Festgenommenen. Es gibt Leute, welche diejenigen zu den leicht Verdächtigen rechnen, welche Hexenweiber um Rat gefragt haben, um (eine Frau) zu verführen, wenn sie z. B. zwischen Ehegatten, die sich gegenseitig haßten, Liebe erzeugt oder auch solche, die für irgend einen zeitlichen Vorteil bei den Hexen gedient haben. Aber weil solche auf jeden Fall exkommuniziert sind, als Leute, die an Ketzer glauben, nach c. excommunicamus I., §. credentes, l. VI. de haer., wo es heißt: »Diejenigen aber, die an ihre Irrtümer glauben, beurteilen wir in ähnlicher Weise als Ketzer«, weil man auch aus den Taten auf die Neigung schließt – dazu (vergl.) art. XXXII, qu. 2, qui viderit – deshalb scheint es, daß sie schärfer zu bestrafen und zu verurteilen sind als diejenigen, die der Ketzerei für leicht verdächtig gehalten werden, so wie manche auf Grund leichter Vermutungen zu verurteilen sind, z. B. weil sie jenen Dienste geleistet, Briefe getragen, ihren Irrtümern zwar keinen Glauben beigemessen, aber sie doch nicht angezeigt und von ihnen Unterhalt angenommen hatten. Aber mag man nun jene oder diese darunter verstehen – das, was im Rate der Erfahrenen auf Grund des leichten Verdachtes beschlossen worden ist, muß der Richter durch folgende Praktik ausführen: Ein solcher soll nämlich abschwören oder sich kanonisch reinigen, nach dem, was in der vierten Art, einen Glaubensprozeß abzuschließen, unter der vierunddreißigsten Frage berührt wird.

Aber trotzdem es vielmehr gut scheint, daß die Abschwörung zuzuerkennen ist, und zwar wegen des zitierten c. excommunicamus I, §. qui vero lnventi fuerint sola suspicione notabili etc., so dürfen sie doch nicht, falls sie rückfällig werden, mit der Strafe für Rückfällige bestraft werden; und zwar soll vorgegangen werden, wie es in der vierten Art, einen Glaubensprozeß abzuschließen, bei der vierunddreißigsten Frage berührt worden ist.

Die fünfte Art tritt ein, wenn ein solcher Angezeigter als heftig verdächtig erfunden wird, und zwar in ähnlicher Weise (wie vorhin) entweder infolge des eigenen Geständnisses oder der Aussagen einer anderen festgenommenen Hexe. Es gibt Leute, welche zu diesen schwer Verdächtigen diejenigen rechnen, die Hinderer der Richter sind, indem sie diese direkt oder indirekt in ihrem Amte der Hexenuntersuchung hindern, wenn sie dies nur wissentlich tun, nach c. ut inquisitionis negocium, l. VI. de haer. Desgleichen rechnen sie alle dazu, welche den Hindernden wissentlich Hilfe, Rat oder Begünstigung gewähren: das ergibt sich aus c. ut inquisitionis. Desgleichen rechnen sie diejenigen hierzu, welche die vorgeladenen oder verhafteten Ketzer unterweisen, die Wahrheit zu verheimlichen, sie zu verschweigen oder falsche Behauptungen aufzustellen; und zwar nach c. accusatus, § si. Desgleichen rechnen sie alle diejenigen hierzu, welche die, welche sie als Ketzer kennen, wissentlich aufnehmen, einladen, besuchen, sich zu ihnen gesellen, Geschenke schicken oder Gunst gewähren, was alles, sobald es wissentlich geschieht, zu Gunsten nicht der Person, sondern der Schuld geschieht. Und daher sagen sie, daß, wenn die angezeigte Person an den vorausgeschickten (Taten) teilhat und dies vom Rate so beurteilt worden ist, sie dann nach der fünften Art, einen Glaubensprozeß abzuschließen, bei der fünfundzwanzigsten Frage, abzuurteilen ist; in der Weise, daß sie alle Ketzerei abzuschwören hat bei Strafe für Rückfällige, falls sie rückfällig wird.

Wir können jedoch hinzufügend behaupten, daß die Richter auf die Familie, Abstammung oder auch Nachkommenschaft einer jeden eingeäscherten oder festgenommenen Hexe deshalb achtgeben sollen, weil solche meistenteils als infiziert befunden werden, da die Hexen auch die eigenen Kinder nach der Unterweisung seitens der Dämonen diesen darzubringen und daher auch zweifellos in allen möglichen Schandtaten zu unterweisen haben. Das ergibt sich aus dem ersten Teile des Werkes; es wird aber auch damit bewiesen: Wie in der einfachen Ketzerei wegen der nahen Beziehungen zu den Ketzerverwandten jemand, wenn er wegen Ketzerei bescholten ist, folglich auch auf grund der nahen Beziehungen der Ketzerei heftig verdächtig ist, so auch in dieser Hexenketzerei. Der vorgenannte Fall aber ergibt sich im c. inter sollicitudines, extra de purgatione canonica, wo sich zeigt, daß auf Grund der Bescholtenheit wegen Ketzerei einem gewissen Dekan die kanonische Reinigung und auf Grund der nahen Beziehungen zu Ketzern die öffentliche Abschwörung zuerkannt und er auf Grund des Ärgernisses seines Benefizes so lange beraubt wurde, bis das Ärgernis zur Ruhe gebracht war.

Die sechste Art tritt ein, wenn ein solcher Angezeigter ungestüm verdächtig wird. Dies geschieht aber nicht auf die einfache oder bloße Aussage einer anderen festgenommenen Hexe, sondern auf Indizien der Tat hin, die aus gewissen, von der festgenommenen Hexe vollbrachten oder ausgestoßenen Worten und Taten entnommen werden, denen die Angezeigte, wie behauptet wird, zum mindestens beigewohnt und an den Werken der Aussagenden teilgenommen hat. Um das zu verstehen, ist das zu beachten, was oben in der neunzehnten Frage berührt worden ist, besonders bezüglich des ungestümen Verdachtes, wie er aus ungestümen und überführenden Vermutungen entsteht und in welcher Weise der Richter ungestüm zu dem Glauben auf Grund bloßen Verdachtes gebracht wird, daß jemand ein Ketzer ist, der jedoch im Herzen vielleicht ein guter Katholik ist. So wie die Kanonisten als Beispiel für einfache Ketzerei den vorbringen, welcher zur Verantwortung in einer Glaubenssache vorgeladen sich hartnäckig weigert zu erscheinen, wegen welcher Hartnäckigkeit er exkommuniziert wird und, wenn er darin ein Jahr hindurch verblieben ist, der Ketzerei ungestüm verdächtig wird, ähnlich sind daher auch bei einer solchen Angezeigten die Indizien der Tat zu beachten, auf Grund derer sie ungestüm verdächtig wird; und es werde der Fall angenommen: Die festgenommene Hexe hat behauptet, daß jene bei ihren Hexentaten dabeigewesen sei, was jedoch die Angezeigte standhaft leugnet. Was soll also (der Richter) tun? Es wird durchaus nötig sein zu erwägen, ob sie auf Grund irgend welcher Werke heftig verdächtig ist und ob ein heftiger Verdacht in einen ungestümen überzugehen imstande ist; soweit in dem vorgenannten Falle, wenn der zur Verantwortung Vorgeladene nicht erscheint, sondern sich hartnäckig weigert, er der Ketzerei leicht verdächtig wird, auch wenn er in einer Sache vorgeladen ist, die keine Glaubenssache ist. Wenn er aber, in einer Glaubenssache vorgeladen, zu erscheinen sich weigert und wegen seiner Hartnäckigkeit exkommuniziert wird, dann wird er verdächtig, weil dann der leichte Verdacht in einen heftigen übergeht; und wenn er ein Jahr hindurch beharrt, dann geht der heftige in den ungestümen über: so wird der Richter beachten, ob die Angezeigte auf Grund der mit der festgenommenen Hexe gepflegten nahen Beziehungen heftig verdächtig ist, wie es unmittelbar (vorher) in der fünften Art der Möglichkeit berührt worden ist. Dann wird es nötig sein zu erwägen, ob eben dieser heftige Verdacht in einen ungestümen übergehen kann. Es wird nämlich angenommen, daß er es kann, d. h., daß die Angezeigte selbst bei den Schandtaten der Festgenommenen dabei gewesen ist, wenn sie häufig nahe Beziehungen zu ihr gehabt hat. Es ist also für den Richter nach der sechsten Weise, einen Glaubensprozeß abzuschließen, vorzugehen, wie es in der sechsundzwanzigsten Frage berührt wird.

Wenn gefragt wird, was der Richter tun soll, wenn auch dann noch eine solche von einer anderen festgenommenen Hexe Angezeigte durchaus beim Leugnen verharrt, unbeschadet aller möglichen, gegen sie vorgebrachten Indizien, so wird geantwortet: Erstens muß der Richter bezüglich der leugnenden Antworten beachten, ob sie aus dem Laster resp. der Hexenkunst der Verschwiegenheit hervorgehen oder nicht, und zwar kann es der Richter, wie sich in den ersten Fragen, der fünfzehnten und sechzehnten Frage dieses dritten Teiles ergeben hat, daran erkennen, daß sie nicht weinen und keine Tränen vergießen kann; und wenn sie bei den peinlichen Fragen gleichsam empfindungslos gemacht wird, so daß sie leicht wieder zu ihren früheren Kräften kommt. Dann wird freilich der ungestüme Verdacht noch verschärft, und (Delinquentin) ist auf keinen Fall freizulassen, sondern, wie es sich in der oben zitierten sechsten Art, das Urteil zu fällen und einen Glaubensprozeß abzuschließen, ergeben hat, zur Ausführung der Pönitenz lebenslänglichem Gefängnis zu überantworten. Wenn sie aber mit der Hexenkunst der Verschwiegenheit nicht angesteckt ist, wegen der heftigen Schmerzen, die sie bei den peinlichen Fragen wirklich und tatsächlich ausstehen, während doch andere infolge der Hexenkunst der Verschwiegenheit wie gesagt empfindungslos gemacht werden, dann kann der Richter seine letzte Zuflucht bei der kanonischen Reinigung suchen. Wird diese von einem weltlichen Richter auferlegt, so heißt sie »die gewöhnliche erlaubte«, weil sie nicht zu der Zahl jener gewöhnlichen Reinigungen gehört, von denen II, qu. 4, consuluisti und c. monomachia die Rede ist. Wenn (Delinquentin) bei dieser Reinigung versagt, wird er oder sie als schuldig beurteilt werden.

Die siebente Art tritt ein, wenn der Angezeigte selbst als nicht gesetzlich ertappt befunden wird, weder infolge des eigenen Geständnisses, noch infolge von Evidenz der Tat, noch infolge von gesetzmäßiger Vorführung von Zeugen, aber doch als ein resp. eine von einer festgenommenen Hexe Angezeigter resp. Angezeigte[11] befunden wird, und sich zudem Indizien finden, die ihn leicht oder heftig verdächtig machen, z. B. wenn er nur enge Beziehungen zu Hexern gehabt hat.

11 Ein köstliches Beispiel für die Nachlässigkeit des Stiles! „...ritur a detenta malefica delatus vel deleta“ steht im Texte.

Dann ist einem solchen auf Grund der Bescholtenheit die kanonische Reinigung zuzuerkennen, nach dem zitierten c. inter sollicitudines, und auf Grund des Verdachtes (muß er) die Ketzerei abschwören, mit (Androhung der) Strafe der Rückfälligen, wenn er rückfällig ist, falls er heftig, ohne sie, falls er leicht verdächtig ist; und zwar werde vorgegangen, wie es in der siebenten Art, einen Glaubensprozeß abzuschließen, in der siebenundzwanzigsten Frage berührt worden ist.

Die achte Art tritt ein, wenn ein so Angezeigter als jener Ketzerei geständig, aber bußfertig und nie rückfällig befunden wird. Hier ist zu bemerken, daß folglich, wo von Rückfälligen und nicht Rückfälligen, von Bußfertigen und Unbußfertigen gehandelt wird, solche Unterscheidungen wegen der geistlichen Richter gemacht worden sind, die sich bei der Verhängung der letzten Ahndungen nicht einmischen. Daher kann der Zivilrichter bezüglich einer Geständigen, mag sie Buße tun oder nicht, mag sie rückfällig sein oder nicht, nach den bürgerlichen und kaiserlichen Gesetzen vorgehen, wie die Gerechtigkeit es raten wird; nur kann er Rekurs nehmen auf die dreizehn Arten, das Urteil zu fällen, selbst und sich ihnen gemäß entscheiden, wenn etwas Zweifelhaftes dazwischenkommt.

Vierunddreißigste Frage

Über die Art, über eine Hexe, welche Behexungen behebt, außerdem auch über Hexen-Hebammen und Hexen-Bogenschützen das Urteil zu fällen

Die fünfzehnte Art, einen Glaubensprozeß abzuschließen und das Urteil zu fällen, ist es, wenn der wegen ketzerischer Verkehrtheit Angezeigte als Behexungen nicht antuend, sondern behebend befunden wird. Bezüglich eines solchen ist folgende Praktik zu beobachten. Er bedient sich ja entweder erlaubter oder unerlaubter Heilmittel: wenn erlaubter, so ist er nicht als Hexer, sondern als ein Verehrer Christi zu beurteilen, über diese erlaubten Heilmittel hat sich oben am Anfange dieses dritten Teiles hinlängliche Klarheit ergeben. Wenn er sich jedoch unerlaubter bedient, dann ist zu unterscheiden; weil sie entweder schlechthin unerlaubt oder nach dem »was« unerlaubt sind. Wenn schlechthin, so nochmals in zweierlei Weise: weil entweder mit Schädigung des Nächsten oder ohne Schädigung; auf beide Weisen immer mit ausdrücklicher Anrufung der Dämonen. Wenn aber unerlaubt nach dem »was«, nämlich weil sie ohne ausdrückliche, wenn auch nicht ohne schweigende Anrufung der Dämonen geschehen, so werden solche von den Kanonisten und gewissen Theologen eher eitel als unerlaubt genannt, wie sich oben, in der ersten Frage dieses letzten Teiles des ganzen Werkes ergeben hat. Der Richter also, wer er auch sei, geistlicher oder bürgerlicher, mag die ersten und letzten nicht zurückzuweisen und, deutlicher gesagt, die ersten eher zu empfehlen und die letzten zu dulden haben, wie die Kanonisten lehren, es sei erlaubt Eitles mit Eitlem zu zerstoßen. Diejenigen jedoch, die mit ausdrücklicher Anrufung der Dämonen Behexungen beseitigen, darf er auf keinen Fall dulden, besonders diejenigen, welche mit Schädigung des Nächsten derlei begehen, und zwar sagt man, daß sie es mit Schädigung des Nächsten ausüben, wenn die Behexung so von dem einen genommen wird, daß sie dem anderen angetan wird. Dem steht nicht entgegen, wenn diejenige (Person), der sie angetan wird, selber eine Hexe ist oder nicht; und ob jene (eine Hexe) ist, die die Behexung angetan hat, oder nicht; oder ob (der Behexte) ein Mensch oder irgend eine andere Kreatur ist. Bezüglich aller dieser Punkte ergeben sich klar die in der oben zitierten Frage hergeleiteten Taten und Geschehnisse.

Aber wenn gefragt wird, was der Richter tun soll, wenn ein solcher behauptet, er behebe Behexungen durch erlaubte und nicht durch unerlaubte Mittel, oder auf welche Weise der Richter derlei wahrheitsgemäß erkennen könne, so wird geantwortet, daß jener vorgeladen und befragt werden soll, welcher Mittel er sich bedient; jedoch darf man bei seinen Worten nicht stehen bleiben: sondern der geistliche Richter, dem es von amtswegen obliegt, soll selber oder durch irgend einen Dorfpfarrer untersuchen, der die einzelnen Pfarrkinder nach geleistetem Eide, den er verlangen kann, genau ausforschen soll, welcher Mittel sich jener bedient; und wenn sich welche zusammen mit abergläubischen Mitteln finden, wie sie gemeiniglich gefunden werden, sind (die betreffenden Frauen) wegen der schrecklichen, von den Canones verhängten Strafen, wie sich weiter unten ergeben wird, auf keinen Fall dulden.

Und wenn er gefragt wird, wodurch die erlaubten Mitteln von den unerlaubten unterschieden wenden können, während jene immer behaupten, sie beseitigten derlei durch gewisse Gebete und Anwendungen von Kräutern, so wird geantwortet, es wäre leicht, wenn nur eine sorgfältige Untersuchung stattfände. Denn weil sie es nötig haben, ihre abergläubischen Mittel geheim zu halten, darum, daß sie nicht gefaßt werden, oder um die Sinne der Einfältigen leichter umgarnen zu können, desto eher befassen sie sich mit derartigen Worten und Anwendungen von Kräutern. Dennoch werden sie als Wahrsagerinnen und Hexen auf Grund von vier ihrer abergläubischen Handlungen offenkundig gefaßt. (Erstens) nämlich weissagen sie über verborgene Dinge und eröffnen das, was sie nur durch Eingebung seitens böser Geister wissen können. Wenn sie z. B. behufs (Wieder)-erlangung der Gesundheit von Verletzten besucht werden, wissen sie die Ursache der Verletzung oder der Behexung zu eröffnen und zu offenbaren, z. B. ob sie auf Grund eines Streites mit der Nachbarin oder aus irgend einer anderen Ursache eingetreten ist, das gerade wissen sie aufs vollkommenste und verstehen es den Besuchern anzugeben.

Zweitens, wenn sie sich bei der Heilung einer Schädigung oder Behexung des einen einmengen, bei der eines anderen aber nicht. So gibt es in der Diözese Speyer in einem gewissen, Zunhofen benamsten Orte eine gewisse Hexe, die zwar mehrere zu heilen scheint, gewisse (andere) aber keineswegs heilen zu können bekennt; aus keiner anderen Ursache, als daß, wie die Einwohner berichten, die jenen angetanen Behexungen von anderen Hexen, wie sie behauptet, so stark eingeprägt sind, und zwar durchaus durch die Kraft der Dämonen, daß sie nicht imstande ist, sie zu beseitigen; weil nämlich ein Dämon dem anderen nicht immer weichen kann oder will.

Drittens, wenn man merkt, daß sie bei derartigen angetanen Behexungen besondere Einschränkungen machen, wie es sich in ebenderselben Stadt Speyer zugetragen hat, wie man weiß: Als nämlich eine gewisse ehrbare, an den Schienbeinen behexte Person eine derartige Wahrsagerin der Gesundung halber gerufen hatte, machte diese, als sie in das Haus getreten war und sie betrachtet hatte, eine solche Einschränkung: »Wenn du«, sagte sie, »in der Wunde keine Schuppen und Haare hast, werde ich alles übrige herausholen können«. Sie enthüllte auch die Ursache der Verletzung, wiewohl sie vom Lande und zwei Meilen weit hergekommen war, indem sie sagte: »Weil du mit einer Nachbarin an dem und dem Tage einen Wortwechsel gehabt hast, deshalb ist dir dies zugestoßen«. – Außer den Schuppen und Haaren zog sie auch sehr viele andere Dinge verschiedener Arten heraus und gab sie der Gesundheit wieder.

Viertens, wenn sie sich mit abergläubischen Zeremonien abgeben oder (andere) sich damit abgeben lassen, z. B. wenn sie wollen, daß man sie vor Sonnenaufgang oder zu einer anderen bestimmten Zeit besuche, indem sie sagen, sie könnten über die Angarien hinaus angetane Krankheiten nicht heilen, oder daß sie nur zwei oder drei Personen im Jahr zu heilen imstande seien; mögen sie auch nur dadurch zu heilen scheinen, daß sie nicht heilen, sondern von den Verletzungen ablassen.

Es können auch noch sehr viele andere Erwägungen betreffs der

Verhältnisse solcher Personen hinzugefügt werden, weil sie meistens in den vorgerückten Jahren (?) eines schlechten und tadelnswerten Lebens übelbeleumdet oder Ehebrecherinnen oder Abkömmlinge von Hexen sind, weshalb jene Gnade des Gesundmachens ihnen von Gott nicht auf grund der Heiligkeit des Lebenswandels übertragen ist.

Nebenbei werden hierher auch die Hexenhebammen gezählt, die alle anderen Hexen an Schandtaten übertreffen und über die auch im ersten Teile des Werkes gehandelt worden ist; von denen es auch eine so große Anzahl gibt, wie man aus ihren Geständnissen erfahren hat, daß kein Dörfchen existiert, wo derartige sich nicht finden. Dieser Gefahr wäre auf jeden Fall von den Präsidenten im Lande in der Weise zu begegnen, daß ausschließlich vereidigte Hebammen von den Präsidenten bestallt würden, nebst anderen Mitteln, die im zweiten Teile des Werkes berührt worden sind.

Es trifft sich auch, von den Hexen-Bogenschützen (zu reden), die durchaus zur Schmach der christlichen Religion um so gefährlicher (ihre Taten) enthüllen, je sicherere Hehler, Gönner und Verteidiger sie in den Ländern (an den Personen) der Vornehmen und Fürsten haben. Das aber alle solche Hehler, Gönner etc. in bestimmten Fällen meistens verdammungswürdiger als alle Hexen sind, wird so erklärt: Die Verteidiger solcher werden nämlich von den Kanonisten und Theologen als in zweierlei Art vorhanden bezeichnet, einige nämlich sind Verteidiger des Irrtums, andere aber der Person; und zwar sind diejenigen, welche den Irrtum verteidigen, verdammungswürdiger als selbst die, welche irren, indem sie nicht bloß für Ketzer, sondern vielmehr für Ketzerführer zu halten sind, wie sich XXIV, qu. 3, qui illorum, ergibt; und von diesen Verteidigern sprechen gemeiniglich die Gesetze deshalb nicht, weil sie von anderen Ketzern nicht unterschieden werden. Bei ihnen findet auch der oft zitierte Kanon ad abolendam, §. praesenti eine Stätte.

Es gibt gewisse andere, die zwar nicht den Irrtum verteidigen, jedoch die irrende Person verteidigen, indem sie nämlich mit ihren Kräften und ihrer Macht Widerstand leisten, daß solche Hexer oder beliebige andere Ketzer nicht in die Hände des Glaubensrichters zum Verhör oder zur Bestrafung kommen u. ä.

In ähnlicher Weise sind auch die Gönner solcher in zweierlei Art vorhanden. Einige nämlich sind die, welche eine öffentliche Hoheit ausüben, d. h. öffentliche Personen, wie z. B. weltliche oder auch geistliche Herren, die die weltliche Gerichtspflege haben. Sie können auch auf zwei Weisen Gönner sein: durch Unterlassung und durch Begehung. Durch Unterlassung, nämlich bezüglich der Hexer oder Verdächtigen, Bescholtenen, Anhänger, Hehler, Verteidiger und Gönner das zu tun, wozu sie von Amtswegen verpflichtet sind, während doch von den Bischöfen oder Inquisitoren auch andere von ihnen ausgesucht werden, falls sie jene nicht verhaften, oder die Verhafteten nicht sorgfältig bewachen, oder sie innerhalb ihres Bezirkes nicht an den Ort bringen, bezüglich dessen sie Auftrag haben, oder an ihnen keine prompte Exekution vollstrecken, u. ä., wie es sich im c. ut inquisitionis am Anfang, 1. VI. de haer. ergibt. – Durch Begehung aber, wenn sie z. B. ohne Erlaubnis oder Auftrag des Bischofs oder Richters jene aus dem Gefängnis freilassen oder den Prozeß, das Urteil oder den Spruch über sie direkt oder indirekt hindern oder ähnliches vollbringen, wie es sich aus dem zitierten c. ut officium, § prohibemus, ergibt.

Die Strafen solcher sind im Vorhergehenden, bei der zweiten Hauptfrage dieses Werkes und zwar gegen Ende erklärt worden, wo von den Hexen-Bogenschützen und anderen Waffenbeschwörern die Rede ist. Für jetzt mag es genügen, daß alle solche ipso iure exkommuniziert sind und zwölf große Strafen verwirken, wie sich extra de haer., excommunicamus am ersten, § credentes und aus dem zitierten c. ut inquisitionis, § prohibemus, ergibt. Wenn sie in dieser Exkommunikation ein Jahr hindurch verstockten Gemütes verharrt haben, sind sie von da an als Ketzer zu verdammen, wie sich aus demselben zitierten c. und § ergibt.

Wer ist aber ein Hehler zu nennen? Sind sie für Ketzer zu halten? Es wird geantwortet, daß diejenigen, welche derartige Hexen-Bogenschützen oder sonst welche Waffenbeschwörer, Nigromantiker oder Hexenketzer, von denen im ganzen Werke gehandelt wird, aufnehmen, in zweierlei Art vorhanden sind, so wie es auch bezüglich ihrer Verteidiger und Gönner berührt worden ist. Einige nämlich gibt es, die nicht nur ein- oder zweimal, sondern vielmals und häufig solche aufnehmen, und diese heißen eigentlich und der Bedeutung des Wortes gemäß Hehler (receptator), von receptare (häufig aufnehmen), was ein Frequentativ-Verbum ist; und solche Hehler sind manchmal ohne Schuld, wenn sie das z. B. unwissend tun und nichts Ungünstiges über sie geargwöhnt haben; manchmal sind sie schuldig, wenn sie nämlich deren Irrtümer kennen und wohl wissen, daß die Kirche solche immer als die grausamsten Feinde des Glaubens verfolgt. Nichtsdestoweniger nehmen die Herren der Länder sie auf, behalten sie, verteidigen sie etc.! Solche sind und heißen eigentlich Ketzer-Hehler; und von solchen reden auch die Gesetze; auch daß sie exkommuniziert sind, nach c. excommunicamus I, § credentes. – Einige aber nehmen nicht vielmals und häufig, sondern nur ein- oder zweimal derartige Hexer oder Ketzer auf, und die scheinen nicht eigentlich Hehler (receptatores) genannt zu werden, weil sie es nicht häufig getan haben, sondern Aufnehmer (receptores), weil sie jene (ein- oder zweimal) aufgenommen haben, aber nicht häufig, mag auch der Archidiaconus im c. quicumque, zu dem Worte receptatores das Gegenteil sagen. Das will aber nicht viel bedeuten, da man sich (hier) nicht um Worte sondern um Taten zu kümmern hat. Es wird jedoch der Unterschied zwischen den Hehlern und Aufnehmern deshalb gesetzt, weil die Herren der Länder immer Hehler solcher heißen, während die einfachen Leute, welche jene nicht zu vertreiben haben noch es können, doch ohne Schuld sind, auch wenn sie Aufnehmer sind.

Letztens aber über die Hinderer des Amtes der Inquisition der Bischöfe gegen solche Hexenketzer, wer sie sind und ob sie Ketzer genannt werden müssen? Darauf wird geantwortet, daß derartige Hinderer in zweierlei Art vorhanden sind. Einige nämlich gibt es, welche direkt hindern, indem sie z. B. die wegen des Verbrechens der Ketzerei Verhafteten mit eigener Kühnheit aus dem Gefängnis befreien oder die Prozesse der Inquisition verunglimpfen, die Zeugen in einer Glaubenssache dafür, daß sie Zeugnis abgelegt haben, verwunden, oder falls er ein weltlicher Herr ist, bestimmt, daß keiner außer ihm selbst über dieses Verbrechen erkennen solle; oder daß bei keinem außer bei ihm eine Anklage wegen dieses Verbrechens vorgebracht noch Zeugnis außer vor ihm abgelegt werden könne, und ähnliches: und diese hindern direkt nach den Bemerkungen des Johannes Andreä im c. statutum, zu dem Worte directe, 1. VI. de haer. Die den Prozeß, das Urteil oder den Spruch in einer solchen Glaubenssache direkt hindern oder zu diesen Taten Hilfe, Rat oder Begünstigungen gewähren, auch solche sind zwar sehr schuldig, sind aber daraufhin nicht als Ketzer zu beurteilen, es müßte sich denn anderweitig ergeben, daß sie bei halsstarrigem Willen in ähnliche Hexerirrtümer verwickelt sind. Jedoch sind sie ipso iure vom Dolche der Exkommunikation durchbohrt, nach dem c. ut inquisitionis, § prohibemus, so daß, wenn sie in dieser Exkommunikation ein Jahr hindurch verstockten Gemütes verharrt haben, sie von da an als Ketzer zu verdammen sind, wie sich aus dem angezogenen c. und § ergibt.

Einige aber gibt es, welche indirekt hindern, die z. B. zu bestimmen, daß niemand Waffen trage, um Ketzer zu verhaften, außer Angehörige der Familie des weltlichen Herrn, und ähnliches, nach den Bemerkungen des Johannes Andrea zu c. statutum, über das Wort »indirecte«; und solche sind weniger schuldig als die ersten, auch sind es keine Ketzer, jedoch sind sie exkommuniziert, nach dem angezogenen c. ut Inquisitionis, auch diejenigen, die dazu Rat, Hilfe oder Begünstigung gewähren, dergestalt, daß, wenn sie in jener Exkommunikation ein Jahr hindurch verstockten Gemütes verharrt haben, sie von da an gleichsam wie Ketzer zu verdammen sind, nach dem zitierten c. und zwar § prohibemus. Das ist so zu verstehen, daß Ketzer in der Weise verdammt werden, daß, wenn sie umkehren wollen, sie zur Barmherzigkeit aufgenommen werden, nachdem sie vorher den Irrtum abgeschworen haben; sonst werden sie als unbußfertig dem weltlichen Gerichtshofe übergeben, wie es sich aus dem c. ad abolendam, § praesenti, ergibt. –

Nachwort: Die Hexen-Hebammen sowie andere Hexen, welche Behexungen antun, werden der Beschaffenheit der Verbrechen gemäß verdammt und abgeurteilt, und ähnlich auch die Hexen, welche, wie gesagt, auf abergläubische Weise Behexungen mit Hilfe des Teufels beheben; da es nicht zweifelhaft ist, daß, wie sie (Behexungen) beheben, sie so auch welche antun können. Daher einigen sich auf Grund eines gewissen Paktes die Hexen infolge der Anweisung der Dämonen in der Art, daß die einen verletzen, die anderen aber heilen müssen, damit sie so um so leichter die Sinne der Einfältigen umgarnen und ihren Unglauben vermehren. Da die Bogenschützen aber und andere Waffenbeschwörer-Hexer nur infolge der Begünstigung, Verteidigung und Aufnahme seitens der Präsidenten gehalten werden, so unterliegen alle solche den vorgeschriebenen Strafen; und diejenigen, welche Offizialen jeder Art in ihrem Amte gegenüber derartigen Hexern oder ihren Gönnern etc. hindern, sind gleichermaßen exkommuniziert und unterliegen allen den Strafen wie die Gönner. Aber wenn sie ein Jahr hindurch verstockten Gemütes in jener Exkommunikation verharrt haben, schwören sie, falls sie umkehren wollen, die Hinderung und Begünstigung ab und werden zur Barmherzigkeit zugelassen; andernfalls werden sie als unbußfertige Ketzer dem weltlichen Arme übergeben. Auch wenn sie kein Jahr (verstockt) bleiben, kann nichtsdestoweniger gegen derartige Hinderer wie gegen Begünstiger der Ketzer vorgegangen werden, c. accusatus, im letzten §.

Und was von den Gönnern, Verteidigern, Hehlern und Hinderern bezüglich der Hexen-Bogenschützen etc. gesagt ist, ebendasselbe ist auch in allem gegenüber jeden beliebigen Hexen oder Hexern zu verstehen, die Menschen, Tieren und Feldfrüchten mancherlei Schäden antun. Aber auch die Hexer selbst, was es auch immer für welche sind, werden zur Barmherzigkeit aufgenommen, wenn sie auf dem Forum des Gewissens mit zerknirschtem und demütigem Geiste ihre Sünden beweinen, rein bekennen und um Verzeihung bitten. Andernfalls, wenn sie (als unbußfertig) bekannt sind, müssen diejenigen gegen sie vorgehen, denen es von Amtswegen obliegt, indem sie sie vorladen, arretieren, verhaften und in allem der Beschaffenheit der Verbrechen gemäß vorgehen, bis zum endgiltigen Spruche einschließlich, wie es behandelt worden ist; sofern derartige Präsidenten der Schlinge der ewigen Verdammnis um der von der Kirche über sie verhängten Exkommunikation willen entgehen wollen.

Fünfunddreißigste Frage dieses letzten Teiles

Über die Arten, jedwede Hexen abzuurteilen, die in frivoler Weise oder auch berechtigt appellieren

Wenn aber der Richter merken sollte, daß der Angezeigte schließlich zu dem Rechtsmittel der Berufung seine Zuflucht nimmt, so ist erstens zu bemerken, daß diese bisweilen für giltig und berechtigt, bisweilen für frivol und nichtig erachtet wird. Da nämlich in Glaubensgeschäften summarisch, einfach und ohne Formalitäten vorgegangen werden muß, wie im Vorhergehenden auf Grund des c. multorum quaerela bei Clemens, wo auch das Rechtsmittel der Berufung versagt wird, oft berührt ist, die Richter jedoch bisweilen aus eigenem Antriebe wegen der Schwierigkeit des Geschäftes dieses gern in die Länge ziehen und aufschieben, so können sie bedenken, daß, wenn der Angezeigte fühlen sollte, daß er vom Richter wirklich und in der Tat gegen Recht und Gerechtigkeit Erschwerungen erfahren hat, z. B. daß er ihn zu seiner Verteidigung nicht hat zulassen wollen, oder daß er allein, ohne Beratung mit anderen oder auch ohne Zustimmung des Bischofs oder seines Stellvertreters auf Folterung des Angezeigten erkannt hat, während er andere genügende Beweise für und wider hätte haben können, und dem ähnliches, daß dann die Berufung berechtigt sein sollte; anderenfalls nicht.

Zweitens ist zu beachten, daß der Richter, wenn ihm eine derartige Berufung vorgelegt wird, dann ohne Unruhe und Bewegung eine Abschrift der Berufung verlangen soll, unter Protestation mit Worten, daß ihm die Zeit nicht laufe; und wenn ihm der Angezeigte selbst die Abschrift der Berufung überreicht hat, soll er bemerken, daß er noch zwei Tage zum Beantworten und danach noch dreißig zur Ausführung des Abgabeberichtes habe; und wiewohl er sogleich antworten und diesen oder jenen Abgabebericht geben kann, wenn er viel erfahren und kundig ist, so ist es doch, um recht vorsichtig vorzugehen, besser, ein bestimmtes Ziel von zehn, zwanzig oder fünfundzwanzig Tagen zum Geben wie auch Entgegennehmen des Abgabeberichtes, wie ihn zu geben er beschlossen hat, mit der Befugnis der Prorogation festzusetzen.

Drittens muß der Richter beachten, daß er innerhalb der angegebenen Zeit die Gründe der Berufung oder angezogenen Erschwerungen sorgfältig beachten und erörtern muß; und wenn er nach Abhaltung eines guten Rates von Erfahrenen sieht, daß er dem Angezeigten in ungerechter und ungebührlicher Weise Schwierigkeiten gemacht hat, indem er ihn nicht zu seiner Verteidigung zugelassen oder zur ungehörigen Zeit den peinlichen Fragen ausgesetzt hat, oder ähnliches, soll er, wenn der bezeichnete Termin herankommt, seinen Irrtum verbessern und den Prozeß bis zu dem Punkte und Stande reduzieren, auf welchem er war, als jener Verteidigungen erbat oder einen Termin zur Zwischenrede bezeichnete, und ähnliches. Er beseitige die Erschwerung, nach deren Beseitigung er wie vorher vorgehe. Denn durch die Beseitigung der Erschwerung wird die Berufung, die eine war, nichtig; nach c. cessante, extra de appellationibus.

Aber hier beachte ein umsichtiger und vorsichtiger Richter, daß es gewisse Erschwerungen gibt, die sich wieder gut machen lassen, und zwar sind das diejenigen, von denen eben die Rede gewesen ist; und dann findet das eine Stätte, was gesagt worden ist. Gewisse aber sind nicht wieder gut zu machen; z. B. wenn der Angezeigte wirklich und tatsächlich gefoltert worden ist und dann, wenn er loskommt, appelliert; oder wenn Kleinodien und gewisse nützliche (Geräte) zugleich mit den Gefäßen und Instrumenten, deren sich die Hexer bedienen, weggenommen und verbrannt worden sind, und ähnliches, was nicht wieder gutgemacht noch widerrufen werden kann; und dann hat die vorgenannte Weise keinen Raum, nämlich den Prozeß bis zu dem Stande zu reduzieren, wo dem Betreffenden die Erschwerung auferlegt worden war.

Viertens muß der Richter beachten, daß er zwar vom Tage der Antwort dreißig Tage zur Erledigung des Abgabeberichts hat, nach c. de appellationibus, und dem Bittsteller den letzten gesetzlichen Tag, d. h. den dreißigsten, zur Entgegennahme des Abgabeberichtes bezeichnen kann; um jedoch nicht den Anschein zu erwecken, als wollte er den Angezeigten plagen und sich ungehöriger Plagerei verdächtig zu machen, auch nicht den Anschein zu erwecken, er bestärke die ihm auferlegte Erschwerung, um derentwillen appelliert worden ist, so ist es besser, daß er innerhalb der gesetzlichen Zeit einen angemessenen Termin festsetzt, z. B. den zehnten Tag oder den zwanzigsten; und zwar kann er danach, wenn er (die Sache dann noch) nicht erledigen will, beim Herannahen des Termines diesen verschieben, indem er sagt, er sei durch andere Geschäfte in Anspruch genommen gewesen, oder dergl.

Fünftens muß der Richter beachten, daß, wenn er dem Appellanten, der um den Abgabebericht bittet, einen Termin vorbestimmt, er ihn nicht bloß zur Abgabe des Abgabeberichtes, sondern gleichermaßen zur Abgabe und Entgegennahme des Abgabeberichtes bezeichnet, weil, wenn er ihn nur zur Abgabe bestimmte, dann der Richter, von welchem appelliert wird, dem Appellanten (den Abgabebericht) zu schicken hätte. Er soll ihm also den Termin bezeichnen, d. h. den und den Tag des und des Jahres, zur Abgabe und Entgegennahme des und des Abgabeberichtes vom Richter, so wie er ihn zu geben beschließt.

Sechstens soll er beachten, daß er bei Bezeichnung dieses Termines in der Antwort nicht sagt, er werde einen abschläglichen oder zustimmenden Abgabebericht geben; sondern um eingehender erwägen zu können, soll er sagen, daß er ihn so erledigen werde, wie er ihn zu erledigen dann beschließen werde. Er bedenke auch, daß er bei der Bezeichnung dieses Termins dem Appellanten, damit jede Behutsamkeit, Ränke und Bosheiten des Appellanten beseitigt werden, Ort, Tag und Stunde im besonderen angibt; daß er z. B. den zwanzigsten August gegenwärtigen Jahres bezeichnet, als Stunde die Vesper, und (als Ort) die Stube des Richters selbst, in dem und dem Hause der und der Stadt oder des und des Ortes, dem und dem Appellanten, zur Abgabe und Entgegennahme des Absageberichtes so, wie ihn zu erledigen er beschließen wird.

Siebentes beachte er, daß, wenn er in seinem Herzen beschlossen hat, den Angezeigten festzuhalten, da es das Verbrechen verlangt und die Gerechtigkeit erfordert, er bei der Bezeichnung des Termines angibt, daß er dem Appellanten den und den Termin zur Abgabe oder persönlichen Entgegennahme des Abgabeberichtes bezeichnet, und bezeichne eben diesem Appellanten den und den Ort zur Abgabe des Abgabeberichtes an ihn und zur Entgegennahme desselben von ihm, bezüglich dessen es in der Gewalt des Richters liege, den Appellanten ungehindert zurückzuhalten, jedoch erst nach vorheriger Abgabe eines abschläglichen Abgabeberichtes; sonst nicht.

Achtens beachte der Richter, daß er gegen den Appellanten nichts Neues unternimmt, sei es, daß er ihn verhaftet, oder den peinlichen Fragen aussetzt, oder aus dem Gefängnis befreit oder sonst etwas, von der Stunde an, wo ihm die Appellation vorgelegt worden ist, bis zu der Stunde, wo er einen abschläglichen Abgabebericht übergeben hat.

*

Nachwort

Beachte: Es trifft sich oft, daß der Angezeigte, wenn er zweifelt, was für ein Spruch gegen ihn gefällt wird, weil er sich seiner Schuld bewußt ist, häufig zu dem Mittel der Berufung seine Zuflucht nimmt, um so dem Spruche des Richters zu entgehen, weshalb er von ihm appelliert und frivole Ursachen angibt, z. B. daß der Richter ihn in Haft gehalten und ihn gegen geeignete Sicherheit nicht hat freilassen wollen, und ähnliches frivoles gefärbtes (Zeug). Wenn diese Berufung dem Richter vorgelegt ist, verlange er eine Abschrift der Berufung, und wenn er sie hat, bestimme er sogleich oder nach zwei Tagen in seiner Antwort dem Appellanten Tag, Stunde und Ort zur Abgabe und Entgegennähme eines derartigen Abgabeberichtes, wie (abzufassen) er beschließen wird; innerhalb der gesetzmäßigen Frist jedoch, z. B. den zehnten, fünfzehnten, zwanzigsten oder dreißigsten Tag des und des Monats. Innerhalb dieser bezeichneten Frist erörtere der Richter sorgfältig die Abschrift der Berufung und die Erschwerungen oder Gründe, um derentwillen jener appelliert, und erwäge mit einem guten Rate Rechtsgelehrter, ob er dem Appellanten einen abschlägigen Abgabebericht geben solle, d. h. verneinende Antworten, indem er die Berufung nicht zuläßt, oder einen zustimmenden, d. h. bejahende und ehrerbietige Antworten, die an den Richter zu senden sind, an welchen jener appelliert, wobei sie in die Berufung eingetragen werden. Wenn er nämlich sieht, daß die Gründe der Berufung falsch oder frivol und nichtig sind und daß der Appellant nichts weiter will als dem Urteil entgehen oder es hinausschieben, so gebe er einen negativen oder abschläglichen Abgabebericht. Wenn er aber sieht, daß die Erschwerungen wirklich bestehen und ihm ungerechterweise auferlegt worden sind, auch nicht wieder gutzumachen sind, oder er zweifelt, ob es so ist, oder er sonst wegen der Bosheit des Appellanten ermüdet ist und sich von einer so großen Last befreien will, so fertige er dem Appellanten einen zusagenden oder ehrerbietigen Abgabebericht aus. Wenn also der dem Appellanten bezeichnete Termin herankommt und der Richter den Abgabebericht oder die Antworten noch nicht formuliert hat oder sonst nicht bereit ist, kann er peremptorisch zugleich oder allmählich bis zum dreißigsten Tage Aufschub geben, welches der letzte gesetzliche Termin zur Erledigung des bezeichneten Abgabeberichtes ist. Wenn er ihn aber formuliert hat und aufgelegt ist, kann er dem Appellanten sogleich den Abgabebericht geben. Wenn er also beschlossen hat, einen negativen oder abweisenden Abgabebericht zu geben, so soll er es beim Herannahen des peremptorisch bezeichneten Termins auf folgende Weise schriftlich erledigen:

»Aber der vorgenannte Richter, antwortend auf die vorgenannte, inzwischen stattgehabte Berufung, wenn sie Berufung genannt zu werden verdient, sagt, daß er selbst gerecht und den kanonischen Satzungen oder auch den kaiserlichen Bestimmungen oder Gesetzen gemäß vorgegangen ist, vorzugehen beabsichtigt und vom Pfade beiderlei Rechts nicht abgewichen ist noch abzuweichen beabsichtigt; auch den Appellanten selbst gar nicht beschwert noch zu beschweren beabsichtigt oder Im Sinne gehabt hat. Dies ergibt sich aus den angezogenen Gründen, die (in der Berufung) gefärbt sind. Die einzelnen durchgehend (ist zu sagen): Er hat ihn darin nicht beschwert, daß er ihn verhaftet und in Haft behalten hat. Denn da er ihm wegen der und der ketzerischen Verkehrtheit angezeigt ist und viele Zeugen gegen ihn hat, so mußte und muß er ihn verdientermaßen als der Ketzerei überführt oder als ihm heftig verdächtig in Haft halten; hat ihn auch nicht beschwert, daß er ihn nicht gegen Bürgschaft freigeben wollte. Denn da das Verbrechen der Ketzerei ein Verbrechen von den größeren ist, auch der Appellant selbst überführt war und vergebens beim Leugnen verblieb, so ist er auch gegen die größte Bürgschaft nicht freizugeben, sondern ist und war im Gefängnis festzuhalten. (So gehe er die einzelnen Gründe durch. Wenn dies geschehen ist, sage er:) Daher scheint der Richter gebührend und gerecht vorgegangen und von den Pfaden des Rechts gar nicht abgewichen zu sein und ihn im geringsten nicht beschwert zu haben. Aber der Appellant selbst bestrebt sich, durch gefärbte und erdichtete Gründe dem Urteil zu entgehen, indem er unberechtigt und ungehörig appelliert. Deshalb ist seine Berufung frivol und nichtig, indem sie ja nicht auf grund einer Erschwerung eingelegt worden ist, sondern nach Inhalt und Form verfehlt ist. Und da auf Grund frivoler Berufungen weder die Gesetze Berücksichtigung empfehlen noch der Richter sie empfehlen darf, so sagt also der Richter, daß er die eingelegte Berufung nicht zuläßt noch zuzulassen beabsichtigt noch anheimgibt noch anheimzugeben vorschlägt. Diese Antwort bietet er dem besagten N. N., der so ungehörig appelliert, als abschlägigen Abgabebericht, und befiehlt, sie sofort unmittelbar hinter der vorgenannten ihm vorgelegten Berufung (in die Akten) einzufügen«. Und damit übergebe er sie dem Notar, der ihm die Berufung vorgelegt hat.

Nachdem dieser abschlägige Abgabebericht dem Appellanten so erteilt worden ist, walte der Richter sogleich seines Amtes, indem er (mit dem Prozeß) fortfährt, dadurch daß er den Befehl gibt, jenen zu verhaften oder festzuhalten oder ihn zu arretieren, oder ihm einen Termin bezeichnet, an dem er vor ihm erscheinen soll, oder irgend etwas ähnliches, aus dem sich ergibt, daß er nicht aufhört, Richter zu sein, und er soll seinen Prozeß gegen den Appellanten fortsetzen, bis er von dem Richter, an den appelliert worden ist, gehindert wird, fortzufahren. Jedoch hüte sich der Richter, gegen die appellierende Person etwas Neues zu beginnen, weder sie zu verhaften, noch, falls sie verhaftet ist, aus dem Gefängnis befreien, noch sonst etwas, von der Stunde an, da ihm die Berufung überreicht worden ist, bis er ihm den abschlägigen Abgabebericht übergeben hat. Aber danach kann er es, wie oben gesagt ist, falls die Gerechtigkeit es verlangt, bis er von dem Richter gehindert wird, an den appelliert worden war; und dann schicke er jenen mit den geschlossenen und versiegelten Akten auf Treu und Glauben, unter sicherer Bewachung, und, falls es nötig ist, gegen geeignete Bürgschaft an den vorgenannten Richter zurück.

Wenn aber der Richter beschlossen hat, einen zusagenden und ehrerbietigen Abgabebericht auszufertigen, soll er ihn bei Herannahung desselben peremptorisch bezeichneten Termines schriftlich in der Weise, wie folgt ausfertigen:

»Der genannte Richter, antwortend auf die vorgenannte, eingelegte Berufung, wenn sie Berufung genannt zu werden verdient, sagt, daß er gerecht und wie er mußte, in gegenwärtiger Sache vorgegangen ist und nicht anders, noch den genannten Appellanten beschwert noch ihn zu beschweren beabsichtigt hat. Dies ergibt sich aus den angezogenen Gründen. (Sie werden einzeln durchgegangen). Denn er hat ihn darin nicht beschwert, wenn er sagt etc. (Er gehe die einzelnen Gründe der Berufung in besserer Weise und so wahrheitsgemäß durch, als er nur kann und schließt so:) Daher ist es klar, daß der Richter selbst genannten Appellanten in keiner Weise beschwert und ebendiesem Appellanten keinen Grund gegeben hat, zu fürchten, es würde gegen ihn nicht nach Verdienst und Gerechtigkeit vorgegangen. Deshalb ist seine Berufung frivol und nichtig, weil sie nicht aus einer Erschwerung heraus eingelegt worden ist, und es ist ihr gesetzmäßig vom Richter nicht Raum zu geben. Aber um der Ehrfurcht vor dem apostolischen Stuhle willen, an welchen appelliert worden ist, sagt der Richter selbst, daß er die genannte Berufung zuläßt, ihr Raum gibt und Raum zu geben beabsichtigt, indem er die ganze gegenwärtige Sache an unseren heiligen Herrn, den Papst und an den heiligen apostolischen Stuhl zurückgibt und ebenjenem Appellanten eine bestimmte Zeit, nämlich so und so viele nächstfolgende Monate bezeichnet, innerhalb deren er sich, samt den ihm vom Richter zu übergebenden verschlossenen und versiegelten Akten, oder sonst nach Stellung einer geeigneten Sicherheit, in der römischen Kurie vorstellen zu wollen, oder mit einer treuen und sicheren, ihm durch den Richter selbst zu besorgenden Bewachung, in der römischen Kurie unserem Herrn, dem Papste, vorzustellen hat. Diese Antwort bietet der Richter selbst eben jenem Appellanten als zusagenden Abgabebericht und befiehlt, ihn unmittelbar hinter der ihm überreichten, eingelegten Berufung einzufügen«. Und so soll er ihn dem Notar übergeben, der ihm die Berufung überreicht hat.

Es beachte aber ein kluger Richter, daß er sogleich, sobald er dem Appellanten den ehrerbietigen Abgabebericht ausgefertigt hat, selbst aufhört, in der Sache Richter zu sein, für welche jener appelliert hat; er kann auch nicht weiter darüber erkennen, ausgenommen, die Sache wird ihm durch unseren heiligsten Herrn, den Papst, zurückgeschickt. Daher soll er sich in diese Sache nicht weiter einmischen, außer daß er besagten Appellanten in der vorgenannten Weise an unseren Herrn, den Papst, schickt, indem er ihm den passendsten Termin bezeichnet; nämlich einen Monat, zwei oder drei, damit er sich inzwischen darauf einrichten und zurechtmachen kann und von ihm eine geeignete Bürgschaft empfängt, innerhalb ebenderselben bezeichneten Frist In der römischen Kurie zu erscheinen und sich vorzustellen; oder wenn Appellant die Bürgschaft nicht stellen kann, werde er mit treuer und sicherer Bewachung hingeschickt. Oder er verpflichte sich, so gut er kann, innerhalb des bezeichneten Termines sich in der römischen Kurie unserem Herrn, dem Papste, vorstellen zu wollen; oder es steht nicht bei ihm.

Wenn aber der Richter eine andere Sache hat und in der anderen Sache gegen ihn vorgeht, in welcher der Angezeigte nicht appelliert hat, so bleibt der Richter in jener Sache selbst Richter wie zuvor. Auch wenn nach Zulassung der Berufung und Abgabe eines ehrerbietigen Abgabeberichtes der Appellant selbst wegen anderer Verbrechen der Ketzerei angeklagt und dem Richter denunziert wird, um die es sich in der Sache, deretwegen er appelliert hat, nicht handelt, hört er nicht auf, Richter zu sein; im Gegenteil, er kann für sich ungehindert wie vorher (dazu verschreiten), sich zu unterrichten und die Zeugen zu vernehmen; und wenn die erste Sache in der römischen Kurie beendigt oder an den Richter zurückgeschickt worden ist, kann er in der zweiten ungehindert vorgehen.

Es mögen aber die Richter beachten, daß sie die verschlossenen und versiegelten Akten an die römische Kurie unter Bezeichnung der Richter schicken, die nach Verhandlung der Werte des Prozesses das Urteil fällen sollen; auch sollen die Inquisitoren dort sich nicht darum kümmern, gegen die Appellanten zu verhandeln, sondern sie ihren vorgenannten Richtern zur Beurteilung überlassen; und wenn diese Richter die Inquisitoren gegen die Appellanten nicht wollen teilnehmen lassen, sollen sie von Amtswegen vorgehen zur Besorgung der Appellanten, wenn sie erledigt sein wollen.

Es mögen die Richter auch beachten, daß, wenn sie auf Drängen der Appellanten persönlich vorgeladen werden und erscheinen, sie sich doch durchaus hüten, die Streitsache zu beschwören; sondern sollen darauf achten, die Prozesse zu erledigen und die ganze Sache auf jene (Vorderrichter) zurückzugeben und dafür zu sorgen, daß sie recht schnell zurückkehren können, um dort nicht in schädlicher

Weise durch Widerwillen, Elend, Arbeiten und Ausgaben ermüdet zu werden. Denn (daraus) ergeben sich Schäden für die Kirche, und die Ketzer werden bestärkt, und dann finden die Richter nicht so viel Gunst und Achtung und werden nicht gefürchtet, wie es ihre Gegenwart bewirkt. Desgleichen wenn andere Ketzer, was für welche es auch seien, ihrerseits sehen, daß die Richter in der römischen Kurie müde und stark beschäftigt sind, richten sich ihnen die Hörner auf, verachten jene, werden bösartig und säen ihre Ketzereien (um so) dreister; und wenn gegen sie verhandelt wird, appellieren sie in ähnlicher Weise. Auch andere Richter werden schwächer in der Wahrnehmung der Glaubensgeschäfte und in der Ausrottung der Ketzer, da sie fürchten, sie möchten durch ähnliche Appellationen vor Widerwillen und Elend ermüden; und zwar schlägt dies alles dem Glauben und der heiligen Kirche Gottes zu großem Nachteil aus, vor deren jedem der Bräutigam der Kirche diese selbst zu bewahren geruhen möge.